edition suhrkamp

Redaktion: Günther Busch

Tankred Dorst, geboren 1925 in Sonneberg (Thüringen), lebt heute als Schriftsteller in München; Helmut Neubauer, geboren in Rodheim (Hessen), ist seit 1964 Professor für Osteuropäische Geschichte an der Universität Heidelberg.
In diesem Band ist aufschlußreiches Material – Reden, Berichte, Aufsätze von Kurt Eisner, Gustav Landauer, Erich Mühsam, Ernst Toller u. a. – zu jenem im April 1919 in München errichteten revolutionären Rätesystem gesammelt, das bereits einen Monat später durch das Eingreifen von Freikorps aufgelöst wurde. In seinem Nachwort erläutert der Heidelberger Historiker Helmut Neubauer anhand der Dokumente die von Proudhon stammende, von Marx und Engels schon 1848 aufgegriffene Idee der von Arbeiterräten ohne Gewaltenteilung geführten Regierung, ihr Gelingen und ihr Scheitern in Bayern.
»Überdies wird immer die Frage zu stellen sein, wie sich die Ereignisse von 1918 bis 19 auf die kommenden Jahre auswirkten – über den 9. November 1923 bis zum 30. Januar 1933.« *Helmut Neubauer*

Die Münchner Räterepublik
Zeugnisse und Kommentar

Herausgegeben von Tankred Dorst
Mit einem Kommentar versehen von Helmut Neubauer

Suhrkamp Verlag

edition suhrkamp 178
Erste Auflage 1966
 Satz, in Linotype Garamond, Druck und Bindung bei Georg Wagner, Nördlingen. Gesamtausstattung Willy Fleckhaus.

8 9 10 11 12 13 – 88 87 86 85 84 83

Inhalt

Rainer Maria Rilke

In den letzten Tagen hat München etwas von seiner Leere und Ruhe aufgegeben, die Spannungen des Augenblicks machen sich auch hier bemerklich, wenngleich sie zwischen den bajuwarischen Temperamenten sich nicht gerade geistig steigernd benehmen. Überall große Versammlungen in den Brauhaussälen, fast jeden Abend, überall Redner, unter denen in erster Reihe Professor Jaffé sich hervortut, und wo die Säle nicht ausreichen, Versammlungen unter freiem Himmel nach Tausenden. Unter Tausenden auch war ich Montagabend in den Sälen des Hotel Wagner, Professor Max Weber aus Heidelberg, Nationalökonom, der für einen der besten Köpfe und für einen guten Redner gilt, sprach, nach ihm in der Diskussion der anarchistisch überanstrengte Mühsam und weiter Studenten, Leute, die vier Jahre an der Front gewesen waren, – alle so einfach und offen und volkstümlich. Und obwohl man um die Biertische und zwischen den Tischen so saß, daß die Kellnerinnen nur wie Holzwürmer durch die dicke Menschenstruktur sich durchfraßen, – wars gar nicht beklemmend, nicht einmal für den Atem; der Dunst aus Bier und Rauch und Volk ging einem nicht unbequem ein, man gewahrte ihn kaum, so wichtig wars und so über alles gegenwärtig klar, daß die Dinge gesagt werden konnten, die endlich an der Reihe sind, und daß die einfachsten und gültigsten von diesen Dingen, soweit sie einigermaßen aufnehmlich gegeben waren, von der ungeheueren Menge mit einem schweren massiven Beifall begriffen wurden. Plötzlich stieg ein blasser junger Arbeiter hinauf, sprach ganz einfach: »Haben Sie oder Sie, habt Ihr«, sagte er, »das Waffenstillstandsangebot gemacht? und doch müßten w i r das tun, nicht diese Herren da oben; bemächtigen wir uns einer Funkenstation und sprechen wir, die gewöhnlichen Leute zu den gewöhnlichen Leuten drüben, gleich wird Friede sein.« Ich wiederhole das lange nicht so gut, wie er es ausdrückte, plötzlich als er das gesagt hatte, stieg ihm eine Schwierigkeit auf, und mit rührender Gebärde, nach Weber, Quidde und den anderen Professoren, die neben ihm auf dem Podium standen, fuhr er fort: »Hier, die Herren Professoren, können französisch, die werden uns helfen, daß wirs richtig sagen, wie wirs meinen…« Solche Momente sind wunderbar, und wie hat man sie gerade in Deutschland entbehren müssen, wo nur die Aufbegehrung zu Worte kam, oder die Unterwerfung, die in ihrer Art auch nur ein Machtanteil der Untergebenen war.

Gustav Landauer

Das ist die wahre Lehre von Karl Marx: wenn der Kapitalismus ganz und gar über die Reste des Mittelalters gesiegt hat, ist der Fortschritt besiegelt und der Sozialismus so gut wie da.
Ist es nicht von symbolischer Bedeutung, daß das Grundwerk des Marxismus, die Bibel dieser Sorte Sozialismus *Das Kapital* heißt? Diesen Kapitalsozialismus stellen wir unsern Sozialismus gegenüber und sagen: der Sozialismus, die Kultur und der Bund, der gerechte Austausch und die freudige Arbeit, die Gesellschaft der Gesellschaften kann erst kommen, wenn ein Geist erwacht, wie die christliche Zeit und die vorchristliche Zeit der germanischen Völker einen Geist gekannt hat, und wenn dieser Geist fertig wird mit der Unkultur, der Auflösung und dem Niedergang, der wirtschaftlich gesprochen Kapitalismus heißt.
So steht's nun in ganzer Schärfe einander entgegen.
Hie Marxismus – hie Sozialismus!
Marxismus – die Geistlosigkeit, die papierne Blüte am geliebten Dornstrauch des Kapitalismus.
Sozialismus – das Neue, das sich gegen die Verwesung; die Kultur, die sich gegen die Vereinigung von Ungeist, Not und Gewalt, gegen den modernen Staat und den modernen Kapitalismus erhebt.
Und jetzt könnte man verstehen, was ich diesem nicht minder Modernen, was ich dem Marxismus ins Gesicht sagen will: daß er die Pest unsrer Zeit und der Fluch der sozialistischen Bewegung ist. Jetzt soll noch deutlicher gesagt werden, daß es so ist, warum es so ist, warum der Sozialismus nur in Todfeindschaft gegen den Marxismus erstehen kann.
Denn der Marxismus ist vor allem der Philister. Der Philister, der geringschätzig auf alles Vergangene blickt, der das die Gegenwart oder den Anfang der Zukunft nennt, wo er sich zu Hause fühlt, der an den Fortschritt glaubt, dem 1908 besser gefällt als 1907, der von jedem 1909 etwas ganz besonde-

res, von so etwas fernem wie 1920 aber schon beinahe ein Wunder und ein Endgültiges erwartet.

Der Marxismus ist der Philister und darum der Freund des Massenhaften und des Breiten. So etwas wie eine Städterepublik des Mittelalters oder eine Dorfmark oder ein russischer Mir oder eine Schweizer Allmend oder eine kommunistische Kolonie kann für ihn nie die geringste Ähnlichkeit mit Sozialismus haben; aber ein breiter, zentralisierter Staat sieht seinem Zukunftsstaat schon einigermaßen ähnlich. Zeigt man ihm ein Land in einer Zeit, wo die kleinen Bauern gedeihen, wo ein kunstreiches Handwerk blüht, wo es wenig Elend gibt, so rümpft er verächtlich die Nase; und keinen schlimmeren Schimpf glaubten Karl Marx und seine Nachfahren dem größten aller Sozialisten, Proudhon, antun zu können, als daß sie ihn einen kleinbürgerlichen und kleinbäuerlichen Sozialisten nannten, was gar keine falsche Beurteilung und ganz gewiß kein Schimpf war, da eben Proudhon den Menschen seines Volkes und seiner Zeit, vorwiegend kleinen Bauern und Handwerkern, prachtvoll gezeigt hat, wie sie sofort, ohne erst den saubern Fortschritt des Großkapitalismus abzuwarten, zum Sozialismus hätten kommen können. Das können nun die Entwicklungsgläubigen gar nicht hören, daß man von einer Möglichkeit spricht, die einmal da war und doch nicht Wirklichkeit geworden ist; und die Marxisten und die von ihnen Angesteckten können es darum so gar nicht hören, daß man von einem Sozialismus spricht, der vor der weiteren Abwärtsbewegung, die sie die Aufwärtsbewegug des gesegneten Kapitalismus nennen, hätte möglich sein können. Wir aber trennen nicht eine fabelhafte Entwicklung und gesellschaftliche Prozesse von dem, was Menschen wollen, tun, hätten wollen können und hätten tun können. Wir wissen, daß die Determination und die Notwendigkeit alles Geschehens und also auch des Wollens und Tuns allerdings selbstverständlich gilt und ohne jede Ausnahme gilt: aber immer nur hintennach kann man feststellen, wenn eine Wirklichkeit da ist, daß sie also eine Notwendigkeit ist; wenn etwas nicht geschah, daß es also nicht möglich war, weil z. B. die Menschen, an die mit großem Fug appelliert wurde und denen mit großer Notwendigkeit Vernunft gepredigt worden ist, nicht wollten und nicht vernünftig sein konnten. Aha! werden die Marxisten triumphierend sagen wollen, Karl Marx hat aber vorausgesagt, daß dazu keine Möglichkeit war. Jawohl, antworten wir, und hat damit ein sicheres Teil der Schuld auf sich genommen, daß es nicht dazu gekommen ist, ist für damals und noch viel mehr für später einer der Hinderer und der Schuldigen gewesen. Denn für uns besteht die Menschengeschichte nicht aus anonymen Prozessen und nicht bloß aus der Häufung vieler kleiner Massengeschehnisse und Massenunterlassungen; für uns sind die Träger der Geschichte Personen, und für uns gibt es auch Schuldige. Glaubt man denn, Proudhon habe nicht wie jeder Prophet, wie jeder Johannes, stärker als irgend einer von den kalten Wissenschaftszuschauern oft in großen Stunden das Gefühl der Unmöglichkeit gehabt, diese seine Menschen zu dem zu führen, was er als schönste und natürlichste Möglichkeit vor sich sah? Der kennt die Apostel und Führer der Menschheit schlecht, der meint, der Glaube an die Erfüllung gehöre zu ihrem großen Tun, zu ihrem visionären Gebaren und drängenden Gestalten. Der Glaube an ihre heilige Wahrheit gehört dazu, und die Verzweiflung an den Menschen und das Gefühl der Unmöglichkeit! Wo über die Menschheit Großes und Überwältigendes, Umschwung und Neuerung gekommen ist, da ist es das Unmögliche und Unglaubliche, das ist eben das Selbstverständliche gewesen, was die Wendung gebracht hat.

Aber der Marxismus ist der Philister, und darum verweist er immer voller Hohn und Triumph auf Fehlschläge und vergebliche Versuche und hat solche kindische Angst vor den Niederlagen. Gegen nichts trägt er mehr Verachtung zur Schau, als gegen das, was er Experimente oder gescheiterte Gründungen nennt. Schande und ein Zeichen schmählichen Niederganges, insbesondere des deutschen Volkes, dem solche Angst vor dem Idealismus, der Schwärmerei und dem Heroismus so besonders schlecht ansteht, daß solche Jämmerlinge seinen Geknechteten Führer sein sollen. Aber die Marxisten sind für die armen Massen genau dasselbe, was die Nationalrenommisten seit 1870 für die satten Volksschichten sind: Erfolganbeter. Wir kommen hier hinter einen andern, einen zutreffenderen Sinn der Bezeichnung »materialistische Geschichtsauffassung«. Jawohl, Materialisten im gewöhnlichen, im groben, im populären Sinne des Wortes sind die Marxisten, und waren genau wie die Nationaltröpfe bemüht, den Idealismus herunterzubringen und auszumerzen. Was der Nationalbourgeois aus dem deutschen Studenten gemacht hat, haben die Marxisten aus weiten Schichten des Proletariats gemacht: feigherzige Leutchen ohne Jugend, ohne Wildheit, ohne Wagemut, ohne Lust am Versuchen, ohne Sektierertum, ohne Ketzerei, ohne Originalität und Absonderung. All das aber brauchen wir, wir brauchen Versuche, wir brauchen den Zug der Tausend nach Sizilien, wir brauchen diese wunderköstlichen Garibaldinaturen, und wir brauchen Fehlschläge über Fehlschläge und die zähe Natur, die sich nicht, die sich durch nichts abschrecken läßt, die festhält und aushält und immer noch einmal ansetzt, bis es gelingt, bis wir durch sind, bis wir unüberwindlich sind. Wer die Gefahr der Niederlage, der Vereinsamung, des Rückschlags nicht auf sich nimmt, wird nie zum Siege kommen. Nicht gerne hören die Marxisten solche Worte, solche Anfälle, die sich Rückfälle nennen, solche Schwärmereien und Unwissenschaftlichkeiten, ich weiß es, und gerade darum tut es mir so sehr wohl, daß ich ihnen auch das noch gesagt habe. Gut und stichhaltig sind die Gründe, die ich gegen sie brauche, aber wenn ich sie statt sie mit Gründen zu widerlegen, mit Hohn und Lachen tot ärgern täte, wäre es mir auch recht.

Der Philister Marxist also ist viel zu klug, viel zu besonnen, viel zu vorsichtig, als daß er je hätte auf den Einfall kommen können, wenn der Kapitalismus schon im vollen Hereinbrechen ist, wie es zur Zeit der Februarrevolution in Frankreich der Fall war, den Versuch zu machen, ihm durch sozialistische Organisation entgegenzutreten, ebenso wie er die Formen lebendiger Gemeinschaft aus dem Mittelalter, die man in Deutschland, Frankreich, der Schweiz, in Rußland vor allem durch Jahrhunderte des Niedergangs hindurch gerettet hat, lieber umbringen und im Kapitalismus ersäufen möchte als anerkennen, daß in ihnen die Keime und Lebenskristalle auch der kommenden sozialistischen Kultur stecken; aber zeigt man ihm die wirtschaftlichen Zustände etwa Englands aus der Mitte des neunzehnten Jahrhunderts, mit seinem wüsten Fabriksystem, mit der Verödung des Landes, mit der Uniformierung der Massen und des Elends, mit dem Wirtschaften für den Weltmarkt statt für wirkliche Bedürfnisse, so findet er darin gesellschaftliche Produktion, Kooperation, Anfänge des Gemeinbesitzes: er fühlt sich wohl.

Der echte Marxist, wenn er noch nicht schwankend geworden ist und Konzessionen zu machen begonnen hat (heutzutage machen diese Zusammenbrechenden freilich schon längst alle Konzessionen), will gar nichts wissen von bäuerlichen Genossenschaften, von Kreditgenossenschaften, von Arbeitergenossenschaften, selbst wenn sie ins Großartige gewachsen sind: ganz anders imponieren ihm kapitalistische Warenhäuser, in denen so viel Organisationsgeist für Unproduktives, für Raub und Usurpation, für den Verkauf von Tand und Schund aufgewendet ist. Aber hat sich denn je ein Marxist um diese große, entscheidende Frage gekümmert: w a s für den Weltmarkt produziert, w a s an die Konsumenten verschlissen wird? Immer haftet ihr Blick nur an den äußeren, unwesentlichen, oberflächlichen Formen der kapitalistischen Produktion, die sie gesellschaftliche Produktion nennen, von denen jetzt noch die Rede sein muß.

Der Marxismus ist der Philister, und der Philister kennt nichts Wichtigeres, nichts Großartigeres, nichts, was ihm heiliger ist als die Technik und ihre Fortschritte. Stelle einen Philister vor Jesus, der in seinem Reichtum, in der Ausgiebigkeit seiner unerschöpflichen Gestalt nebst dem, was er überdies für den Geist und das Leben bedeutet, auch ein gewaltiger Sozialist ist, stelle einen Philister vor den lebendigen Jesus am Kreuz und vor eine neue Maschine zur Fortbewegung von Menschen oder Sachen: er wird, wenn er ehrlich und kein Bildungsheuchler ist, das gekreuzigte Menschenkind eine total unnütze und überflüssige Erscheinung finden und hinter der Maschine herlaufen.

Und doch! wie viel mehr wahrhaft bewegt hat diese stille, ruhende, leidende Größe des Herzens und des Geistes als alle Bewegungsmaschinerien dieser Zeiten.

Und doch! wo wären denn alle Bewegungsmaschinerien unserer Zeiten ohne diesen Stillen, Ruhenden, Leidenden, Großen am Kreuz der Menschheit.

Auch das sollte hier gesagt sein; obwohl es nur die leicht verstehen werden, die es schon vorher gewußt haben.
Hier nun, wo wir die grenzenlose Verehrung des Gevatters Fortschrittlers vor der Technik sehen, lernen wir die Herkunft dieses Marxismus kennen. Der Vater des Marxismus ist nicht das Geschichtsstudium, ist auch nicht Hegel, ist weder Smith noch Ricardo noch einer der Sozialisten vor Marx, ist auch kein revolutionär-demokratischer Zeitzustand, ist noch weniger der Wille und das Verlangen nach Kultur und Schönheit unter den Menschen. Der Vater des Marxismus ist der Dampf.
Alte Weiber prophezeien aus dem Kaffeesatz. Karl Marx prophezeite aus dem Dampf.
Was Marx nämlich für Sozialismusähnlichkeit hielt, für die unmittelbar vorbereitende Stufe vor dem Sozialismus, war nichts als die Organisation des Produktionsbetriebs, die die technischen Erfordernisse der Dampfmaschine innerhalb des Kapitalismus herbeiführten.
Da begegneten sich nun also zwei ganz verschiedene Formen der Zentralisation: die wirtschaftliche Zentralisation des Kapitalismus: der Reiche, der möglichst viel Geld, möglichst viel Arbeit zu sich als Zentrum heranleitet; und die technische Zentralisation des Betriebs: die Dampfmaschine, die die Arbeitsmaschinen und die arbeitenden Menschen bei sich, dem Kraftzentrum, in der Nähe haben muß und darum die großen Fabrikbetriebe und die raffinierte Arbeitsteilung geschaffen hat. Die wirtschaftliche Zentralisation des Kapitalismus braucht an sich – vereinzelte Fälle ausgenommen – gar keine Zentralisation des technischen Betriebs; überall, wo die menschliche Arbeitskraft oder die einfachen, mit Hand oder Fuß betriebenen Maschinen billiger sind als die Benutzung der Dampfmaschine, zieht der Kapitalist die weit im Land, auf Dörfern und Gehöften verstreute Heimindustrie der Fabrik vor. Die technischen Notwendigkeiten der Dampfmaschine also waren es, die die großen Fabrikkasernen und die Großstädte voller Fabrikkasernen und Mietskasernen erzeugt haben.
Diese beiden zunächst getrennten und durchaus verschiedenen Zentralisationsformen haben sich dann natürlich vereinigt

und haben gegenseitig die stärksten Einflüsse auf einander ausgeübt: der Kapitalismus hat durch die Dampfmaschine ungeheuer schnelle Fortschritte gemacht; und anderseits hindert der Kapitalismus – der nun einmal seine technisch-zentralisierenden Einrichtungen und Gewohnheiten hat, der vor allem die Arbeiter aus dem platten Land weggezogen hat und mehr und mehr vollends wegzieht – er hindert die elektrische Übertragung der Dampf- und Wasserkraft, die ihrer Natur nach dezentralisierend wirken müßte, diese Wirkung in dem Maße auszuüben, wie es sonst der Fall sein müßte; obwohl nicht zu leugnen ist, daß diese elektrische Kraftübertragung sowohl kapitalistische Ausbeutung kleiner, von einander getrennter Werkstätten hervorgerufen hat, wie z. B. in der Klingenindustrie Solingens, wie auch die Kleinindustrie und das Handwerk jetzt schon erfreulich gestärkt hat und in Zukunft noch mehr stärken und neu erwecken wird; hier ist für den genossenschaftlichen Bezug von Kraft und Motoren noch ein weites Feld.
Diese Vereinigung von technischer und Kapitalszentralisation hat dann weitere kapitalistische Zentralisationen im Gefolge gehabt oder sehr gestärkt: Zentralisationen des Handels, des Bankwesens, der Engros- und Detailgeschäfte, der Transporteinrichtungen usw.
Und noch eine dritte Zentralisation ist, im großen und ganzen unabhängig von den beiden andern, in unsern Zeiten gediehen: die Zentralisation des Staates, des Bureaukratismus, des Heereswesens. Und so sind neben die Fabrikkasernen und die Mietskasernen noch weitere Kasernen in die Großstädte gezogen: die Kasernen der Bureaukraten, wo in jedem dieser öffentlichen Häuser hundert kleine Kammern, und in jeder öden Kammer ein, zwei oder drei grüne Tische, und hinter jedem grünen Tisch ein, zwei oder drei gähnende Subalternbeamte mit der Feder hinter dem Ohr und dem Frühstücksbrot in der Hand sitzen; und die Kasernen der Soldaten, wo tausende kräftige Jünglinge sich nutzlosem Sport – Sport dürfte nur die Erholung nach nützlicher Arbeit sein – und damit der Langenweile und allerlei geschlechtlichen Dummheiten und Unsauberkeiten ergeben müssen.
Und, bei so viel Unkultur, Menschenzusammenhäufung, Ent-

fernung von der Erde und der Kultur, bei so viel Arbeitsvergeudung, Überlastung mit unproduktiver Arbeit und Faulenzerei, bei so viel Sinnlosigkeit und Elend, die all diese Formen des Zentralismus mit sich bringen, werden natürlich die weiteren Kasernen unserer Zeit immer zahlreicher und umfangreicher: die Arbeitshäuser, die Gefängnisse und Zuchthäuser und die Geschlechtshäuser, in denen die Prostituierten kaserniert sind.

Es ist wahr und den Marxisten, wenn sie sich gegen die Behauptung wehren, ihre Lehre sei lediglich ein Produkt der technischen Betriebszentralisation, zuzugeben: all diese Formen des öden, verhäßlichenden, uniformierenden, einengenden und unterdrückenden Zentralismus sind für den Marxismus bis zu gewissem Grade vorbildlich gewesen, haben auf seine Entstehung, Weiterbildung und Ausbreitung Einfluß gehabt. Nicht umsonst wehrt man sich bei Engländern, romanischen Völkern, Schweizern und Süddeutschen mehr und mehr gegen den Marxismus als gegen eine Sache, die verzweifelte Ähnlichkeit mit dem militärischen und bureaukratischen Wesen hat; nicht umsonst findet man echte, rechte Marxisten heutzutage fast nur noch in den Ländern des Feldwebels, Subalternbeamten und des Tschinownik: in Preußen und Rußland. Nicht umsonst verspürt man die Disziplin und die davon untrennbare Grobheit und Befehlshaberei nirgends so oft, wie in der preußischen Armee und in der deutsch-preußischen Sozialdemokratie. Aber trotzdem: keine dieser Zentralisationen ist so beschaffen, daß ihr eine Spottgeburt folgen konnte, die man wahrhaft und wirklich Sozialismus zu nennen wagt, außer der technischen Zentralisation des Dampfes.

Niemals wird der Sozialismus aus dem Kapitalismus »erblühen«, wie der Undichter Marx so lyrisch gesungen hat. Aber seine Lehre und seine Partei, der Marxismus und die Sozialdemokratie sind aus der Dampfkraft erwachsen.

Siehe da, wie die Arbeiter und Handwerker und die Bauernsöhne und Töchter vom Lande wegziehen, wie für sie Armeen von Gelegenheits- und von Erntearbeitern kommen! Siehe da, wie morgens tausende und abertausende in die Fabriken einziehen und abends wieder ausgespieen werden!

»Gleicher Arbeitszwang für Alle, Errichtung industrieller Armeen, besonders für den Ackerbau«, haben Marx und Engels schon in ihrem Kommunistischen Manifest gesagt; aber nicht als Beschreibung und Vorahnung der kommenden Herrlichkeiten des Kapitalismus, sondern als eine der Maßnahmen, die sie »für die fortgeschrittensten Länder« zum Beginn ihres Sozialismus vorschlugen. Es ist wahr: diese Sorte Sozialismus erwächst aus der ungestörten Weiterentwicklung des Kapitalismus!
Nimmt man dazu noch die kapitalistische Konzentration, die so aussah, als ob die Zahl der kapitalistischen Personen und der Vermögen immer geringer würde, nimmt man ferner dazu das Vorbild der Staatsallmacht im zentralisierten Staat unsrer Zeiten, nimmt man schließlich noch dazu die immer weiter gehende Vervollkommnung der Werkzeugmaschinen, die immer mehr vorschreitende Arbeitsteilung, die Ersetzung der gelernten Handwerkerarbeiter durch beliebige Handlanger der Maschine – das alles aber durchaus übertrieben und karikiert gesehen; denn es hat alles noch eine andere Seite und ist nie eine schematisch auf einer Linie gehende Entwicklung, sondern ein Kampf und Ausgleich verschiedener Tendenzen; es wird aber alles bis zum Grotesken simplifiziert und karikiert, was der Marxismus ansieht –; nimmt man schließlich noch dazu die Aussicht, daß die Menschenarbeit immer kürzer, die Maschinenarbeit immer produktiver werden kann: dann ist der Zukunftsstaat fertig. Der Zukunftsstaat der Marxisten: die Blüte am Baum der staatlichen, der kapitalistischen, der technischen Zentralisation.
Noch ist hinzuzufügen, daß der Marxist, wenn er besonders kühn sein Stroh träumt – denn nie ist leerer, trockener geträumt worden, und wenn es je phantasielose Phantasten gegeben hat, so sind es die Marxisten – daß er dann seinen Zentralismus und seine Wirtschaftsbureaukratie über die heutigen Staaten hinaus ausdehnt und von einer Weltbehörde für die Anordnung und Befehligung der Produktion und Verteilung der Güter spricht. Das ist der Internationalismus des Marxismus. Wie früher in der Internationale alles vom Londoner Generalrat, wie heute in der Sozialdemokratie alles von Berlin aus geregelt und bestimmt werden soll, so wird diese

Weltproduktionsbehörde einmal in jedes Töpfchen gucken und das Quantum Schmieröl für jede Maschine in ihrem Hauptbuch stehn haben.
So also erblühen die Organisationsformen dessen, was diese Leute Sozialismus nennen, schon ganz und gar im Kapitalismus. Nur daß diese Organisationen, diese mehr und mehr – mit Dampf – riesenhaft werdenden Betriebe noch in den Händen von Einzelunternehmern, von Ausbeutern, sind.
Und denen gegenüber stehen die Arbeiter, die Proletarier. Ihrer werden immer mehr und mehr, die Mittelschichten verschwinden, und mit der Zahl der Arbeiter wächst die Zahl und die Intensivkraft der Maschinen, so daß nicht bloß die Zahl der Arbeiter, sondern auch die Zahl der Arbeitslosen, der sogenannten industriellen Reservearmee zunimmt. Es geht also nach dieser Schilderung nicht länger mit dem Kapitalismus, und überdies wird der Kampf gegen ihn, d. h. gegen die paar übrig gebliebenen Kapitalisten, für die unter ihrer Botmäßigkeit stehenden unzähligen Massen der Enterbten und also an der Änderung Interessierten immer leichter. Denn auch das müssen wir noch von der Lehre des Marxismus ins Auge fassen: in ihm ist alles, wie wohl der Ausdruck heißt, der aus einem andern Gebiet hergeholt und falsch angewandt wird, immanent. Das soll hier heißen: es bedarf gar keiner besonderen Anstrengungen oder ideeller Einsichten, es läuft alles von selbst am Schnürchen des Gesellschaftsprozesses. Immanent sind die sogenannten sozialistischen Organisationsformen schon im Kapitalismus drin; immanent ist auch in den Proletariern die Interesselosigkeit gegenüber den bestehenden Zuständen, das soll heißen: die Tendenz zum Sozialismus, die revolutionäre Gesinnung ist ein integrierender Bestandteil des Proletariers. Die Proletarier haben nichts zu verlieren; sie haben eine Welt zu gewinnen! Wie schön, wie wirklich dichterisch ist dieses Wort (das weder von Marx noch von Engels stammt) und wie viel Wahres – sollte darin sein. Und doch ist wahrer als die Behauptung, daß der Proletarier der geborene Revolutionär sei, jene andere, die hier gesagt wird: daß der Proletarier der geborene Philister ist. Der Marxist spricht so überaus verächtlich vom Kleinbürger; aber alles, was man von Charak-

terzügen und Lebensgewohnheiten kleinbürgerlich nennen kann, gehört zu den Eigenschaften des Durchschnittsproletariers, wie man denn sogar in Gefängnissen und Zuchthäusern leider die meisten Zellen von Philistern besetzt findet. Mit diesem leider, das mir hier entschlüpft ist, bedaure ich natürlich keineswegs, daß die Nichtphilister in Freiheit sind; aber es ist doch wohl betrüblich, daß armen Tröpfen, Opfern der Verhältnisse, die die gesetzlich festgestellte Konvention so brechen mußten, wie alles, was in der Welt geschieht, geschehen muß, diese Notwendigkeit nicht wenigstens dadurch auferlegt ist, daß diese Konvention in ihrem Innern nicht lebte, sondern durch Frevelgesinnung ersetzt wäre. Die Konvention, die sie in die Lage kamen zu brechen, lebt aber vielmehr in ihrem Gemüt, ihren Meinungen, in der Art, wie sie über ihre Leidensgenossen und manchmal sogar über sich selbst den Stab brechen, fast immer genau so fest, wie in den meisten übrigen Menschen.

Wovon wir hier sprechen, die Philisterhaftigkeit des Proletariers, ist übrigens einer der Gründe, warum der Marxismus, dieser ins System gebrachte Philistersinn, beim Proletariat so viel Anklang gefunden hat. Es gehört nur eine ganz oberflächliche Überpinselung der Zunge mit Bildung dazu, die jetzt am schnellsten und billigsten in den Polikliniken, die man Parteischulen nennt, vorgenommen wird, um aus einem Durchschnittsproletarier ohne jede Ausnahmequalitäten einen brauchbaren Parteiführer zu machen.

Diese und die andern Parteiführer also halten es ganz natürlicherweise mit der marxistischen Doktrin, wonach das Proletariat gesellschaftlicher Notwendigkeit wegen revolutioniert werde, wenigstens das kleine bißchen, das noch notwendig ist, um den Kapitalismus, der ja aus immer weniger Personen besteht und in sich selbst immer morscher wird, zu überwinden. Denn zu dem schon Angeführten kommt noch etwas dazu, um den Kapitalismus zum Zusammenbruch zu zwingen, noch etwas ist ihm immanent: die Krisen. Wie das Programm der deutschen Sozialdemokratie so schön und so echt marxistisch sagt (sonst freilich ist da schon das und jenes Unechte hineingekommen, was die Macher dieses Programms an ihren Gegnern heutzutage revisionistisch nennen): Die

Produktivkräfte wachsen der heutigen Gesellschaft über den Kopf. Darin steckt die echt marxistische Lehre, daß in der heutigen Gesellschaft die Produktionsformen schon mehr und mehr sozialistische geworden sind, und daß diesen Formen nur auch die richtige Eigentumsform: das Staatseigentum nämlich, fehlt; sie nennen es zwar das gesellschaftliche Eigentum; aber wenn sie das Fabriksystem des Kapitalismus eine gesellschaftliche Produktion nennen (nicht nur Marx im »Kapital« tut das, auch die heutigen Sozialdemokraten in ihrem heute geltenden Programm nennen die Arbeit in den Formen des heutigen Kapitalismus gesellschaftliche Arbeit), wissen wir, was es mit ihrem gesellschaftlichen Eigentum auf sich hat: wie sie die Produktionsformen der Dampftechnik im Kapitalismus für sozialistische Arbeitsformen halten, so halten sie den Zentralstaat für die sozialistische Organisation der Gesellschaft und das bureaukratisch verwaltete Staatseigentum für Gemeinschaftseigentum! Diese Leute haben ja doch keinen Instinkt für das, was Gesellschaft heißt. Sie ahnen nicht im entferntesten, daß Gesellschaft nur eine Gesellschaft von Gesellschaften, nur ein Bund, nur Freiheit sein kann. Sie wissen darum nicht, daß Sozialismus Anarchie ist und Föderation. Sie glauben, Sozialismus sei Staat, während die Kulturdurstigen den Sozialismus schaffen wollen, weil sie aus der Zerfallenheit und dem Elend, dem Kapitalismus und der dazu gehörigen Armut, aus der Geistlosigkeit und der Gewalt, die nur die Kehrseite des wirtschaftlichen Individualismus ist, also eben aus dem Staat heraus wollen zur Gesellschaft der Gesellschaften und der Freiwilligkeit.
Weil also, sagen diese Marxisten, der Sozialismus noch sozusagen im Privatbesitz der Unternehmer ist, die wild drauflos produzieren, da sie ja im Besitz schon der sozialistischen Produktivkräfte sind (lies: der Dampfkraft, der vervollkommneten Werkzeugmaschinen und der in überflüssiger Zahl sich anbietenden Proletariermassen), weil es also so ist, wie ein Hexenbesen in der Hand des Zauberlehrlings, muß es zur Überschwemmung mit Waren, zur Überproduktion, zum Durcheinander, kurz: zu den Krisen kommen, die, wie sie auch im Einzelnen erklärt werden, doch jedenfalls nach der Meinung der Marxisten daher kommen, daß zu der gesell-

schaftlichen Produktionsweise, wie sie ihrer ruchlos dummen Ansicht nach schon da ist, die Regulative der statistisch kontrollierenden und dirigierenden Weltstaatsbehörde notwendig ist. Solange die fehlt, ist der »Sozialismus« nicht vollkommen, muß alles drunter und drüber gehen. Die Organisationsformen des Kapitalismus sind gut; aber es fehlt die Ordnung, das Regiment, die straffe Zentralisation. Kapitalismus und Staat müssen zusammenkommen, dann ist – nun, wir würden sagen, dann ist der Staatskapitalismus da; jene Marxisten meinen: dann sei der Sozialismus da. Wie sie aber in diesem ihrem Sozialismus alle Formen des Kapitalismus und der Reglementierung wiederfinden, und wie sie die Tendenz zur Uniformierung und Nivellierung, die heute da ist, zur letzten Vollkommenheit fortschreiten lassen, so ist auch der Proletarier in ihren Sozialismus mit hinüber gegangen: aus dem Proletarier des kapitalistischen Betriebs ist der Staatsproletarier geworden, und die Proletarisierung ist, wenn dieser ihr Sozialismus anfängt, wirklich, wie vorausgesagt: ins Riesenhafte gediehen: alle Menschen ohne Ausnahme sind kleine Wirtschaftsbeamte des Staates.

Kapitalismus und Staat müssen zusammenkommen – das ist in Wahrheit das Ideal des Marxismus; und wenn sie schon vom Ideal nichts hören wollen, so sagen wir: das ist die Entwicklungstendenz, die sie entdeckt haben, die sie unterstützen wollen. Sie sehen nicht, daß die ungeheure Gewalt und Bureaukratenödigkeit des Staates nur nötig ist, weil unserm Mitleben der Geist verloren gegangen ist, weil die Gerechtigkeit und die Liebe, die wirtschaftlichen Bünde und die sprossende Mannigfaltigkeit kleiner gesellschaftlicher Organismen verschwunden sind. Von all dem tiefen Verfall dieser unserer Zeiten sehen sie nichts; sie halluzinieren Fortschritt: die Technik schreitet fort; die tut es natürlich in der Tat; tut es in manchen Zeiten der Kultur, nicht immer, es gibt auch Kulturen ohne technischen Fortschritt, und tut es insbesondere in Zeiten des Verfalls, der Individualisierung des Geistes und der Atomisierung der Massen; und darum eben sagen wir: der wirkliche Fortschritt der Technik zusammen mit der wirklichen Niedertracht der Zeit ist – um für Marxisten einmal marxistisch zu sprechen – die tatsächliche, materiale

Grundlage für den ideologischen Überbau, nämlich für die Utopie des Entwicklungssozialismus der Marxisten. Weil aber nicht nur die fortschreitende Technik in ihrem Geistchen sich abspiegelt, sondern ebenso auch die übrigen Tendenzen der Zeit, darum ist ihnen auch der Kapitalismus Fortschritt, ist ihnen auch der Zentralstaat Fortschritt. Es ist gar nicht bloße Ironie, daß wir hier die Sprache ihrer sogenannten materialistischen Geschichtsauffassung auf die Marxisten selbst anwenden. Sie haben ja doch diese Geschichtsbetrachtung irgendwoher genommen, und wir sind jetzt, wo wir sie kennen gelernt haben, imstande, noch deutlicher als zuvor zu sagen, wo sie sie gefunden haben: nämlich ganz und gar in sich selbst. Jawohl, was die Marxisten von dem Verhältnis der geistigen Gebilde und des Denkens zu den Zeitumständen sagen, gilt in der Tat für alle Zeitgenossen, worunter hier die zu verstehen sind, die nur das Kind und der Ausdruck ihrer Zeit sind, die nichts Schöpferisches, nichts Entgegenstemmendes, nichts Ureigenes und geisthaft Persönliches in sich haben. Wir sind wieder beim Philister, wir sind beim Marxisten, und für ihn trifft völlig zu, daß seine Ideologie nur der Überbau der Niedertracht unsrer Zeit ist. In den Zeiten des Verfalls herrscht in der Tat der Ungeist, der der Ausdruck der Zeit ist. Und so herrschen heute noch die Marxisten. Und sie können nicht wissen, daß die Zeiten der Kultur und der Erfüllbarkeit sich nicht aus den Zeiten des Niedergangs – den sie Fortschritt nennen – entwickeln, sondern daß sie aus dem Geiste derer kommen, die ihrer Konstitution nach nie ihrer Zeit angehört haben. Sie können nicht wissen und nicht fassen, daß das, was Geschichte zu nennen ist, in den hohen Zeiten des Umschwunges nicht von den Philistern und Zeitgenossen und also nicht, was dasselbe heißt, von den gesellschaftlichen Prozessen besorgt wird, sondern von den Einsamen, Abgesonderten, die eben darum Abgesonderte sind, weil in ihnen Volk und Gemeinschaft wie zu Hause, wie zu ihnen und mit ihnen geflüchtet sind.

Kurt Eisner

Wahlrede vor den »Unabhängigen«

Parteigenossen! Dieser Saal wird in der Geschichte einmal genannt werden. In diesem Saal waren die denkwürdigen Versammlungen des 31. Januar 1918, wo wir unabhängigen Sozialisten die Massen der Arbeiter zu gewinnen suchten, daß sie in den Streik eintraten. Damals in jenen stürmischen Versammlungen kämpften wir Brust an Brust um die Seelen der Arbeiter. Und dann, dreiviertel Jahre später, nach dem kleinen Zwischenfall, der Neudeck und Stadelheim heißt, nach diesem Zwischenfall vereinigten sich hier zum erstenmal die Arbeiter- und Soldatenräte in diesem Saal und dem unteren: hier begann die Geschichte der Republik Bayern. Hier in diesen Räumen, wo sonst nur die Spießbürger ihren Tag leben, von hier aus loderte die Revolutionsflamme hinüber in den bayerischen Landtag, von hier aus wurde das Signal gegeben für Deutschland. Das Telegramm, das von München am 8. November ausging: »Bayern ist zur Republik erklärt«, dieses Telegramm wirkte Wunder in ganz Deutschland. Nun brach es überall los. Aber, Parteigenossen, die revolutionärste Revolution, das war doch die vom 31. Januar. Damals stand Deutschland scheinbar auf dem Gipfel seiner militärischen Macht, und wenn es uns damals gelungen wäre, die Massen aufzuregen und aufzurütteln zu jener Volksbewegung, wie sie uns damals schon vorschwebte, dann hätten wir noch einen Frieden haben können, in dem wir nicht auf Gnade und Ungnade dem Gegner ausgeliefert waren. (Sehr richtig!) Parteigenossen, die Streiktage des Januar, das ist das ewige Ruhmeszeugnis der unabhängigen Sozialisten. (Bravo!) Damals wußten wir genau, wie auch später im November, daß wir mit unseren Köpfen spielten. Wir erinnern uns jener Nacht, da man uns verhaftete, jener Monate, da über uns das Schicksal schwebte – das endgültige Schicksal war klar, nur über die Ziffer der Zuchthausjahre konnten wir im Zweifel sein, 4 Jahre – 6 Jahre – 8 Jahre, mehr als

10 Jahre brauchten wir nicht zu befürchten, denn das Gesetz erlaubt nicht mehr als 10 Jahre. (Heiterkeit!) Aber wir waren uns ganz klar darüber, wenn wir vor das Reichsgericht geschleift wurden, dann waren wir für absehbare Zeit verurteilt, zu vermodern im Zuchthaus als ehrlose Landesverräter. Parteigenossen, wir wollen auf nichts stolz sein, aber der Titel eines ehrlosen Landesverräters vom Januar 1918 ist viel ruhmreicher als der Titel eines Ministerpräsidenten vom November 1918. (Beifall! Heiterkeit!) Parteigenossen, alle großen Bewegungen sind von kleinen Häuflein Menschen ausgegangen. Wir waren nur wenige im Januar und wir waren nicht viel mehr im November; denn inzwischen hatte man die Kämpfer vom Januar an die Front geschickt. Mancher war auch schwachmütig geworden, und von Mund zu Mund wurde das Gerücht verbreitet: Da sieht mans wieder, was der Eisner und die anderen Leute anstellen, welche Phantasten sie sind, da sieht mans, was er mit dem Streik angerichtet hat, da sieht mans, alles verlorene und unnütze Opfer: man muß hübsch klug und gescheit sein, dann macht man solche Dummheiten nicht.

So ähnlich lese ich es auch heute in den Zeitungen, wenn sie mir einmal vorgelegt werden. Wir sind die Phantasten, die Ideologen, die Dichter, – und die anderen, das sind die klugen Rechner ... Meine Herren, wir Ideologen, wir Phantasten, wir haben uns 4½ Jahre lang nicht geirrt und die anderen, die nüchtern die Tatsachen beurteilen, die bekennen heute, daß sie sich 4½ Jahre lang getäuscht haben. (Beifall!) Und nun frage ich Sie, Parteigenossen, wer ist Ihnen lieber, derjenige, der sich nicht geirrt hat, der im Januar den revolutionären Streik gemacht hat oder diejenigen, die gesagt haben, das sind Dichter, das sind Phantasten, das sind Ideologen. Parteigenossen, ich glaube, es gibt nur eine Realpolitik in der Welt und das ist die Realpolitik des Idealismus! (Bravo! Beifall!) Nur diejenigen, die an die Macht der Wahrheit glauben, nur diejenigen, die den Idealen der Menschheit vertrauen, die siegen auf die Dauer. Sie mögen schlechte Geschäfte machen im Augenblick, es mögen auch viele zugrunde gehen, aber es war seit jeher der stolzeste Gedanke des Sozialismus: es gibt nur *eine* Wirklichkeit, unser Ideal, und

wenn dieses Ideal zugrunde geht, dann ist das Leben nicht mehr wert gelebt zu werden, dann geht alles zugrunde. (Beifall!) Die Herrschenden Deutschlands haben 4½ Jahre lang Realpolitik getrieben, und als die 4½ Jahre Realpolitik vorüber waren, haben ein Häuflein Menschen diese realpolitische Welt zertrümmert und begonnen, eine neue Welt auf den Trümmern aufzubauen. Es gibt in der Geschichte kein zweites Beispiel, wo in so kurzer Zeit so unwiderstehlich und so menschlich eine verrottete Welt in Trümmer geschlagen wurde. Der Weltkrieg brach militärisch zusammen und auf den Trümmern des Weltkrieges begann in Deutschland, Bayern zuerst – und darauf wird Bayern einmal stolz sein dürfen – die Herrschaft der Demokratie und des Sozialismus.
Wie stehen wir heute? Was haben wir erreicht? Wenn heute irgend ein Schuster kein Leder hat, dann sagt er, daran ist die neue Regierung schuld. (Heiterkeit!) Wenn die Isar heute merkwürdigerweise weniger Wasser hat als sonst und deswegen der Straßenbahnverkehr eingeschränkt werden muß, dann heißt es: Schuld ist die bayerische Regierung, die so etwas duldet und kein Mittel dagegen weiß. Parteigenossen, ich bin sehr erfreut über diese Ungeduld und hätte nur gewünscht, diese Ungeduld wäre etwas früher gekommen. (Heiterkeit!) Das ist der Fluch der deutschen Geschichte, des deutschen Volkes gewesen, diese ewige Geduld. (Bravo! Heiterkeit!) Und wenn wir etwas erreicht haben, so ist es das, daß heute alle Welt, selbst der faulste und dümmste Spießer ungeduldig geworden ist (Bravo!) und von uns erwartet, daß wir über Nacht alles gut machen, was in Jahrhunderten gesündigt worden ist. Ich begrüße das und hoffe, daß diese Ungeduld bleibt. Immerhin haben wir eines erreicht: Ich bin in keine bayerische Volksschule gegangen und weiß deshalb nicht, wieviel Jahrhunderte die Wittelsbacher regiert haben, ich glaube 800 Jahre (Heiterkeit!) oder – um kein Fremdwort zu gebrauchen – sie sind 800 Jahre lang da gewesen. Aber sicher ist, weil ich es selbst miterlebt habe, in 8 Stunden wurden diese 800 Jahre Regierung erledigt. Meine Herren, als Deutschland gar keine Wirtschaft mehr hatte, als wir nichts mehr exportieren konnten oder sehr wenig, waren wir immer noch in der Lage, das Land der Welt zu sein, das die meisten

Monarchen hätte exportieren können – und sie sind jetzt exportiert (Heiterkeit!). Und ich hätte gewünscht, daß man uns einige Gegenleistungen dafür in nahrhafteren Gegenständen gemacht hätte. Noch niemals in der Weltgeschichte ist erlebt worden, daß ein Regierungssystem so schimpflich zusammengebrochen ist. Wo sind die Herren, die den Mut hatten, eine ganze Welt in den Krieg zu stürzen? Wo sind die Leute, die gezeigt haben, daß sie bereit sind, ihre Schuld mit ihrem Leben zu zahlen? Niemand hat sein Leben geopfert. Sie sind alle noch in der Welt, glücklicherweise nicht mehr in ihren Schlössern und auf ihren Thronen. Meine Herren, und etwas anderes ist darüber verschwunden: Wo ist das monarchische Gefühl des Deutschen geblieben? Wo heißt es: Kehre zurück, es ist Dir alles verziehen? Wo sind die Leute, die erklären, auch heute noch, sie halten den Monarchismus für die wertvollste Betätigung des deutschen Geistes? Das haben wir doch in allen Schulen gelernt: Der Deutsche ist monarchisch bis in die Knochen. Wo sind die Knochen heute? Und wo ist das monarchische Mark in diesen Knochen? Parteigenossen, die Lüge hat ihre Zeit. Aber Lüge bleibt Lüge und wenn sie die ungeheuerste Macht zu haben scheint. Kommt ihr Tag, dann bricht sie zusammen und es ist, als ob sie nie da gewesen wäre. Wer solche Erscheinungen beobachtet, dessen Zuversicht wird bestärkt. Es gibt nur eine Politik, die menschenwürdig ist, die der Wahrheit und des Ideals. Parteigenossen, die Menschen von heute sind verkümmert und verkrüppelt durch das System von gestern. Aber tief in jedem Herzen schlummert die Sehnsucht nach einer neuen Welt, nach einer neuen Menschheit, und Politik treiben heißt nichts anderes, als mit dieser Sehnsucht zu arbeiten, diese Sehnsucht in politische Werke umzusetzen. Das ist unser Glaube gewesen. Für diesen Glauben haben wir kleines Häuflein gearbeitet und wir haben recht behalten. Zwei Taten haben die unabhängigen Sozialisten, zu denen ich gehöre, – und ich freue mich, daß ich heute als Parteigenosse zu den Freunden sprechen kann, mit denen ich die gemeinsamen Leiden und die wenigen Freuden geteilt habe, – auf den Blättern der Geschichte zu verzeichnen: den Kampf gegen die Kriegspolitik der verbrecherischen deutschen Regierung, zweitens die Revolution. Nur sie haben

die Revolution gemacht, von ihnen ging sie aus. Sie haben für diese Revolution sich geopfert. Darauf können wir stolz sein. Aber, Parteigenossen, der Stolz allein genügt nicht. Verdienste sind keine lebenslängliche Rente (Bravo!), Verdienste sind nicht eine Pension, die man verzehrt. Was war, ist geschehen und niemand darf sich darauf berufen, als ob er nun berechtigt wäre, auf den Lorbeeren auszuruhen. Jedes Verdienst verpflichtet zu neuer Arbeit und wenn es mancher vergißt, was wir gestern getan haben, so hat er recht, wenn wir heute und morgen nicht mehr Neues schaffen und neue Werke verrichten.
Parteigenossen, ich fragte, wo stehen wir heute. Wolken, schwarze Wolken, hängen tief herab. Wir wissen nicht, wie das Schicksal Deutschlands sich gestaltet. Niemand mehr hat ein klares Bild davon, wie wir morgen und übermorgen leben werden; woher wir die Rohstoffe für unsere Arbeit nehmen, woher die Lebensmittel. So scheint es, als ob wir allen Anlaß haben, sehr ernst gestimmt zu sein. Und doch, Parteigenossen, ich habe in allen meinen Kundgebungen seit der Revolutionsnacht und auch in der Revolutionsnacht darauf hingewiesen, unter welch ungeheuer schwierigen Umständen die neue Regierung ihr Amt angetreten hat und jeder neue Tag hat die Schwierigkeiten dieses Amtes vergrößert. Und doch, Parteigenossen, bin ich durchaus optimistisch. Ich glaube, daß wir noch schwere Monate vor uns haben, vielleicht Jahre, aber eins weiß ich: Was war, kommt nie wieder. Und zum erstenmal in der deutschen Geschichte ist eine Regierung, die von bestimmten zielweisenden Gedanken geleitet gradlinig vorwärtsschreiten will. (Bravo!) Und wehe der Regierung, die nach uns kommt und einen andern Weg wählt, Seitenwege, Schleichwege gehen will. Parteigenossen, ohne Unterschied der Richtung kann ich das sagen, die heutige Regierung will Bayern und damit auch Deutschland bis in die letzten Gründe des Volkslebens demokratisieren, und die heutige Regierung weiß, daß es überhaupt nur *einen* Zukunftsgedanken gibt, einen aufbauenden Gedanken, den Sozialismus! (Bravo! Sehr richtig! Beifall!) Parteigenossen, wie war's bisher, wie waren die Regierungen früher? Die Regierungen waren früher die Ausschüsse der herrschenden Klassen. In den

herrschenden Klassen selbst gab es Gegensätze, Gegensätze der Interessen. Und so war die ganze Politik der früheren Regierungen Deutschlands, auch der früheren Parlamente, darauf gerichtet, Ausgleich zu schaffen zwischen den verschiedenen Interessengegensätzen der herrschenden Klassen. Da war die schwere Industrie, da war die Exportindustrie, der Handel, der Militarismus, der Großgrundbesitz – jeder dachte nur daran, jede Klasse, jede Gruppe dachte nur daran, ihre Interessen durchzusetzen; dazu waren die Regierungen da. Dazu waren die Parlamente da. Und so, wenn wir den Gedankengehalt der letzten Jahrzehnte prüfen, wenn wir die Ideen der Regierungen, Parlamente, der Verwaltungen sieben und fragen, was bleibt übrig an fruchtbarer Arbeit, so sagen wir: Für die Zukunft des Volkes und der Völker nichts, weniger als nichts. Parteigenossen, worin bestand die Tätigkeit unserer Partei, der Sozialisten aller Richtungen, wie sie noch organisatorisch vereint waren? Die Tätigkeit unserer Partei bestand darin, daß wir organisierten, daß wir Mitglieder warben, daß wir die Arbeiter in ihren politischen Interessen sammelten in der Partei und gewerkschaftlich in den wirtschaftlichen Interessen. Die Gewerkschaften haben, ich wäre der letzte, der es verkennt, wichtigste positive Arbeit geleistet. Wenn überhaupt ein Fortschritt zustande gekommen ist, so haben das die Gewerkschaften durch ihre tüchtige Arbeit geleistet. Darüber ist gar kein Zweifel. Aber nun, die Politik, worin bestand sie? Unsere Politik bestand in der Anhäufung von Agitationsmaterial. Jedes Jahr kämpften wir gegen alles. Wir kämpften gegen Militärvorlagen, wir kämpften gegen Steuervorlagen, wir kämpften gegen Verschlechterung des Koalitionsrechts. Jeden Tag waren unsere Zeitungen voll Anklagen gegen das herrschende System. Wir hatten unsere Parteitage, wir arbeiteten für unser Programm, aber, Parteigenossen, wir standen außerhalb der Wirklichkeit, wir waren ganz ohnmächtig. Die Gewerkschaften sorgten wenigstens für die Notdurft des Arbeiters, für ihr Menschentum, für ihre wirtschaftliche Entwicklung, aber die politische Partei, die blieb mit all ihren großen Ideen, mit all ihrem Opfermut, mit all ihrer ungeheuren Arbeit, die sie leistete, eine bloße Agitationspartei (Sehr richtig!), die

nicht fähig war, oder vielleicht noch nicht stark genug war, wirklich praktische Arbeit zu leisten. Parteigenossen, Sie werden erstaunt sein, daß ich mich als Anhänger der praktischen Arbeit bekenne, und Sie werden vielleicht noch mehr überrascht sein, wenn ich Ihnen bekenne, daß ich niemals etwas anderes gewesen bin als ein Anhänger der praktischen Arbeit. Diese Art revolutionärer Politik ist in Deutschland nicht sonderlich verständlich. Mich verdroß, mich ekelte schließlich dieser nutzlose Agitationskampf und ich habe oft zu Freunden gesagt: Da habt Ihr das Erfurter Programm. Im ersten Teil wird eine herrliche Zukunftswelt aufgebaut und im zweiten Teil werden die praktischen Gegenwartsforderungen aufgestellt und bis zum 7./8. November 1918, in der ganzen Zeit ist auch nicht ein einziger Punkt dieses Programms durchgeführt worden. (Sehr richtig!)
Parteigenossen, daher die Ohnmacht gegenüber dem Kriege. Und nun will ich Ihnen kurz andeuten, worin der Unterschied von Parteigenossen wie ich bin und der Parteigenossen, wie sie üblich waren, bestand, gleichgültig, ob sie sich Radikale oder Gemäßigte nannten. Parteigenossen, ich sagte, wir waren eine bloße Agitationspartei. Ich dagegen bin seit dem Augenblick, seitdem ich in der Partei an leitender Stelle tätig war, also seit 1898, nachdem ich zehn Jahre zuvor schon in der Stille für die Sozialdemokratie gewirkt hatte, ein unbedingter Anhänger der revolutionären Aktion gewesen. Worin bestand der Unterschied, der schließlich zur Trennung der Partei führte? Ich bin der Meinung, die Massen haben die Pflicht, das, was sie wollen, sie mögen diese Ziele hoch oder niedrig stellen, durchzusetzen. Sie müssen das, was sie wollen, auch verwirklichen. Deshalb bin ich seit jeher ein Anhänger der revolutionären Aktion gewesen. (Beifall!) Ein Beispiel: Das preußische Wahlrecht, Dreiklassen-Wahlrecht. Es ist gewiß nicht ein letztes Ziel – man kann darüber sehr verschiedener Meinung sein, ob dieses Ziel etwas Großes ist –, aber ich war der Meinung, wenn die Massen des Proletariats in Deutschland ein solches Ziel aufstellen, dann müssen sie es durchsetzen, so oder so. Und da sagte man uns immer: Arbeiter, laßt euch nicht provozieren. Wir sind all die Jahrzehnte lang Tag für Tag provoziert worden (Sehr

richtig!), und wir haben uns das gefallen lassen. So war's. Und, Parteigenossen, nun haben wir gezeigt, daß die revolutionäre Aktion möglich ist. Das Beispiel haben wir gegeben. Parteigenossen, eine revolutionäre Aktion ist namentlich so lange notwendig, als keine Demokratie herrscht. Wie anders soll man denn ohne bestehende Demokratie eine herrschende Klasse stürzen, außer durch die revolutionäre Aktion? Wir haben jetzt die politische Revolution gemacht und nun prüfen Sie, was geleistet worden ist. Denken Sie wenige Tage zurück vor die Revolution, denken Sie an die Verhandlungen mit den herrschenden Klassen, zum Beispiel an die Verhandlungen im bayerischen Landtag. Wie hat man da gefeilscht um das Wahlrecht, an Frauenstimmrecht wagte man kaum zu denken. Als ich die Meinung aussprach, es gebe Aktionen, die man nicht organisiert, sondern macht, da wurde mir klipp und klar von den Realpolitikern bewiesen, das sei nicht möglich, man könne nichts ohne Organisation machen. Und, Parteigenossen, merkwürdigerweise ist die Revolution doch gemacht worden. So müssen wir fortfahren. Wir wollen besonnene und nüchterne praktische Arbeit leisten, aber wenn wir überzeugt sind, daß eine Aufgabe zu lösen notwendig ist, dann m ü s s e n wir sie auch lösen. Das ist Politik! (Beifall!) Parteigenossen, ich las in dem französischen Blatt Le Temps, dem größten Pariser Blatt, eine Betrachtung über die Leitung der bayerischen Politik, also über meine Person. Da wurde mein Entwicklungsgang geschildert und gesagt, ich hätte scheinbar zeitweilig in der Sozialdemokratie auf der Rechten gestanden. Merkwürdigerweise hat dieses bürgerliche Blatt, das in Paris erscheint, viel mehr Verständnis für meine Politik als irgend ein deutsches Blatt. Dieses scheinbare Auf-der-rechten-Seite-stehen wurde nämlich so erklärt: ich sei so angewidert worden von der Unfruchtbarkeit der scheinradikalen Sozialdemokraten, ich sei so sehr ein Anhänger der revolutionären Aktion, daß, als ich gesehen hätte, daß hinter den »Radikalen« nichts stecke, ich lieber mit der Rechten der Partei gearbeitet hätte, um wenigstens irgend etwas zu tun. Parteigenossen, besser ist, irgend etwas zu schaffen, als in leeren Reden und öden Schimpfereien sich Jahrzehnte lang zu ergehen und sich darin zu befriedigen. Es gibt nur einen

Radikalismus und dieser Radikalismus besteht darin, durchzusetzen, was notwendig ist und was wir wollen. (Bravo! Beifall!)
Parteigenossen, wir haben jetzt den 8 Stundentag, ja, das nehmen wir heute hin, als etwas, das beinahe schon selbstverständlich ist, und doch war Deutschland das einzige Land der Welt, glaube ich, von den Kulturländern, das bis zur Revolution überhaupt noch nicht den Maximal-Arbeitstag für Männer gehabt hat und alle Arbeitszeitverkürzung, die wir erreicht haben, ist nicht durch den Staat, nicht durch die Sozialisten gewonnen worden, sondern rein durch die Gewerkschaft. Jetzt haben wir auf einmal den 8 Stundentag, wir sind auf dem Wege zur 44 Stundenwoche und wir werden noch weiter kommen. Wir haben heute das freieste Wahlrecht der Welt. Wir brauchen nicht mehr in Versammlungen über diese Frage Beschlüsse zu fassen und zu berechnen, wie weit wir wohl gehen dürften, nein, alle Männer und Frauen dürfen heute wählen. Ist das gar nichts? Vier Wochen nach der Revolution? Und das sind Dinge, die nicht mehr zu beseitigen sind. Noch einmal: so müssen wir fortfahren. Wir stellen unsere Forderungen auf und setzen sie durch. (Bravo! Beifall!)
Noch ein weiteres Beispiel: Wir haben eine militärische Strafprozeßordnung geschaffen. Das hätte unter normalen Umständen in der früheren Zeit vielleicht ein Jahr gekostet. Und dann wäre ein kümmerliches Flickwerk zustande gekommen, da hätte man gefeilscht, hätte kompromisselt. All diese Arbeit war Arbeitsvergeudung, weil sie durch keine richtunggebende Idee geregelt war. Parteigenossen, wir, die in die heutige Regierung berufen sind, die Massen aufzuklären, wir kennen nur zwei leitende Gedanken: Demokratie und Sozialismus. Wir wissen nichts anderes. Wir sind »intolerant«, denn wir haben erfahren, alle Ideen von gestern haben nichts weiter erreicht, wie den Weltkrieg und den Zusammenbruch Deutschlands. (Beifall!)
Demokratie, was ist das? Demokratie ist das gleiche Recht für alle, aber es heißt auch die gleiche Pflicht für alle. Parteigenossen, wir wollen die Kräfte des gesamten Volkes lebendig machen, des gesamten Volkes, soweit es mit der Hand oder

mit dem Kopf Arbeit, wirkliche Arbeit leistet. Diese Kräfte wollen wir in den Dienst der Gesamtheit stellen. Parteigenossen, das war der Kniff der Regierung des alten Systems: Wenn wir ein Jahrtausend zurückgehen, sehen wir, daß es durch das Gesetz verboten war, Politik zu treiben. Das alte preußische Landrecht war noch bis ins 19. Jahrhundert in Kraft, das den Untertanen mit strengen Zuchthausstrafen verbot, sich mit Politik zu beschäftigen. Die Aufgabe des Bürgers war es, für den Unterhalt der Familie zu sorgen; jeder gehe seinem Geschäfte nach und mische sich nicht in die Angelegenheiten der Obrigkeit. Parteigenossen, wir sind uns gar nicht bewußt, wie sehr diese alte Anschauung noch allen in den Gliedern steckt! Da hörten wir schon als Kinder die einzige Lehre: wir müssen arbeiten, damit wir uns durchschlagen, nicht daß wir nützliche Glieder der Gesamtheit werden, sondern daß wir für uns das tägliche Brot erwerben. Ein deutscher Professor – es gibt ja auch einmal einen deutschen Professor, der etwas Vernünftiges sagt (Heiterkeit!) – hat vor dem Kriege gesagt, der deutsche Wahlspruch laute: Treu, deutsch und pensionsberechtigt. Darin steckt eine bittere Wahrheit. Diese Angst vor dem Leben, diese Sorge, daß wir ja für alle Zeiten gesichert seien, das verdirbt uns das Leben. Nun kam der Weltkrieg und plötzlich wurde auf Befehl eines einzelnen Menschen nicht nur die gesicherte Existenz der Menschen aufgelöst, sondern auch das Leben selbst der Menschen ward etwas Wertloses, über das man willkürlich verfügen konnte. Die Besten des Volkes wurden gemordet, das verstand sich ganz von selbst. Mit oder ohne Pension, sie wurden gemordet. Die List der herrschenden Klassen, die Massen an ihre niedrigen persönlichen und familiären Interessen zu ketten, diese List führte zur Aufrechterhaltung ihrer Herrschaft. Diese List wurde durch die Revolution überwunden. Zwar sollen die Masssen arbeiten für sich selbst, für ihre Familie, aber über diesem Interesse muß die Arbeit für die unterdrückten Klassen, für die Gesamtheit, für die Zukunft sich erheben. Es soll auch nicht mehr so sein, daß die Söhne der begüterten Klassen mühsam auf den Schulbänken die Hosen durchscheuern und dann allmählich durch die Examina zur Bürokratie emporsteigen, Richter, Staatsanwälte, Regierungsräte und auch schließlich Minister werden. In der künftigen Welt der Demokratie soll jede Fähigkeit zu ihrem Rechte kommen. An dem ersten Tag, ich weiß nicht, ob ich es Ihnen erzählt habe, als ich, ohne Kragen, noch schmutzig von der Revolutionsnacht, nach schlaflosen Nächten, eindrang in das vornehme Palais am Promenadeplatz und mich in ein fast zweistündiges Gespräch einließ mit den Herren, die bisher die Geschäfte geführt hatten, ich kam direkt von der Straße, ohne Frack und weiße Weste, ohne Kragen: – ein Lump – (Heiterkeit!) unter diese Herren – da unterhielten wir uns über unsere künftige gegenseitige Arbeit. Wir hatten von vornherein beschlossen, wir wollten jede menschliche Rücksicht nehmen. Wir können auch nicht die ganze bürokratische Staatsmaschine still legen, sonst würde alles zusammenbrechen. Ich sagte also den Herren: Ich bin bereit, mit Ihnen zu arbeiten, sofern Sie uns offen und ehrlich zur Verfügung stehen, aber ich sagte ihnen auch: Es würde mich mehr das Experiment locken, die Arbeit zu leisten mit Leuten von der Straße. Ich meinte: Fähige Köpfe, die bisher nicht ans Licht gekommen waren, mit denen würde ich vielleicht fruchtbarere Arbeit leisten können, als mit denen, die auf dem üblichen Wege in ihre Ämter gelangt waren. In dieser Bemerkung steckte nicht eine Verhöhnung der Herren, die ja auch Opfer ihres Systems sind, in dem sie tätig waren, sondern das ist ein sehr ernster Gedanke. Denn Demokratie heißt nichts weiter, als alle Kräfte entbinden, frei machen, jedem den Weg seiner inneren Fähigkeiten öffnen. Nichts Lebendiges soll verkümmern. (Beifall!) Mein Freund, der mit mir in der Revolutionsnacht Seite an Seite gekämpft hat, von dem haben Sie, glaube ich, gelesen, daß er ein arbeitsscheuer Schlossergeselle mit ausgefransten Hosen sei. Nun, er ist heute Minister und er macht jedenfalls seine Sache so gut wie irgend ein Minister vor ihm. (Beifall!)

Deshalb, Parteigenossen, hängt mein Herz an den Gebilden, die wir hier geschaffen haben, den Arbeiter-, Bauern- und Soldatenräten, die ihre offenen und versteckten Gegner haben. Die Räte sollen die Schulen der Demokratie werden, daraus dann sollen die Persönlichkeiten emporsteigen zu politischer und wirtschaftlicher Arbeit. Das ist der tiefste Sinn des Sozialismus: Selbsttätigkeit der Gesamtheit. Die »Vertreter« der »Masse« – sie mögen noch so tüchtig sein, noch so nützliche Arbeit leisten, aber das sind schon die Leute, die emporgekommen sind. In den Arbeiter-, Soldaten- und Bauernräten, in der Stadt und auf dem Lande, da kann jeder lernen, politisch und wirtschaftlich tätig zu sein. Darum, Parteigenossen, stehe und falle ich mit diesem Gedanken, daß die demokratische Organisation unmittelbar der Massen selbst künftig die Grundlage aller Entwicklung sein muß. (Beifall!) Dort wirkt Idealismus, dort ist freie öffentliche Tätigkeit möglich. Dort gibt es keine Führer und keine Angeführten, sondern dort lebt die Masse selbst. Das ist wieder eine revolutionäre Errungenschaft, eine ungeheure Errungenschaft, und wenn es auch bisher manchmal ungebärdig hergeht, wenn der alte Geist der Kleinlichkeit, auch des Eigennutzes noch nicht ganz ausgerottet ist – ich habe keinen Zweifel mehr daran, daß auch im deutschen Volk die politische Fähigkeit lebt, für die Gesamtheit zu schaffen und für die Interessen der Gesamtheit sich zu opfern. Die Räte sind die Grundmauer der Demokratie, die Nationalversammlung, der Landtag ist die Krönung des Gebäudes. Aber diese Krone würde genau so zusammenstürzen wie die monarchischen Kronen, wenn sie sich nicht stützen auf die Kraft und den Willen jener Arbeiterräte oder Arbeiterkammern oder wie man sie sonst nennen mag. (Beifall!) Darum fürchte ich mich auch nicht vor der Nationalversammlung, mag sie werden wie sie will, aber ich bitte um Ihre Hilfe, daß dieses Parlament völlig rein werde von der Vergangenheit, daß der neue Geist dort einziehe. Wie auch das Wahlglück in dem noch nicht völlig aufgeklärten Volke entscheiden mag, die Grundlage ist nicht mehr anzutasten. Die Tatsachen der Revolution sind unzerstörbar. Damit meine ich nun nicht, daß man, wenn diesen Räten irgend etwas nicht paßt, mit Maschinengewehren und Granaten gegen das Parlament losgeht. Haben wir einmal den revolutionären Geist durchgesetzt, haben wir diese freien Einrichtungen, die Körperschaften der Räte, dann haben wir bessere Waffen als Granaten und Maschinengewehre (Beifall!) und die Giftgase der Vergangenheit zerstieben und verwehen vor dem reinigenden Wehen des neuen

Geistes. Das ist die Arbeit für die Zukunft, das ist Revolutionspolitik: jetzt durch geistige Durchdringung der Massen, durch die Erziehung der Massen jedes reaktionäre Regiment künftig unmöglich zu machen. Aber wenn es jemanden gelüsten sollte, die Revolutionserrungenschaften anzutasten, dann steht Gewalt wider Gewalt! (Sehr richtig! Beifall!)
Demokratie setzt vor allem voraus auch eine vollständige Umgestaltung unseres ganzen Schul- und Erziehungswesens. (Sehr richtig!) Wir werden noch vor der Nationalversammlung, wie ich erwarte, wenigstens die Schule befreien von der Aufsicht der Kirche. (Beifall!) Die Schule soll sich selbst gehören. Der Schüler, der Lehrer, die Eltern, die Arbeiter- und Bauernräte, die sollen wachen über die Erziehung und über die Bildung der Massen. Wir lassen der Kirche jede Freiheit. Sie mag die religiösen Bedürfnisse der Massen, soweit sie vorhanden sind, befriedigen wie bisher. Aber wir dulden keinen Gewissenszwang (Beifall!), wir dulden keinen Gewissenszwang weder gegen die religiös Gesinnten, noch gegen die, deren Ideale losgelöst sind von den überlieferten religiösen Ideen der Geschichte. Diese Freiheit für beide Teile wollen wir schaffen. Und wenn das erreicht ist, ist wieder ein gewaltiges Werk getan.
Sie werden mich fragen, was haben wir denn geleistet auf dem Gebiet, für das ich besonders bestellt bin, auf dem Gebiet der äußeren Politik. Wie stehen wir da? Was ist es mit dem Frieden, mit der Neugestaltung Deutschlands? Auch hier war meine Politik ganz einfach, die einzig mögliche Politik, die einzige, die unser Vertrauen gewinnen konnte. Wir erstreben eine Politik der Offenheit und der Wahrheit, nichts weiter. Deutschland wurde von der ganzen Welt isoliert und gehaßt, da die bisher herrschende Sippe nur zwei Mittel kannte: Kanonen zum Totschießen und Geld, um die Seelen zu kaufen und zu verderben! (Sehr richtig! Beifall!) O, unsere alte Regierung war auch sehr revolutionär gesinnt, sie hat ungezählte Millionen vergeudet, um Revolutionen anzustiften – im Ausland! Wenn ich mich heute dagegen wende, daß die Revolution von uns in das Ausland getragen wird, und das Gesindel bekämpfe, das für solche Agentendienste sich bezahlen läßt, so tue ich das, weil das die Mittel des

alten Systems waren. Jedes Volk mache seine Revolution gefälligst selber. Wir brauchen nicht bei uns die revolutionäre Hilfe der »Bolschewiki« – wir machen unsere eigene Revolution. Und wenn die Franzosen einer Revolution bedürfen, so sollen sie das ohne deutsches Geld, auch ohne deutsche Revolutionssöldner tun. Dazu haben wir kein Geld, keine Staatsmittel. Von den 150 Milliarden und mehr, die der Krieg gekostet hat, ist ein erheblicher Teil nicht für die Giftgase der Granaten und Bomben ausgegeben worden, sondern für die Giftgase der Erzberger-»Revolutionen« im Auslande. Von solcher verworfenen Politik wollen wir nichts mehr wissen.
Das war die auffälligste Erscheinung, die ich beobachtete, als ich nach Berlin kam: Das ganze alte System der auswärtigen Politik bestand noch, unter der Firma einer revolutionären Regierung. Damals erhob ich meinen Kampfruf gegen das Auswärtige Amt, gegen Solf und Erzberger, ich brach schließlich mit diesen Leuten die persönlichen Beziehungen ab, ich erklärte: ich verhandle nicht mehr mit Solf, Erzberger und den Seinen. Seit der Zeit habe ich die Presse gegen mich, weil die ganze Presse ihren Geist vom Auswärtigen Amt in Berlin bezogen hat, auch nach der Revolution weiter bezog. Deshalb wurde die Losung ausgegeben: Feste druff auf diesen Ideologen, auf diesen Phantasten, auf diesen Dichter. Ich teile dieses Unglück mit dem französischen Minister Clemenceau, der auch ein Dichter ist. Nur bei uns herrscht noch die Meinung, daß jemand, der gutes Deutsch schreibt, wenn nicht ein Narr, so mindestens ein schlechter Politiker ist. Ich bin zufrieden mit dem Erfolg meiner phantastischen Attacke: Das Auswärtige Amt ist gründlich ausgeräumt. (Beifall!) Ich würde das Schicksal Deutschlands preisen, wenn wirklich die Entente auf den gescheiten Einfall gekommen wäre, die ganze Waffenstillstandskommission, an der Spitze den Herrn Erzberger, zu internieren. Hoffentlich lassen sie den Herrn niemals wieder los auf Deutschland. Das ist mehr wert als jeder Waffenstillstand. Das war eine schlaue Rechnung; die Herren von gestern stellten sich der Revolutionspolitik zur Verfügung, um ihre Reaktionspolitik darin weitertreiben zu können. Das war der Zweck meines Angriffes und ich habe ins Schwarze getroffen, ins Schwarze, in Herrn Erzberger –

(Heiterkeit!) Dieser Herr Erzberger, es ist unglaublich, dieser Herr Erzberger, der all die Jahre die Vergiftung der gesamten Weltpresse mit deutschen Millionen organisiert hat, – dies deutsche Gold, das wir, das die Dummen zur Reichsbank tragen mußten, das floß ins Ausland für die Agitatoren des Herrn Erzberger, um das neutrale Ausland für die deutsche Politik zu gewinnen. – Dieser Herr Erzberger, der vor ein paar Jahren in einem Berliner Blatt den frommen Wunsch geäußert hat: Wenn es möglich wäre, daß Schwefel vom Himmel regnete, um England zu vernichten, dann müßten wir diesen Schwefelregen selbst herstellen. (Zuruf: Christ!) Diesen Mann läßt man nach dem 8. November Waffenstillstandsverhandlungen leiten. (Hört! Hört!) Ich verstand Berlin nicht. Aber wie mein Angriff, mein phantastischer, ideologischer, dichterischer Angriff gewirkt hat – Parteigenossen, ich mußte mich beeilen wegzugehen aus Berlin, sonst hätte man mich am Ende dabehalten. (Heiterkeit!) Was ist nun in der Friedenssache erreicht? Über meine Friedenspolitik sind viel falsche und dumme Nachrichten in der Presse verbreitet gewesen. Ich habe niemals gesagt, daß ich mit Clemenceau auf Du und Du stehe. Ich habe niemals von diesem Mann, der 1870 nie vergessen hat und der mit einer Kühnheit und Entschlossenheit, die ich den deutschen Staatsmännern wünschte, im Augenblick der größten Gefahr für sein Land den Widerstand befeuert und aufrecht erhalten hat, ich habe nie gesagt, daß dieser Mann mein Freund, mein Verbündeter ist, aber ich habe gesagt: wir müssen in Deutschland eine Politik des Vertrauens, gegenseitigen Vertrauens pflegen, wir müssen als Menschen zueinander reden, ein anderes Mittel gibt es nicht. (Sehr richtig!) Parteigenossen, das können wir nicht so machen, daß wir sagen, alle Regierungen seien miteinander schuldig. Auch das geht nicht, daß wir unsere blutbefleckten Hände über die Grenze hinüberreichen und rufen: Darum keine Feindschaft nicht, es sei alles vergeben und vergessen. Töricht, die glauben, es genüge, wenn wir jetzt nach dieser furchtbaren Vernichtung Nordfrankreichs, nach diesen Greueln der deutschen Kriegsführung und nachdem das deutsche Volk scheinbar 4½ Jahre lang keinen Widerstand geleistet hat gegen diesen Krieg und die Methoden dieser Kriegsführung, beteuern: Wir haben genug vom Krieg, jetzt reichen wir uns die Hände. Anderes muß geschehen. Das war der Sinn meiner Enthüllungen aus der Vorgeschichte des Krieges. Ich habe damit jedem, der lesen kann, jedem, der ehrlich ist, bewiesen, wie eine verbrecherische Horde von Menschen diesen Weltkrieg inszeniert hat, wie man ein Theaterstück inszeniert. Denn dieser Krieg ist nicht entstanden, er ist gemacht worden. (Beifall! Sehr richtig!) Ich könnte diese Enthüllungen über die Vorgeschichte des Krieges noch durch andere Dokumente verschärfen; auch durch militärische Zeugnisse. Das Bekenntnis der Wahrheit ist die Voraussetzung, zu einem ehrlichen Frieden zu kommen. Es war neulich ein englischer Korrespondent bei mir, der Vertreter eines imperialistischen Blattes, der Daily Mail, eines Blattes, das wir nicht lieben können. Dieser Herr, von dem ich wußte, daß er ein Gegner Deutschlands ist, vielleicht sogar ein erbitterter Hasser Deutschlands, sprach mit mir über unsere Politik, wie wir sie in Bayern treiben wollen, jener Politik der Freiheit, der Wahrheit, gegenseitigen Vertrauens. Und dieser Mann versicherte, er hätte an sein Blatt geschrieben: Er wäre nach Deutschland gekommen in dem Glauben, daß die Revolution entstanden wäre aus Lebensmittelnot und wegen der Enttäuschung über den militärischen Zusammenbruch. (Eine Revolution, die bloß aus solchen Motiven entsteht, ist nicht viel wert. Hunger und Niederlage als Motive einer Revolution stehen moralisch sehr tief. Deswegen sage ich immer, daß der Streik vom 31. Januar eine noch viel würdigere Revolution geworden wäre, als die vom November!) Der Engländer erkannte, daß die Auffassung, wie er sie gehabt habe, falsch sei. Die Revolution sei, wenigstens in Bayern, nach den Motiven und Absichten der Urheber nicht durch Lebensmittelnot, nicht durch den Zusammenbruch bewirkt worden, denn sie war ja schon geplant im Januar. Die Revolution sei eine moralische Revolution, eine Auflehnung gegen das alte System. (Beifall!) So sprach ein Feind Deutschlands aus tiefster und ernstester Überzeugung. Er sagte mir weiter: Die deutsche Presse hat ganz unrecht, wenn sie behauptet, daß die Enthüllungen über den Ursprung des Krieges im Auslande aufreizend wirken. Das Gegenteil sei der Fall. Denn nun sieht man im Auslande ein, daß das deutsche Volk wirklich nichts mehr gemein haben will mit den Verantwortlichen des Weltkrieges. (Sehr richtig!) Das ist der Geist meiner auswärtigen Politik und ich werde sie fortsetzen, solange ich an dieser Stelle stehe. (Beifall!) Nach der Politik der Verschwörung, der Lüge die Politik der Wahrheit und des Vertrauens. Und, Parteigenossen, wer jetzt die Stellung der andern Völker gegenüber den eigenen Regierungen verfolgt, der weiß, sie beginnen Deutschland zu vertrauen.

Viele von Ihnen werden mit eigenen Augen gesehen haben, wie es mit Nordfrankreich und Belgien steht, welch ungeheurer, niemals wieder gut zu machender Schaden dort von uns Deutschen angerichtet worden ist. Niemals darf vergessen werden, wie Zehntausende von Belgiern und Franzosen, Männer, Frauen und Kinder deportiert und zur Zwangsarbeit gezwungen wurden. (Sehr richtig! Hört!) Niemand wird diese Methoden der deutschen Offiziere, des deutschen Militarismus vergessen, an dem gewiß das deutsche Volk keinen Teil gehabt hat, gewiß nicht, aber den das deutsche Volk doch geduldig 4½ Jahre lang ertragen hat. Es war doch auch bei uns in den letzten Jahren bekannt geworden, wie man von Deutschland aus in dem neutralen Ausland arbeitete; da arbeitete man nicht nur mit Geld, sondern mit Rotzbazillen, um die Viehbestände zu zerstören (Hört!), so trieben die Leiter des bisherigen Regierungssystems auswärtige Politik! All dieses Unheil, das die Herren von gestern über die Welt gebracht haben, müssen Sie ermessen, müssen Sie bedenken, um zu begreifen, daß der Haß gegen uns nicht in einem Tag erlöschen kann. Jene Politik wird sogar auch heute noch fortgesetzt. Wir bekamen aus dem Waffenstillstandsnest Spa wiederholt die Aufforderung, Meldungen in die Presse zu bringen – ich weiß nicht, ob die Zeitungen das inzwischen getan haben, wir sind jedenfalls unschuldig daran –, daß der Abschaum der Schwarzen in die Pfalz eingebrochen wäre, alles plündere und die Frauen notzüchtige, keine Frau wage sich mehr auf die Straße, kein Kind – das kam aus Spa, aus der Erzbergerei. Nun stellen Sie sich vor, wie das wirken muß auf die Entente, jetzt noch von dem Abschaum der schwarzen Truppen zu sprechen. Es war kein Wort davon wahr! (Hört!) Es kamen einige Ausschreitungen vor, wie sie in München auch täglich vorkommen. Bisweilen gab es auch Attentate: dunkelhäutige Männer konnten sich bisweilen nicht erwehren der Angriffe von deutschen Frauen, der zärtlichen Angriffe! (Hört!) Ein neues Beispiel dieses fortgesetzten Lügensystems: Die Blätter drucken, aus dem Hauptquartier in Kassel sei amtlich gemeldet worden, daß die Franzosen die Auflösung der Arbeiter- und Soldatenräte verlangen binnen drei oder vier Wochen, widrigenfalls deren Mitglieder verhaftet würden. Nun war mir durch direkte Berichte aus der Pfalz bekannt, daß Volksräte in der Pfalz bestehen. Ich habe deshalb das Hauptquartier in Kassel telephonisch aufgefordert zu sagen, was eigentlich daran wahr wäre. Aus der telegraphischen Antwort geht folgender Sachverhalt hervor: Nach der Äußerung eines französischen Offiziers in Spa hätte General Foch erklärt, er erkenne die Arbeiter- und Soldatenräte nicht als Behörden an. Nun, als Behörden werden ja die Räte auch bei uns nicht anerkannt.

Warum schreiten wir gegen die Presse nicht ein, wenn sie solche Lügen verbreitet? Ich will heute nicht über die Presse reden. Ich bin wohl der erste Ministerpräsident, seit Adam und Eva aus dem Paradiese vertrieben sind, der seine Regierung im Kampf gegen die Presse begonnen hat. Ich wußte, was ich tat, als ich die Presse angriff. Seit der Zeit liebt man mich nicht in der Welt der Druckerpresse, aber es beruht auf Gegenseitigkeit (Heiterkeit!), ich liebe die Presse nicht nur nicht, ich verachte sie. Diese Behandlung ist vielleicht mein größter Fehler gewesen, aber ein Fehler, auf den ich stolz bin. Ich habe den Herren gesagt, 4 1/2 Jahre habt Ihr die Zensur geduldet, habt Euch anlügen lassen und jetzt, wo Ihr die Freiheit habt, da unterstützt Ihr sie nicht, sondern mißbraucht sie. Trotzdem, Parteigenossen, lassen wir sie ruhig abwirtschaften, lassen wir sie alle Torheiten und Gemeinheiten begehen, sie können ja nicht anders, denn sie sind durch die 4 1/2 Jahre des Krieges so verwahrlost worden, daß sie sich nicht mehr bessern können. (Beifall!) Sie wissen gar nicht, wie wurst mir das ist, was die Presse schreibt. Sie mag mich als

Idioten darstellen, das ist mir ebenso gleichgültig, als wenn ich Salomon Kuszinski oder Isidor Itzig heiße. Aber, Parteigenossen, Sie sollten aufhören, Zeitungen zu lesen. (Beifall!) Ich habe während des Krieges oft zu meinen engeren Parteigenossen gesagt: Vielleicht macht nur ein Volk Revolution, das nicht lesen und nicht schreiben, dafür aber denken und handeln kann. (Beifall!) Denn die Druckerpresse, die ist gefährlich und vergiftender als Alkohol.

Dennoch: Gegen die Macht der Lüge, die Macht der Wahrheit, gegen die Politik der Täuschung, der gegenseitigen Überlistung die Politik der Wahrheit und des gegenseitigen Vertrauens. Nur diese Politik führt zum Ziel und wenn wir heute mit dieser Politik nicht siegen, so siegen wir in kurzer Zeit, so gewinnen wir die anderen Völker, so vergißt man unsere deutsche Schuld. Es hilft uns gar nichts, wenn wir sagen, auch die andern seien schuld, gar nichts hilft es uns. Allerdings auch drüben gibt es Kriegshetzer und Chauvinisten, aber die Schuld an diesem Kriege liegt bei Deutschland. Das ist die geschichtliche Wahrheit, und diese Wahrheit müssen wir bekennen, um uns von der Vergangenheit loslösen zu können. Die Gewalt der Revolution vom 7./8. November muß ergänzt und fortgeführt werden durch die moralische Revolution der Wahrheit! (Beifall!)

Ich sprach von auswärtiger Politik, von demokratischer Politik, von s o z i a l i s t i s c h e r Politik sprach ich noch nicht. Jeder Sozialdemokrat steht auf dem Boden des Klassenkampfes, aber Klassenkampf ist für uns niemals Herrschaft einer Klasse gewesen, sondern Beseitigung jeder Klassenherrschaft. Damit, Parteigenossen, komme ich zu dem Vorwurf, der gegen mich am heftigsten und häufigsten erhoben wird, daß ich nachdrücklich und ohne jede Konzession sozialistische Politik treiben will; daß ich das Proletariat als die Machtgrundlage aller künftigen Politik anerkenne, und daß ferner nur sozialistische Ideen die politischen Maßnahmen der Regierung und wie ich hoffe des Parlaments leiten sollen. Damit, sagt man uns, schalte ich also alle anderen Klassen aus. Das ist nicht wahr. Wir schalten niemand aus, der mitarbeiten will an der Demokratisierung der Gesellschaft. Man umdrängt uns von allen Seiten; der fetteste Bourgeois stellt sich heute uns »zur Verfügung« – sie sollen sich nicht der Regierung zur Verfügung stellen, sondern sie sollen sich den sozialistischen und demokratischen Ideen zur Verfügung stellen. (Beifall!) Wer mit uns sozialistische und demokratische Politik treiben will, – und 96 % der Bevölkerung haben das Interesse an demokratischer und sozialistischer Politik – ist uns willkommen. Aber es gibt da keine Kompromisse. Sie kennen den Professoren-Witz: Die Einen sagen, die Seele ist sterblich, die Andern sagen, die Seele ist unsterblich, die Wahrheit liegt wie gewöhnlich in der Mitte. Die Wahrheit liegt niemals in der Mitte. Die Seele ist entweder sterblich oder unsterblich. Man ist entweder Sozialist oder man ist es nicht. Eines von beiden ist nur möglich. Wir müssen das sozialdemokratische Ziel stets vor Augen haben, das ist das Ziel, auf das wir losmarschieren. Wir dürfen natürlich nicht blind drauflos experimentieren. Aber wir müssen wissen, wohin wir gehen werden. Wer ein Haus bauen, eine Brücke schlagen will, muß einen Plan haben, nach dem er bauen will. ... Wir dürfen uns nicht auf jene Halbheiten einlassen und jene Mischerei, die aus dem Alten und aus dem Neuen einen schmutzigen Brei zusammenrühren möchte. Wir wollen ganz neu sein, wir wollen von vorn anfangen, wir wollen zum erstenmal nur unseren sozialistischen Ideen leben und zu großen Zielen geraden Wegs vorwärts gehen. Also keine Klassenherrschaft in dem engen Sinne, daß wir diejenigen aussperren wollen von der Teilnahme an der Politik, die sich so weit loslösen können von ihrem Klasseninteresse, daß sie unsere Politik fördern können.

Sozialismus ist nur ein Wort und Sozialismus, das Wort, erfüllt man mit Leben, indem man es verwirklicht; wie auch Demokratie nicht dekretiert werden kann von oben, wie die Freiheit nur in sich selbst und aus sich selbst reift. Ein Volk, das nicht frei ist, kann niemals die Freiheit gebrauchen lernen; erst wenn es frei ist, lernt es, frei zu sein. Nur so können wir sozialistische Politik treiben. Der Sozialismus wirkt, indem er sich verwirklicht. Er birgt eine Fülle schwerster Probleme. Aber das Ziel ist klar: wir müssen die menschliche Knechtschaft beseitigen. Wir müssen die Güter der Erde allen zuteil werden lassen. Es darf nicht mehr sozial Unterdrückte in der künftigen Gesellschaft geben. Wie immer die Gliederung und der Aufbau in der zukünftigen Gesellschaft sich vollziehen wird, welche wirtschaftlichen Formen wir finden werden, der Mensch darf nicht das Opfer seiner Verhältnisse werden, sondern der Mensch muß der Herr über seine Verhältnisse werden. Der Mensch darf nicht mehr Sklave der Maschinen werden, sondern Herr über die Technik. Der Mensch darf nicht mehr Objekt des Profits werden, sondern jeder, der arbeitet, muß mitbestimmen können an der Gestaltung dieser Arbeit. (Beifall!) Wir haben es immer abgelehnt, einen Zukunftsstaat auszumalen: Einen Zukunftsstaat prophezeit man nicht, sondern man schafft ihn, indem man ihn baut. Heute ist es schwer, sich zu entscheiden, ob es zweckmäßig wäre, daß wir sofort die zusammengebrochene Industrie vergesellschaften; ich wage das nicht zu bejahen. Ich glaube, daß wir in der gegenwärtigen Lage selbst die Mitarbeit und die Initiative der herrschenden Klassen brauchen, um die Industrie wieder aufzurichten. Aber ich lasse nicht den mindesten Zweifel darüber, daß das nur eine Übergangszeit ist.

Es ist gar kein Zweifel, vor dem Weltkrieg war die Produktion reif, sozialisiert zu werden, jetzt ist sie es augenblicklich nicht. Wir können keinen Trümmerhaufen sozialisieren, sonst können wir schließlich auch die Kriegsanleihe vergesellschaften. Die Schwerindustrie, die Privatbanken, die Hypothekenbanken (Zwischenruf: Privatversicherung!) alle diese Dinge sind reif. Aber, Parteigenossen, die »Sozialisierung« dieser Betriebe, die Übernahme auf den Staat ist ja noch keine Beseitigung des Lohnsystems. Die sozialistische Gesellschaft kann nicht Bayern allein einführen, nicht Deutschland, das kann nur weltwirtschaftlich international geschehen.

Der Weltkrieg muß unbedingt zur Folge haben die Weltarbeit. Die Welt muß ein gemeinsames Gebiet der Wirtschaft werden und die Proletarier aller Länder müssen die Führer dieser Wirtschaft werden. Das ist die Weltrevolution. So verstehe ich sie. In keinem Lande ist es möglich, in der bisherigen Weise fortzuwirtschaften. Wir Deutschen haben erlebt, was das bedeutet: national isolierte Wirtschaft. Selbst der Verkehr ist bei uns aufgelöst. Die Hamsterreisen – was bedeuten sie anders, als Rückkehr zu Urzuständen! Wir sind ja ein Jahrtausend in der wirtschaftlichen Verfassung zurückgesunken. Alles das müssen wir wieder aufbauen. Und wir müssen mit denselben ungeheuren Mitteln, mit denen wir eine Welt verwüstet haben, mit denen wir die Zerstörung gefristet haben, müssen wir jetzt das Leben ausstatten.

Alles gaben wir her für Vernichtung von Menschenleben und blühenden Landes. Wenn wir früher zu einem nützlichen Werk 25 000 Mark gefordert haben, dann hatten wir in Bayern kein Geld dafür; unmittelbar darauf gab es überhaupt den Begriff Geld nicht mehr. Da zählte man nicht nach Millionen, sondern nach Milliarden und wenn der Krieg weiter gedauert hätte, würde man sicherlich mit Billionen gerechnet haben.

Das wird anders werden in der Welt der Zukunft: die produktive Arbeit hat sich nicht mehr nach der »Finanzlage« zu richten, sondern die Finanzen müssen geschaffen werden für die Herstellung produktiver Arbeit. Was notwendig ist, was an produktiver Arbeit geleistet werden muß, dafür muß Geld da sein, und wenn Geld nicht da sein sollte, so muß das ganze System von Grund aus geändert werden. Wenn wir nur diesen einen Gedanken der Sozialisierung vorläufig in uns aufnehmen: Alles was zum Aufbau der Gesellschaft jetzt notwendig ist, muß geleistet werden, es darf keine Wohnungsnot mehr geben, keine Arbeitslosigkeit, keine Obdachlosigkeit. Kein Mensch, der krank ist, darf ohne Pflege sein. Es darf kein Elend in den Schulen mehr geben. Jeder hat das Recht auf Gesundheit, Bildung, Nahrung, Wohnung, gute Wohnung. So kommen wir zur Sozialisierung der Gesellschaft. Wenn wir die 150 Milliarden, die wir für den Krieg vergeudet haben, für das Leben ausgegeben hätten, dann wäre Deutschland heute ein Paradies. (Sehr richtig! Beifall!) Zum Glück hat die gegenwärtige Regierung einen sozialistischen Finanzminister. So werden wir uns mehr auf die »Finanzlage« berufen, wenn es heißt, lebendige Werte zu schaffen. Wir wollen keine Geduld mehr haben, wir haben genug gewartet, jetzt gehen wir vorwärts, durch die Freiheit zur Selbstbestimmung jedes einzelnen Menschen in der sozialen Republik! (Anhaltender Beifall!)

Erich Mühsam

Die rapide Revolutionierung des Münchner Proletariats war nach meiner Überzeugung in erster Reihe der von den Kommunisten und Internationalisten übereinstimmend ausgegebenen Parole der Wahlabstinenz bei den bevorstehenden Wahlen zur deutschen und bayerischen Nationalversammlung zu danken. Die Gläubigkeit an die Allmacht des Parlamentarismus war von der alten Sozialdemokratie so sehr zum Inhalt aller Politik gemacht worden, daß mit der Erkenntnis der Arbeiter, daß ihre früheren Führer Betrüger waren, zugleich die Einsicht aufging, daß das wichtigste Organ des Volksbetrugs eben die Parlamente seien. Indem wir das Wesen der Räterepublik dem der parlamentarischen Demokratie gegenüberstellten, gewannen wir den besten Teil des Proletariats, dessen wachsender revolutionärer Wille den stärksten Ausdruck fand in der haßerfüllten Verwerfung der Wählerei. Eisner hatte am 8. November in seiner ersten Proklamation die schleunige Einberufung der Nationalversammlung versprochen. Die Zusage wurde bald das Kampfgeschrei der sich allmählich sammelnden Reaktion. Die Parole: für oder gegen die Nationalversammlung bezeichnete die Grenze zwischen der Bourgeoisie und dem revolutionären Proletariat. Ich habe keinen Zweifel, daß ein Beschluß des ersten Parteitages der KPD, daß die Partei an den Wahlen teilzunehmen hätte, mindestens in München den Zerfall der Ortsgruppe gleich beim Entstehen bewirkt hätte. Eisner selbst, dem der bürgerliche Parlamentarismus A und O seiner politischen Einstellung war, mußte dem Widerstand, zu dem sich ganz besonders der »Revolutionäre Arbeiterrat« verpflichtet fühlte (wollte doch Eisner den Räten prinzipiell nur die Stellung eines »Nebenparlaments« mit einigen Kontrollrechten zuweisen), Rechnung tragen und verlegte sich auf eine dilatorische Politik, indem er die Bourgeoisie auf die Heimkunft der auf dem Rückmarsch befindlichen Heeresteile und selbst der Kriegsgefangenen vertröstete. Ende Dezember jedoch erpreßte eine bewaffnete Demonstration rückständiger

Regimenter von ihm die Zusage, daß die Wahlen zum 12. Januar anberaumt würden.

Da Eisner von uns Störungen des Wahlakts und der Vorbereitungen dazu befürchtete, schritt er am 10. Januar 1919 zu einer Gewaltaktion. Er ließ in der Frühe des Tages die führenden Persönlichkeiten der KPD und des RAR (Revolutionärer Arbeiterrat) verhaften, im ganzen 12 Personen, darunter auch Levien und mich. Mit diesem Unternehmen holte er sich eine entscheidende Niederlage und vernichtete bei der radikalisierten Masse Sympathien, die ihm seiner entschlossenen und persönlich tapferen Haltung beim Januarstreik und bei der Novemberrevolution wegen überreich entgegengebracht wurden. Eine spontane Riesendemonstration zog vor das Ministerium des Auswärtigen und verlangte unsere Freigabe. Eisner wollte sie um keinen Preis zugeben, verweigerte sogar zuerst, mit dem Sprecher der Masse zu verhandeln. Schließlich erzwang sich der Matrose Rudolf Eglhofer, der spätere Oberkommandierende der Roten Armee, den Zutritt, indem er von außen am Hause emporkletterte und durchs Fenster in Eisners Arbeitszimmer eindrang. Angesichts der bedrohlichen Haltung der Menge mußte darauf Eisner unsere sofortige Freilassung anordnen. In der Volksversammlung, in der die Masse uns erwartete, wurden wir mit ungeheuren Ovationen empfangen. Eisner hatte verspielt. Die revolutionäre Arbeiterschaft sagte sich von ihm los, während die Reaktion sich längst wieder stark genug fühlte, um auch ihrerseits gegen den immerhin unbequemen Ministerpräsidenten Sturm zu laufen, um seinen Platz mit dem zu jeder proletarierfeindlichen Schandtat bereiten Auer zu besetzen.

Der Haß der Bourgeoisie gegen Eisner strömte aus anderen Quellen als aus der Furcht vor seinem sozialistischen Radikalismus. Er war nationalistisch begründet. Denn Eisner hatte sich die ganze Phraseologie der Entente gegen die Boches zu eigen gemacht und bekämpfte durchaus nicht den Kapitalismus in dem Lande, in dem er die Gewalt übernommen hatte, sondern den Militarismus, die Pressekorruption (der er gleichwohl nicht zu Leibe zu gehen wagte), die bürokratische Verstocktheit, die Geheimdiplomatie und die Selbstgerechtigkeit, lauter Dinge, die mit Recht zu bekämpfen waren, auf die Eisners Angriffe aber von den orthodoxen Nationalisten als höchst kränkend und gefährlich empfunden wurden. Zu Eisners politischer Charakteristik sei angemerkt, daß er in seiner ersten Proklamation eine tiefe Verbeugung vor dem »großen Patrioten« Clemenceau exekutierte, und daß er dann in völliger Konsequenz seines subjektiv durchaus lauteren Wilsonismus bayerische Dokumente zur Belastung Deutschlands in der Kriegsschuldfrage publizierte. Als »Sozialisten« brauchten ihn Bayerns Kapitalisten in keiner Weise zu fürchten. Schon in den ersten Tagen seiner Herrschaft hatte er eine Erklärung veröffentlicht, die die Kapitalisten völlig darüber beruhigte, daß es auf einen Angriff gegen ihr Ausbeuterinteresse abgesehen sein könnte. Eisner tat darin nämlich die Auffassung kund, daß an Sozialisierung nicht zu denken sei, solange nichts zum Sozialisieren vorhanden sei. Er stellte sich also auf den Standpunkt, daß der vom Weltkrieg zusammengebrochene Kapitalismus sich erst wieder erholen und zur höchsten Blüte entfalten müsse, um dann mechanisch in den Sozialismus »hineinzuwachsen«.

Auch sonst hätten die Bürger mit ihm zufrieden sein können. In einem seiner Erlasse berief er alle Offiziere und hohen Beamten, die das Volk vertrieben hatte, auf ihre Posten zurück. Bei der Bekämpfung des Bolschewismus ließ er dem Minister Auer, dem die Polizei unterstand, freie Hand. So erlebten wir es, daß unsere Plakate verboten, unsere Flugzettelverbreiter verhaftet wurden, während die Liga zur Bekämpfung des Bolschewismus ihre zu Pogromen aufreizende Propaganda ungestört betreiben konnte. Die beiden anderen mehrheitssozialistischen Minister gingen ihrem Kollegen Auer getreulich zur Hand, indem Herr Timm, dem die Justiz unterstellt war, die alten politischen Paragraphen des monarchistischen Strafgesetzbuchs gegen Revolutionäre wirksam machte und Herr Roßhaupter, der Minister für militärische Angelegenheiten, sich von den Wittelsbacher Offizieren als Vollzugsorgan der Reaktion gegen die Soldatenräte mißbrauchen ließ.

Nach den Wahlen, die für Eisners Partei eine katastrophale Niederlage, für die »Auerochsen« (so nannte ich die Mehrheitssozialdemokraten gern in Versammlungen) einen triumphalen Erfolg brachten, verschärfte sich die revolutionäre Gärung in den Massen gewaltig. Zwei Ereignisse trieben die Spannung auf die Spitze. Roßhaupter übertrug den Offizieren des alten Regimes wieder Rechte, die ihnen die Soldatenräte einfach auslieferten und kündigte überdies an, daß er die Soldatenräte überhaupt aufzulösen gedenke, da sie angesichts der bevorstehenden Liquidierung der gesamten Heeresmacht überflüssig geworden seien. Eigenartigerweise fand der Militärminister bei diesem reaktionären Walten den stärksten Halt beim Landessoldatenrat selbst. Als Anfang Februar der radikale Teil des Münchener Arbeiterrats eine Deputation in die Tagung des Landessoldatenrats entsandte und durch mich die Absetzung Roßhaupters verlangte, wurden wir von dieser Korporation glatt abgewiesen. In den Kasernen jedoch und der Arbeiterschaft war die Spannung dieses Anschlags auf die Revolution wegen ungeheuer.

Das andere Ereignis war die Folge einer Rede, die Genosse Levien, den wir inzwischen ebenfalls in den RAR kooptiert hatten, im Münchener Arbeiterrat gehalten hatte. Er hatte dabei zum entscheidenden Kampf gegen die Bourgeoisie aufgerufen, der »Auge in Auge, Brust an Brust« geführt werden müsse. Die Wirkung war seine Verhaftung auf Grund des Aufreizungsparagraphen des alten Strafgesetzbuches. Der RAR veranlaßte eine besondere Sitzung des Münchener Arbeiterrats, der einstimmig beschloß, die Freilassung Leviens energisch zu fordern. Eine Deputation, die sofort zum Staatsanwalt geschickt wurde, kam unverrichteter Dinge zurück, da der Herr grade im Kino sei. Darauf wurde eine Deputation aus 3 Mitgliedern des RAR gewählt, die am Tage darauf beim Justizminister Timm vorstellig wurde und mit Massenkundgebungen drohen sollte (die Deputation bestand aus den Genossen Landauer und Hagemeister und mir). Herr Timm verschanzte sich hinter seinen Staatsanwalt, der sein Untergebener war und gab keine Zusage, entließ aber am Nachmittage desselben Tages trotzdem Levien aus der Haft, da er einsehen mußte, daß die Folgen seiner Weigerung für ihn und das ganze Kabinett Eisner bedrohlich werden mußten.

Dies war am 9. Februar, einem denkwürdigen Tage der

bayerischen Revolution. Für den Abend war wieder der Münchener Arbeiterrat im Deutschen Theater zusammenberufen. Am Nachmittag vorher beriet in den Räumen des Reichsrats im Landtagsgebäude der RAR die Lage und beschloß, den Münchener Arbeiterrat zur Veranstaltung einer Riesendemonstration aufzufordern. Während dieser Verhandlungen betrat Genosse Levien, direkt vom Gefängnis kommend, das Sitzungszimmer. Es wurde jetzt auf Landauers Anregung hin beschlossen, daß wir in geschlossenem Zuge mit der roten Fahne zum Deutschen Theater marschieren und in den Saal, wo der Münchener Arbeiterrat versammelt war, einziehen sollten. Das geschah. Wegen der Bedeutung der Sitzung – handelte es sich doch um die Verteidigung des Grundrechts der freien Meinungsäußerung – waren die Vertrauensleute der Münchener Betriebe eingeladen worden, der Sitzung des Arbeiterrats beizuwohnen. Sie füllten die Tribünen des Erdgeschosses und des ersten Stockwerks, während die Galerie im zweiten Stock dicht besetzt war von Kommunisten. Als der »Revolutionäre Arbeiterrat«, Levien unter der roten Fahne an der Spitze, in geschlossenem Zuge in den Saal einrückte, brach auf den Tribünen frenetischer Jubel los. Die Sitzung selbst verlief äußerst dramatisch. Levien hielt eine zündende Rede, in der er betonte, daß man ihn zwar aus Angst vor der Wut des Proletariats jetzt freigelassen habe, daß aber das Strafverfahren gegen ihn weitergeführt werde. Währenddem zeigten mir zwei Genossen Vorladungen vor den Untersuchungsrichter als Zeugen in einer Strafsache gegen mich, aus denen hervorging, daß die Regierung jetzt nach zwei Monaten noch wegen der Besetzung der Zeitungen am 6. Dezember einen Landfriedensbruch-Prozeß inszenieren wollte. Ich teilte das der Versammlung mit, und nun wurde stürmisch eine Demonstration verlangt, die die Zusicherung von der Regierung erzwingen sollte, die alten politischen Strafbestimmungen unter keinen Umständen gegen Revolutionäre anzuwenden. Die Debatte über die Demonstration verlief sehr erregt, und als wir Radikalen verlangten, daß zugleich die Abdankung Auers, Timms und Roßhaupters sowie die Nichteinberufung der Nationalversammlung verlangt werden sollte, entstand ein Tumult, bei dem die

Sozialdemokraten, die die große Mehrheit des Münchener Arbeiterrats bildeten, unter Protest den Saal verließen. In diesem Moment sprang Landauer auf den Vorstandstisch und forderte die Vertrauensleute der Betriebe auf, als die wahren Vertreter des Proletariats sogleich die freigewordenen Sitze einzunehmen. Unter dem brausenden Beifall der Tribünen und während ich am Rednerpult die rote Fahne schwenkte, vollzog sich die Umgruppierung. Darauf wurde der einmütige Beschluß gefaßt, die Demonstration am 16. Februar stattfinden zu lassen. Sie sollte als positive Forderung die Nichtanwendung der politischen Paragraphen durchsetzen und im übrigen die revolutionäre Entschlossenheit des Proletariats der Regierung und dem ganzen Volk vor Augen führen.

In diesen Tagen trat in München zum ersten Mal der allgemeine bayerische Rätekongreß zusammen, dessen Hauptaufgabe war, seine Kompetenzen gegen den zum 21. Februar zusammenberufenen Landtag festzulegen. Der RAR war durch 10 Mitglieder in diesem Kongreß vertreten, zu denen auch ich gehörte. Eisner war gerade vom Berner Sozialistenkongreß zurückgekehrt, wo er den Sozialverrätern der Ententeländer eine Reu- und Bittrede für die Aufnahme Deutschlands in den Völkerbund und in seine sozialistische Dependance, die zweite Internationale, gehalten hatte. Mit dieser Rede hatte er sich zwar die Gunst Renaudels und seiner Genossen erworben, aber den Haß der deutschen Nationalisten in einem Maße zugezogen, daß sein Leben verwirkt war. Die reaktionäre Presse, deren »Freiheit« er trotz unserer immer wiederholten Warnungen unangetastet ließ, beschuldigte ihn in verleumderischer Weise, die Franzosen in der Zurückhaltung der deutschen Kriegsgefangenen bestärkt zu haben (das Gegenteil war der Fall), und in Studenten- und Offizierskreisen wurde offen zu seiner Ermordung aufgefordert. Während der Zeit seiner Abwesenheit war aber auch innerhalb seines eigenen Kabinetts eine raffinierte Intrige gegen ihn angesponnen worden. Kaum von Bern zurückgekehrt, kam Eisner dahinter, daß seine, von ihm auf ihre Posten berufenen rechtssozialistischen Amtskollegen Auer und Roßhaupter bereits eine neue Ministerliste fertig hatten, in

der Auer das Präsidium führte, Eisner aber und seine beiden unabhängigen Helfer, der Minister für soziale Fürsorge Unterleitner und der Finanzminister Jaffé (der weitaus fähigste Kopf des Kabinetts Eisner) ausgeschifft waren. Im Rätekongreß deckte Eisner diese Machenschaften unter starken Ausfällen gegen seinen anwesenden Ministerkollegen Roßhaupter öffentlich auf, stellte sich aber am nächsten Tage, nach einer Ministerratssitzung, in der das Kabinett beschlossen hatte, zusammenzubleiben, nachdem Landauer Roßhaupter als »Noske-Affen« bezeichnet hatte, wieder schützend vor diesen »seinen Freund«, was ich zum Anlaß nahm, die Beseitigung des ganzen Ministeriums und seine Ersetzung durch eine revolutionäre Körperschaft zu verlangen.
Der »Revolutionäre Arbeiterrat« betrieb inzwischen mit großem Eifer die Vorbereitungen für die Demonstration in dem Bestreben, ihr einen unzweideutigen revolutionären Charakter zu geben. Es war nämlich bekannt geworden, daß die Rechtssozialisten sich beteiligen wollten, um für »Demokratie«, »Ruhe und Ordnung« und Parlament Stimmung zu machen. Die Partei- und Gewerkschaftsführer sahen jedoch rechtzeitig ein, daß die Stimmung der Massen gegen sie war, und die »Auerochsen« wurden kommandiert, zuhause zu bleiben. Eisner dagegen, der, solange es ging, versucht hatte, die ganze Kundgebung zu vereiteln, sah, daß seine Autorität beim Proletariat erschüttert war und entschloß sich, um seiner revolutionären Tendenz die Spitze abzubrechen, sich selbst als Spitze dem Umzug voranzustellen. Damit wollte er zwei Vorteile auf einmal erzielen: erstens aus der Protestaktion gegen seine Regierung eine Vertrauenskundgebung für sich selbst zu machen, zweitens – angesichts der Treibereien seiner rechtssozialistischen Kabinettsgefährten gegen ihn – seine Popularität bei den Massen zu festigen, um für den Fall seines Sturzes, der nach dem Ausfall der Wahlen binnen kurzem zu erwarten stand, Anschluß bei der radikalen Opposition zu finden.
Eisners Absichten mißlangen in jeder Hinsicht. Als sich am 16. Februar die Massen zu einer Demonstration auf der Theresienwiese sammelten, wie sie München nie gesehen hatte, erschien er allerdings im offenen Auto. Die Ovationen, die er

erwartete, blieben jedoch aus, und er konnte den Geist, der das Proletariat erfüllte, an den Aufschriften der Plakate erkennen, die der RAR verteilte, und um die sich die Männer und Frauen scharten. Einige dieser Aufschriften mögen zeigen, unter was für Parolen der Zug sich in Bewegung setzte, – und die Rufe der Menge, ihr Gesang und ihr Verhalten bewies, daß sie die roten Fahnen, die massenhaft mitgetragen wurden, nur unter diesen Parolen als ihr Symbol betrachteten. Da las man:

»Gedenkt Karl Liebknechts und Rosa Luxemburgs!«

»Alle Macht den A-B- und S-Räten!«

»Das souveräne Volk läßt sich von keinem Staatsanwalt seine Revolution verbieten!«

»Hoch Lenin und Trotzki!«

»Laßt Euch durch Schwätzer nicht vertreten,
selbst herrscht das Volk in seinen Räten!«

»Die Arbeiter- und Soldatenräte
tanzen nicht nach der Landtagsflöte!«

»Arbeiterblut ist genug geflossen, –
entwaffnet die weißen Garden, Genossen!«

»Acht Tage noch so weiter leiern
und Bluthund Noske schießt in Bayern.«

»Nieder die Diktatur des Kapitalismus!
Hoch die Diktatur des Sozialismus!«

Von den öffentlichen Gebäuden in ganz München wehten die roten Fahnen, ebenso von vielen Privathäusern, an denen der Zug vorbeikam. Es mögen etwa 15 000 Personen daran teilgenommen haben. Die Sektionen der KPD bildeten allein einen ganzen Zug. Mehrere Regimenter der Münchener Garnison stellten geschlossene Formationen. Die Schwerverwundeten wurden in Wagen mitgefahren. Viele Mitglieder des Rätekongresses beteiligten sich, diverse Betriebe waren durch Abordnungen vertreten. Der »Revolutionäre Arbeiterrat« als Organisator des Ganzen trug ein mächtiges revolutionäres Emblem vor sich her und wurde stürmisch begrüßt. Eisner aber fuhr an der Spitze dieses gegen seine eigene Politik demonstrierenden Zuges und kam sich dabei selbst so deplaziert vor, daß er auf halbem Wege sein Auto schwenken ließ und dann mit dem Minister Unterleitner und Jaffé im Deutschen

Theater die Abordnung der Massen erwartete, als deren Sprecher Landauer die Forderungen des Proletariats vortrug. Der Zug durchzog inzwischen unter gewaltigen Hochrufen auf Sowjetrußland und den Bolschewismus und Flüchen auf Noske, Auer, Scheidemann, Roßhaupter, die Presse und die Bourgeoisie die Hauptstraßen der Stadt. Vor dem Kriegsministerium, aus dem riesige rote Fahnen herabhingen, ertönten besonders von den Soldaten wilde Rufe: Nieder mit Roßhaupter!, die aus den Fenstern seines eigenen Ministeriums lebhaftes Echo fanden. Am Spätnachmittag traf der Zug wieder auf der Theresienwiese ein, wohin der Bescheid auf die Forderungen gebracht werden sollte. Eisner hatte zugesagt, daß die Strafverfolgungen gegen Levien und mich eingestellt würden und daß er sich im Ministerrat für die Ausschaltung der politischen Paragraphen aus dem Strafgesetzbuch einsetzen wolle. Der positive Ertrag der Demonstration war also dürftig und die Masse zeigte Lust, sich nicht damit zufrieden zu geben, sondern vor Eisners Ministerium zu ziehen. Nach einer kurzen Besprechung einiger Mitglieder des RAR und der KPD kamen wir indessen überein, die Demonstration in Anbetracht der eingebrochenen Dunkelheit und um den ungeheuren Eindruck, den die passive und bürgerliche Bevölkerung zweifellos von der Kundgebung empfangen hatte, nicht durch eine in ihrem Ausgange sehr zweifelhafte Fortsetzung zu vermindern, und zum Heimgehen aufzufordern. Levien und ich hielten die Schlußansprachen, in denen wir die Notwendigkeit betonten, den Kampf gegen die Regierung Eisner fortzusetzen und Hochs auf die proletarische Weltrevolution ausbrachten.

Der Rätekongreß beendete in den nächsten Tagen seine Arbeiten, die darin bestanden, dem Landtag, der am 21. Februar im selben Saal zusammentreten sollte, alle seine Befugnisse zu übertragen. Auf eine Anzapfung unserer Genossen, welche Aufgaben er denn eigentlich den Arbeiterräten zuweisen wolle, erwiderte Eisner (das war, wenn ich mich nicht täusche, am 18. Februar, dem letzten Tage, an dem ich ihn sah), er wolle alle öffentlichen Wirtschaften zwingen, fortan einen einheitlichen Speisezettel zu führen, und dem Arbeiterrat die Kontrolle der Durchführung überlassen. Ich

erwiderte ihm, daß ich mich schon jetzt auf die Menus im Nebenzimmer des Regina-Palast-Hotels freue, daß wir Revolutionäre jedoch vom Ministerpräsidenten andere Maßnahmen verlangten, um das wirtschaftliche Leben Bayerns zu heben, als derartige Späße, und erhob unter dem Beifall der Tribüne die Forderung, Eisner solle sofort ohne Rücksicht auf Berlin die diplomatischen Beziehungen zu Sowjetrußland aufnehmen, um auf diese Weise womöglich auch zu wirtschaftlichen Beziehungen zu gelangen. Hierauf gab Eisner keine Antwort. Ich führe die Episode aber an, um zu zeigen, welcher Horizont damals den Blick eines führenden und zu riesigem Einfluß gelangten unabhängigen Sozialisten umgab. Sein Streben war von Anfang an darauf gerichtet, den Einfluß der Räte immer mehr einzuschränken und ihre Tätigkeit zu völliger Bedeutungslosigkeit zu verurteilen. Seine Stellung Sowjet-Rußland gegenüber hatte sich seit der Kerenskizeit in nichts geändert. Bei der schon erwähnten Vorladung vor den RAR im Januar, bei der ich als Sprecher gewählt war, hatte ich Eisner auch die bestimmt formulierte Frage vorgelegt, wie er sich das künftige Verhältnis seiner Regierung zu Rußland denke. Die Antwort lautete wörtlich: »Ich unterhalte keine Beziehungen zu einer Regierung, die mit Millionen arbeitet.«
Der Rätekongreß tagte noch bis zum 20. Februar. Da ich der Überzeugung war, daß irgendwie Bedeutungsvolles bei den Beratungen nicht mehr zutage gefördert werden könne, da außerdem die revolutionären Organisationen den Beschluß gefaßt hatten, den Landtag vorerst ungestört zusammentreten zu lassen, reiste ich am 19. Februar zu einer Agitationsreise nach Baden ab, wohin mich die Spartakisten in Mannheim und Heidelberg eingeladen hatten.
Am 21. Februar erfuhr ich in Mannheim von der Ermordung Eisners und unterbrach infolgedessen die Agitationsreise, konnte jedoch infolge der Störung des Eisenbahnverkehrs und da bei der Verwirrung in München auch kein Telefonanschluß zu erreichen war, durch den ich ein Auto oder Flugzeug hätte erhalten können, erst in der Frühe des 24. Februar dort eintreffen. Leider war auch Landauer während der Katastrophe von München abwesend gewesen, sodaß unser Ein-

fluß bei der Ergreifung der ersten Initiative nicht mehr zur Geltung kam. – Die Kenntnis der tatsächlichen Ereignisse setze ich voraus. Doch werden ein paar erklärende Hinweise willkommen sein. Eisner wurde bekanntlich auf dem Wege von seiner Amtswohnung zum Landtagsgebäude erschossen, als er – wie dann bekannt wurde – eben im Begriff war abzudanken und seine ganze Macht dem gegenrevolutionären Parlament auszuliefern. Übrigens war das Attentat nicht die selbständige Tat des Mörders Arco, wie er behauptet und vom Gericht als erwiesen angenommen wurde, sondern die Teilhandlung eines umfänglichen Komplotts, dem außer Eisner noch Landauer, Levien und ich zum Opfer fallen sollten. Am Tage vor der Tat war nämlich ein Soldat bei meiner Frau gewesen, um zu warnen. Er habe als Ordonnanz in einer Offiziersmesse gehört, daß morgen (also am 21. Februar) zu mir ein Offizier in einfacher Soldatenuniform kommen solle, der gewiß nichts Gutes im Schilde führe. Dasselbe sei gegen Landauer und Levien geplant (von Eisner sprach der Mann nicht, nannte aber den Namen des Offiziers, der mich besuchen wolle). Da – wie die Verschwörer wohl erfahren haben werden – Landauer und ich verreist waren, Levien aber keine ständige Wohnung hatte und immer sehr schwer zu finden war, unterblieben weitere Anschläge. In der Tat vermochte die beschränkte Sippe, der der Graf Arco angehörte, gar nicht zwischen den grundsätzlich feindseligen Tendenzen zu unterscheiden, die Eisner von uns Kommunisten trennten. Das zeigte sich in dem Prozeß gegen den Mörder, als er Eisner und mich wiederholt in einem Atemzuge nannte, in der Meinung, daß wir völlig einige Genossen gewesen wären. Somit charakterisierte sich der Mord als ein gegen die proletarische Revolution selbst gerichtetes Unternehmen, die eben Eisner durch seinen Tod vor dem Untergang, dem er sie auszuliefern im Begriffe stand, rettete.

Als Attentat auf die Revolution wurde die Bluttat denn auch vom Proletariat bewertet, und es war nur natürlich, daß im Augenblick nach seiner Ermordung sich alle Sympathien Eisner wieder zuwandten. Er war mit seinem Tode zum Symbol der bayerischen Revolution geworden, und der Drang nach Rache war am stärksten gerade bei den Kämpfern des Proletariats, die bisher Eisners Politik auf das Erbittertste bekämpft hatten. Es war auch natürlich, daß sich dieser Drang im ersten Augenblick gegen das Parlament als solches wandte und ganz besonders gegen den Minister Auer. Daß Auer Eisner stürzen wollte, war allgemein bekannt, ebenso, daß er sich dazu der Unterstützung der gesamten Bourgeoisie versichert hatte. Es war ihm nachgewiesen worden, daß er in seiner Eigenschaft als Minister des Innern die Bewaffnung des reaktionärsten Teils der Bauernschaft veranlaßt und organisiert hatte; ja er hatte in Gemeinschaft mit dem gleichfalls sozialdemokratischen Justizminister Timm an erster Stelle einen Aufruf unterzeichnet, der zur Bildung einer »Bürgerwehr«, also einer weißen Garde gegen das Proletariat, aufforderte. Der Verdacht, daß auch die Ermordung Eisners auf sein Konto zu setzen sei, war wahrscheinlich falsch, aber durchaus verständlich.

Oskar Maria Graf

Eines Morgens – ich wollte mir gerade Drahtstifte kaufen – lief wie ein Lauffeuer in alle Winkel und Ecken der aufgepeitschten Stadt: »Kurt Eisner ermordet! Minister Auer schwer verwundet, Zentrumsabgeordneter Osel tot, Major Jareis angeschossen! Schießerei und Panik im Landtag!«
Man schrieb den 21. Februar. Der Landtag sollte heute eröffnet werden. Es war klarkalt. Ich rannte, so wie ich war, ohne Hut und Mantel, weiter. Alles in mir war durcheinandergewühlt.
Die Glocken von allen Türmen fingen zu läuten an, die Trambahnen hörten mit einem Male zu fahren auf, da und dort stieß jemand eine rote Fahne mit Trauerflor zum Fenster heraus, und eine schwere, ungewisse Stille brach an. Alle Menschen liefen mit verstörten Gesichtern stadteinwärts. Je weiter ich kam, desto aufgeregter wurde die dumpfe Hast. Vor dem Landtag ballte sich ein schwarzer Menschenknäuel, Soldaten und bewaffnete Zivilisten waren darunter. Ich stürmte weiter in die Promenadestraße, an den Mordplatz. Da hatten sich Hunderte schweigend um die mit Sägespänen bedeckten Blutspuren Eisners zu einem Kreis gestaut. Fast niemand sagte ein lautes Wort, Frauen weinten leis und auch Männer. Etliche Soldaten traten in die Mitte und errichteten eine Gewehrpyramide. Dem einen rannen dicke Tränen über die braunen Backen herunter. »Unser Eisner! Unser einziger Eisner!« klagte eine Frau laut auf, und jetzt wurde das Weinen vernehmbarer. Viele legten Blumen auf den Platz, immer mehr und immer mehr. Plötzlich fuhr vorne am Promenadeplatz ein vollbesetztes Lastauto mit dichten Fahnen und Maschinengewehren vorüber, und laut schrie es herunter: »Rache für Eisner!« Furchtbar wie ein Sturmsignal klang es und furchtbar, wie ein gellender, verzweifelter Aufschrei brach es aus den Hunderten: »Rache! Rache für Eisner!« Mir lief es kalt über den Rücken. Ich ging weiter.
Der Promenadeplatz war dicht übersät von Menschen, immer wieder dröhnten Lastautos daher, und jetzt fielen die ersten

Flugblätter herunter: »Arbeiter und Soldaten! Die Gegenrevolution hat zum ersten großen Schlage ausgeholt, indem sie den gehaßtesten Führer der sozialistischen Revolution niederstreckte! Die Bürgerwehr, die Weiße Garde, der Mittwochputsch, das sind die Etappen zur Erwürgung der sozialistischen Revolution!

Ihren Ausdruck fand das Wühlen in der verleumderischen Hetze einer feilen Presse, die, heuchlerisch Ruhe und Ordnung predigend, die Atmosphäre für den Meuchelmord schuf.

Arbeiter und Soldaten! Man will euch wieder unter das alte militaristische, kapitalistische Joch beugen! Jetzt gilt es handeln, die Revolution zu retten! Auf zum Generalstreik! Heraus aus den Betrieben! Nieder mit der Bourgeoisie und ihren verbrecherischen Helfershelfern! Hoch die sozialistische Revolution!

Unabhängige sozialdemokratische Partei: Schröder, Kämpfer, Weiß, Paula Mayer, Fechenbach.«

Fast gierig las man's. Ich sah Zitternde, ich sah Wutblasse und Blutgierige. Überall wiederholte sich das gleiche Schreien nach Rache. Die Massen kamen ins Treiben, der Strom floß durch die Stadt. Das war anders, ganz anders als am 7. November. Wenn jetzt einer aufgestanden wäre und hätte gerufen: »Schlachtet die Bürger! Zündet die Stadt an! Vernichtet alles!« es würde geschehen sein. Die tausend kleinen Stürme hatten sich vereinigt, und ein einziger, dumpfer, dunkler, ungewisser Losbruch begann. Ich spürte es an mir am genauesten: Noch nie war ich so völlig Massentrieb gewesen wie jetzt, noch nie war ich so eins mit den Tausenden.

Auf die Theresienwiese jagten die Züge. Unter der Bavaria redeten viele; Toller trug ein Gedicht vor. Die Frauen wurden ergriffen davon, die Männer schrien nach Waffen. Dann wurde verkündet, im Zeughaus seien sie. Ein dichter Haufe zog dahin ab, ich lief mit dem Zug wieder in die Stadt. Voran marschierten Matrosen und Soldaten wie zum Sturm. Die roten Fahnen wehten. Die verschlossenen Türen des Deutschen Theaters wurden eingeschlagen, die Scheiben klirrten, es krachte, und alles peitschte in den Saal.

»Der Arbeiter- und Soldatenrat tagt von heut' ab in Permanenz!« brüllte ein Matrose. Zuerst war es ein unbeschreibliches Durcheinandertrampeln, ein wirres Schreien und kommandomäßige Rufe, dann ordnete sich der Trubel nach und nach. Die Räte hatten sich zusammengefunden, die Leute setzten sich, hinten stand alles, und die Galerien füllten sich derart, daß sie jeden Augenblick herunterzubrechen drohten. Ich war so eingekeilt zwischen Körper, daß ich nichts sah als Rücken, Nacken und Haare, Mützen und Hüte. Ab und zu hörte ich wen reden, dann wieder Beifallrufe und eine dumpfe Bewegung rundum. Ich drückte mich hinaus. »Gegen die Zeitungen!« rief ich einigen zu, und die wanden sich ebenfalls mit mir ins Freie.

»Mensch, Strobel!« schrie ich, als ich mich im Trupp, der mir gefolgt war, umsah. Der Kamerad vom Bund freier Menschen war's.

»Die red'n schon wieder und machen nichts!« brummte der. Wir liefen die Bayerstraße lang und sahen schon von weitem Rauchsäulen und aufschlagende Flammen.

»Endlich brennt die Pestbude!« sagte ein Arbeiter neben mir. Strobel war schon wieder im Gewühl verschwunden. Ankommend sahen wir einen Flammenberg auf der Straße, um welchen lärmende Menschen förmlich tanzten. Man hatte die herausgekommene Auflage der »Münchner Zeitung« heraus geschleppt und angezündet. Vor den Eingängen postierte schon republikanische Schutzwehr. In der Paul Heysestraße, über dem Tor der München-Augsburger-Abendzeitung war ein großes Papierplakat angebracht »Vom Arbeiterrat besetzt.« Ich ging durch die Postenkette.

»Halt, was wollen Sie? Raus da!« hielt mich ein Soldat an.

»Mensch, Genosse, red' doch nicht mit deinem ›Sie‹ daher . . .«

»Ich muß da hinein, ich möcht' zum Erhardt!« rief ich. Er ließ mich ohne weiteres durch. Ich wollte gar nichts, nur mich freuen, daß dieses Blatt jetzt auch abgetakelt war. Ich ging über die Treppen hinauf, in den Redaktionsvorraum. Es war kein Fräulein mehr da, wie früher, als ich täglich meine Buchrezensionen einlieferte. Auf der Tür zur Hauptschriftleitung stand »Sitzungszimmer des A.- und S.-Rates, Zutritt verboten.« Ein früherer Redaktuer kam daher und wurde gleich freundlich.

»Ah, Herr Graf, wollen Sie zum Arbeiterrat?«
»Nein – nein,« lächelte ich boshaft, »es freut mich bloß, daß alles jetzt uns gehört.«
Der Mann machte ein peinliches Gesicht und versuchte zu lächeln: »Hm, wissen Sie, wir waren ja auch bloß Angestellte ...«
»Jaja, bezahlt zum Lügen,« warf ich boshaft hin und ging in den Raum des Arbeiterrates. Da waren mehrere mir bekannte Genossen. Einige schrieben, andere liefen aus und ein mit Blättern in der Hand.
»Ah, Servus, Graf,« rief Erhardt, und ich grüßte ebenso.
»Braucht ihr mich? ... Ich kann was schreiben,« sagte ich.
»Nein, vorläufig nicht ... Da werden bloß Flugblätter für auswärts gedruckt,« klärte mich Ehrhardt auf. Ich gab ihm meine Adresse und ging.
»Kamerad«, sagte ich drunten zum Posten, »laß' nicht jeden durch ... Bei mir hast du's ja nicht weiter falsch gemacht, aber paß auf, da kann sich sonst alles einschleichen.« Der Mann musterte mich feindlich und knurrte mir nach.
Die Straßen waren voll. Die Betriebe lagen still, der Generalstreik hatte begonnen. Über den Häusern knatterten Flugzeuge, machten kühne Schleifen und Stürze und warfen Flugblätter ab, die den Belagerungszustand ankündigten. Abends um sieben Uhr sollten die Straßen leer sein. Ich beeilte mich, in die Stadt zu kommen. Am Stachus stieß ich auf eine Rottung, in deren Mitte ein Redner erzählte, im Deutschen Theater sei die Räterepublik ausgerufen worden. »Wer raubt, stiehlt, plündert oder etwas gegen die jetzige Regierungsgewalt unternimmt, wird erschossen,« warnte ein Anschlag. Ein anderer verbot alle Lustbarkeiten und kündigte den Landestrauertag an.
Ruhelos liefen die Menschen herum, immer wieder sammelten sie sich, jedesmal stieg ein neues Gerücht auf.
Die Redaktionen der »Münchner Neuesten Nachrichten«, des „Bayrischen Kuriers«, des »Münchner Tageblatts«, der »Bayrischen Staatszeitung« und der mehrheitssozialdemokratischen Post waren von Mitgliedern des Zentralrates besetzt und erschienen nicht. Nur die unabhängige »Neue Zeitung« gab es. Sie wurde den Verkäufern förmlich aus der Hand gerissen.

Eisners Leiche, hieß es, sei bereits im Ostfriedhof aufgebahrt. Fast in allen großen Sälen der Stadt waren Versammlungen zur Feier des Ermordeten. Als ich wieder in die Promenadestraße kam, lehnte an der Gewehrpyramide ein mit Trauerflor umrahmtes Bild Eisners, und ein Berg von Blumen und Kränzen lag drum herum.

Kalt war es, dunkel wurde es. Ich hatte Hunger und Durst und war müde. Als ich zu Hause ankam, traf ich meinen Zimmerherrn, der gewichtig erzählte, es seien Geiseln festgenommen worden. Er humpelte aufgeregt auf und ab und sagte in einem fort: »Jetzt müssen wir uns ranhalten!... Bloß in München ist noch was zu machen mit der revolutionären Bewegung. Draußen steht die weiße Garde, herinnen konspirieren die Konterrevolutionäre... Wenn nicht sofort alle Proleten bewaffnet werden, sind wir verratzt... Die Studenten auf der Universität haben alle ›Bravo!‹ gebrüllt, als Eisners Ermordung bekannt wurde... Zustand von Revolution!... Na, die Rotzbude ist schon geschlossen... Alle werden zusammengefangen... Es müssen übrigens sofort Guillotinen arbeiten.«

Er redete daher wie der höchste Mann im Staat. Während er so hin und her humpelte, musterte ich ihn unvermerkt. Unwillkürlich ging mir durch den Kopf: Genau wie er ist die ganze deutsche Revolution. Sie hat auch einen Klumpfuß und hinkt. Ich mußte auf einmal laut auflachen und rief: »Du bist ein Symbol, Mensch! Du bist ein echtes Symbol!«

Er drehte seinen dicken Kopf rasch nach mir, hielt einen Augenblick inne und sagte kurz: »Quatsch' nicht, Mensch! Mach' keine Witze jetzt!«

Er kam vom Landtag. Dort war die Gründung eines revolutionären Künstlerrates beschlossen worden, den er vorgeschlagen hatte.

»Der entwirft wohl die neuen Guillotinen?« frage ich boshaft. Er überhörte mich und rief noch lauter: »Du mußt unbedingt mitmachen! Wir nehmen Presse, Theater, die Kinos, die Universitäten, die Kirchen und Akademien in die Hand.«

»Wer regiert denn eigentlich?« wollte ich wissen.

»Der Zentralrat! Das mit der Regierung ist nur eine Beruhigungspille ... Elfmänner-Ausschuß hat die Macht ... Unser Künstlerrat untersteht überhaupt niemand ... Wir können machen, was wir wollen,« klärte er mich auf. Er hielt sofort eine Rede über die wahre Diktatur und ich wurde allmählich ärgerlich über das Geschwätz.

»Zeig' mir deine Hände, Mann!« sagte ich auf einmal drohend und erfaßte seine fleischigen, kurzen Finger: »Du hast nie eine Schaufel in der Hand gehabt, bist nie in der Fabrik gewesen! ... Haben dich vielleicht die Arbeiter geholt? ... Geht's ohne dich nicht? ... Die Guillotinen gehören wohl für Leute wie dich!?«

Er wurde sichtlich bestürzt, fing dann wüst zu poltern an, nannte mich einen Gegenrevolutionär und drohte spaßhaft: »Wenn du nicht ein großer Dichter wärst, würde ich dich auf der Stelle denunzieren ... Gib acht, daß ich dich nicht an die Wand stellen lasse!«

»D u ? !« lachte ich geringschätzig heraus: »D u ? ! O je, o je!« Und gleich wurde ich wieder gehässig: »Jaja, das ist ja auch das leichteste an Arbeit, zu denunzieren und an die Wand stellen lassen.«

»Nein, Spaß beiseit', wir haben wirklich wichtige Aufgaben ... Es gibt eine Masse zu tun,« fing endlich der Klumpfüßige abermals an: »Ich mach' jetzt die revolutionären Arbeiterfeiern im Deutschen Theater ... Nächstens bring' ich Spartakusdichtung ... Da will ich auch was von dir vortragen.« Ich nickte nur noch teilnahmslos, und der Mann humpelte schließlich zur Tür hinaus.

Ernst Niekisch

Die Dinge waren in Fluß geraten. Aus allen Löchern kamen die Gestalten, die ich »Revolutionswanzen« zu nennen liebte, hervorgekrochen. Arbeitslosenversammlungen wurden einberufen. Demagogen peitschten die Menge auf; die Losung des Tages wurde: »Ausrufung der Räterepublik«. Verschiedene Partei-, Gewerkschafts- und Organisationsführer schlugen vor, die entstandene Lage auf einer Konferenz zu behandeln. Noch in der gleichen Nacht wurde sie in das Kriegsministerium einberufen.
Die Leitung der Konferenz lag in meiner Hand. Anwesend waren Vertreter der SPD, der USPD, der Gewerkschaften, des Bayerischen Bauernbundes und einer liberal-demokratischen Oppositionsgruppe. Man warf die Frage auf, ob wirklich die Zeit für die Gründung der Räterepublik reif sei. Die sozialdemokratischen Delegierten verhielten sich zweideutig; sie plädierten für den Rätegedanken, ohne zur aktiven Mitarbeit bereit zu sein. Eine kommunistische Abordnung unter Levinés Führung betrat den Saal. Leviné verlas eine Erklärung seiner Partei. Darin wurde der Sozial-Chauvinismus der SPD gebrandmarkt, jener Sozial-Chauvinismus, der die KPD zum schärfsten Mißtrauen gegen die SPD berechtige. Die KPD, so wurde gesagt, könne sich an keinem politischen Unternehmen beteiligen, das von der SPD geleitet werde. Erstaunt wurde diese Erklärung angehört. Der Kriegsminister Schneppenhorst schlug vor, er wolle nach Nürnberg reisen, um zu erkunden, wie dort die Stimmung der Arbeiterschaft sei. Man solle alle Beschlüsse zurückstellen; am Sonntag, dem 6. April, abends wolle er aus Nürnberg zurückkehren, um Bericht zu erstatten. Andere Vertrauensmänner sollten mit dem gleichen Auftrag nach Würzburg und Bamberg fahren. Man einigte sich, vorerst weiter nichts zu unternehmen, sondern am Sonntag, nachts um 10 Uhr, im Wittelsbacher Palais zusammenzukommen, um die Berichte der ausgesandten Vertrauensmänner anzuhören und dann die weiteren Schritte zu beraten.

Die Sonntagssitzung am 6. April 1919, zu welcher nicht nur die Delegierten jener Organisationen erschienen, die bereits an der Konferenz im Kriegsministerium teilgenommen hatten, sondern auch Vertreter des Münchner Arbeiter- und Soldatenrats und anarchistischer Gruppen, fand im ehemaligen Schlafzimmer der Königin von Bayern im Wittelsbacher Palais statt. Auch die Kommunisten waren eingeladen worden, doch waren sie bis zum Beginn der Sitzung nicht erschienen. Die nach Nordbayern entsandten Vertrauensleute waren noch nicht zurückgekehrt; so mußte die angekündigte Berichterstattung von der Tagesordnung abgesetzt werden. Statt ihrer sollte beraten werden, ob eine Vereinigung der sozialistischen Parteien möglich sei. Im Hintergrund stand allerdings die Frage der Ausrufung der Räterepublik. Das ungarische Vorbild lockte; auch Österreich schien sich auf dem Wege zu einer Räterepublik zu befinden. Man träumte davon, über Österreich, Ungarn und Rumänien in unmittelbaren Zusammenhang mit der Sowjetunion zu gelangen. Gustav Landauer hatte einen Aufruf an das bayerische Volk vorbereitet, in dem die Gründung der Räterepublik verkündet wurde. Verschiedene Massenversammlungen hatten tags zuvor Resolutionen zugunsten der Räterepublik gefaßt. Erich Mühsam war ganz in seinem Element. Auch Gustav Landauer lebte in dem Gefühl, seine große Stunde sei gekommen.

Nachdem ich die Sitzung eröffnet hatte, stellte Landauer den Antrag, die Anwesenden sollten sich zur konstituierenden Versammlung erklären. Es habe noch keine Revolution gegeben, die nicht die Kontinuität des Rechtsbodens mißachtet hätte. Die Revolution sei stets ein schöpferischer Akt, der mit einem unerwarteten Schritt beginnen müsse. Landauers Argumente taten um so stärkere Wirkung, als im Verlauf des vorhergegangenen Tages infolge der umherschwirrenden Gerüchte alle Minister mit Ausnahme des Ministerpräsidenten Hoffmann und des Innenministers Endres mir ihre schriftlichen Rücktrittserklärungen hatten zugehen lassen. Das Kabinett bestand nicht mehr; an der Spitze des Staates war ein Vakuum entstanden. Gegen den Antrag Landauers stimmte niemand; ich, als einziger, enthielt mich der Stimme. Anfänglich beschäftigte man sich mit der Klärung der Frage, wie sich die einzelnen Organisationen grundsätzlich zur Räterepublik zu stellen gedächten. Sowohl die Vertreter der freien Gewerkschaften, Albert Schmidt und Gustav Schiefer, wie diejenigen der Sozialdemokratischen Partei verzichteten auf ihre früheren Einwände und versicherten, sich dem Willen der Masse zu fügen. Auch der Vertreter des Bauernbundes, Gandorfer, gab seine Zustimmung. Der Vorgang der Ämterverteilung, der sich jetzt abspielte, war voll grotesker Züge. Nicht mehr »Minister« sollten sich die führenden Männer nennen, sondern »Volksbeauftragte«. Zuerst wurde das Amt des Volksbeauftragten für das Auswärtige aufgerufen. Erich Mühsam stand auf, wies auf den guten Namen hin, den er im Ausland genieße, unterstrich die engen Beziehungen, die er zeitlebens zur Linken unterhalten habe, und empfahl schließlich sich selbst für den Posten. Die meisten Hörer schmunzelten bei Mühsams Rede. Er war ein sprudelnder, witziger Geist, ein guter Mensch, aber so ausgesprochen literarischer Bohemien, daß sich niemand ihn in einer würdigen Amtsposition vorstellen konnte. Nach Mühsams Worten entstand kurze Zeit verlegenes Schweigen. Mühsams Freund, Gustav Landauer, unterbrach es; Landauer sagte, Mühsam wisse, wie herzlich er ihm zugetan sei. Zu vielem könne man Mühsam einsetzen, für die auswärtigen Angelegenheiten aber fehle Mühsam die Erfahrung, die Beherrschung des Apparats, die Sicherheit des diplomatischen Verhandelns. So müsse er sich gegen Mühsams Kandidatur wenden. Jetzt faßte auch Ernst Toller Mut, er gab bekannt, daß die Unabhängige Sozialdemokratie in Mühsam nicht den geeigneten Mann für das Außenkommissariat sehe. Toller schlug einen Dr. Theodor Lipp vor. Er hatte diesen gleich mitgebracht. Lipp wurde nachgerühmt, er sei während des Krieges diplomatisch tätig gewesen, sei als außenpolitischer Schriftsteller bekannt und habe alle Eigenschaften, die man für den auswärtigen Dienst benötige. Niemand kannte Lipp, niemand hatte von ihm gehört, aber da man einen anderen Kandidaten nicht hatte, schluckte man diesen. Später stellte sich heraus, welch schweren Mißgriff man getan hatte. Die diplomatische Tätigkeit Lipps hatte darin bestanden, in Italien Agent des Kaiserlichen Auswärtigen Amtes gewesen zu sein. Sein geistiger Zustand war defekt, die Berufung in das hohe Amt verwirrte seinen Kopf vollends.

Für das Amt des Volksbeauftragten für Erziehung und Unterricht wurde ich in Vorschlag gebracht. Mit Entschiedenheit lehnte ich ab. So »bescheiden«, wie sich vorher Mühsam für das Äußere selbst empfohlen hatte, wies nun Gustav Landauer auf sich hin. Sicher tat er dies mit viel größerem Recht, denn er, eine geistig überlegene Persönlichkeit, war durch seine Sachkunde befugt, Entscheidendes in kulturellen Dingen mitzureden. Aber es gab schwere Bedenken gegen ihn, die man ganz offen nicht aussprechen wollte. Der Redner des Bauernbundes deutete sie an: Landauer war kein Bayer, er war Literat, er war Jude. Würde er für das bayerische Volk wirklich tragbar sein? Die Katholische Kirche war in Bayern eine Macht: würde sie Landauer akzeptieren? Es gab viele, auf welche diese Argumente Eindruck machten. Da setzte sich Mühsam mit aller Leidenschaft für Landauer ein, er sammelte feurige Kohlen auf das Haupt seines Freundes. Ihn habe Landauer abgelehnt, er aber wolle für Landauer zeugen. Die Einwände, die der Bauernbund vorgebracht habe, seien die Einwände einer verflossenen vorrevolutionären Zeit. Eine Revolution rechtfertige neue Methoden, neue Gesichtspunkte, neue Männer. Man sei ein Reaktionär, wenn man an »landfremden« Literaten und Juden Anstoß nehme. Mit Mehrheit wurde daraufhin Landauer zu dem Amte des Volksbeauftragten für Erziehung und Unterricht berufen.

Für das Innere war der Unabhängige Sozialdemokrat August Hagemeister vorgesehen. Er war ein gewissenhafter, aber sehr umständlicher Mann, der, wenn er zu sprechen begann, nur schwer ein Ende fand. In Ermangelung eines anderen Vorschlages ging Hagemeister durch. Das Verkehrswesen wurde einem offenkundigen Landstreicher, Georg Paulukun, zugedacht. Paulukuns Verbindung mit dem Verkehrswesen hatte bisher sicherlich nur darin bestanden, daß er dann und wann als Streckenarbeiter tätig gewesen war. Er war ein kluger Bursche, aber undiszipliniert, dem Alkohol ergeben und selbstverständlich in keiner Hinsicht dem Amte gewachsen, das ihm überantwortet werden sollte. Die

Landwirtschaft übernahm Kübler, ein fanatischer Bauernbündler. Für die Finanzen galt Silvio Gsell als der geeignetste Mann. Volksbeauftragter für das Heerwesen wurde ein Mitglied des Soldatenrates, Reichert, ein ehemaliger Kellner von unverkennbarer Verschlagenheit.

Während der Verhandlungen wurde Leviné gemeldet. Mit Spannung war er erwartet worden, da man es als paradox empfand, die Räterepublik ohne Kommunisten ausrufen zu wollen. Leviné wandte sich in scharfen Worten gegen den Plan, der hier erörtert wurde. Die Sozialdemokraten seien durch ihre Kriegspolitik belastet, sie besudelten die Räteidee. Sie würden den Rätegedanken, wenn sie sich dessen jetzt bemächtigten, nur bloßstellen. Die Kommunistische Partei beteilige sich nur an Unternehmungen, deren Führung in ihren Händen liege.

Diese Erklärung wurde sowohl von dem Unabhängigen Toller wie von den Anarchisten Landauer und Mühsam mit Bestürzung aufgenommen. Man beschwor Leviné, seinen Standpunkt doch zu ändern, indes blieb er unzugänglich.

Nachdem sich Leviné entfernt hatte, brauchten die Versammelten einige Zeit, um die Fassung wiederzugewinnen. Ich bat zu erwägen, ob sich nicht die Sachlage nunmehr so geändert habe, daß man überhaupt von der Ausrufung der Räterepublik Abstand nehmen solle. So gern die Vertreter der Gewerkschaften und die Sozialdemokraten meiner Anregung Folge geleistet hätten, so ängstlich waren sie, dies öffentlich auszusprechen. Ich regte eine Sonderberatung der einzelnen politischen Gruppen an, damit sich diese über die durch Leviné geschaffene Lage klarwerden könnten. Als die Sozialdemokraten unter sich waren, ließen sie allesamt erkennen, wie lustlos sie dem Räteabenteuer gegenüberstanden. Keiner aber hatte die Entschlußkraft, nein zu sagen. Als ich die Verhandlungen wieder aufnahm, verkündeten die Sprecher aller Gruppen, daß sie bei dem Entschluß, die Räterepublik zu gründen, beharren wollten. Schon war über die Vorbereitungen zur Gründung der Räterepublik so viel an die Öffentlichkeit durchgesickert, daß keine politische Gruppe mehr beherzt genug war, im letzten Augenblick umzukehren.

Man ging an die endgültige Formulierung des Textes der Proklamation, die im Entwurf schon vorlag. Hier entfaltete Landauer seine ganze Beredsamkeit. Ihm lag daran, die Gründung der Räterepublik als Anbruch einer Zeit allgemeinen Friedens und edler Menschlichkeit erscheinen zu lassen. Als jemand vom Klassenkampf redete, wandte sich Landauer mit höchster Erregung gegen ihn. »Vier Jahre«, so rief er mit seiner volltönenden Stimme, »vier Jahre hindurch befand sich das deutsche Volk im Blutrausch. Sollen wir diesen Blutrausch fortsetzen? Kommt es nicht darauf an, wieder nüchtern, wieder menschlich zu werden?« Von ihm kam der seltsame Gedanke, daß die Ausrufung der Räterepublik durch Glockengeläut im ganzen Lande Bayern gefeiert werden sollte!
Noch während dieser Verhandlungen gingen Telegramme an alle Bezirksämter, in denen die Umbildung Bayerns zur Räterepublik angekündigt und das Glockengeläut angeordnet wurde. Diese Telegramme liefen mit meiner Namensunterschrift, die ich freilich nie gegeben hatte, ins Land hinaus.
Bei der Gesamtabstimmung über die Fragen, ob die Räterepublik ins Leben gerufen, ob die Volksbeauftragtenliste gebilligt, ob der Aufruf veröffentlicht werden solle, enthielt ich mich als einziger der Stimme. Neinstimmen fehlten. Nach der Abstimmung erklärte ich meinen Rücktritt als Präsident des Zentralrates. Mir war klar, daß das Unternehmen aus sachlichen und aus persönlichen Gründen scheitern müsse. Als mein Nachfolger wurde später Ernst Toller zum Präsidenten des Zentralrats gewählt.
Müde ging ich von der Sitzung ins Hotel. Ich stand unter dem Eindruck, eine politische Groteske miterlebt zu haben. Jetzt, im grauen Lichte des anbrechenden Tages, verloren die komisch-lächerlichen Züge der Ereignisse der verflossenen Nacht alle versöhnlich-heitere Färbung; sie erschienen mit schrill verletzender Nacktheit als das, was sie waren: als politische Tatsachen, die nicht ohne schwere Folgen bleiben konnten. Der Gedanke an diese Folgen bedrückte mich. Man kann fragen, warum ich nicht unter Aufbietung aller Energie die Beschlüsse zu verhindern getrachtet und warum ich mich

mit bloßer Stimmenthaltung begnügt habe. Zweifellos stand auch ich damals im Banne der überhitzten revolutionären Stimmung, die sich im München jener Tage zusammengeballt hatte, auch war ich dem Rätegedanken grundsätzlich zugeneigt. Doch sagte mir mein politischer Instinkt, daß Bayern angesichts seiner Tradition und seiner gesellschaftlichen Eigenart nicht das Land sei, das Räteprinzip zu verwirklichen. Es fehlten alle Voraussetzungen dafür. Aus realpolitischen Gründen konnte ich somit nicht für die Einführung der Räterepublik stimmen. Meine Situation wurde nun dadurch erschwert, daß die Sozialdemokratie, die Partei, welcher ich angehörte, sich den Anschein gab, für die Räterepublik sich entschieden zu haben. Gegen die Entscheidungen meiner Partei ostentativ Stellung zu nehmen, stand mir um so weniger an, als ich der Verhandlungsleiter war, von dem man die Haltung beherrschter Neutralität erwartete.

Unvergeßlich bleibt mir ein Bild, das mir eines Tages in der Prannerstraße vor Augen kam. Zwei Männer gingen an mir vorbei, die meine Aufmerksamkeit auf sich zogen. Der eine war hager und etwa zwei Meter groß. Lang wallten tiefschwarze Haare über seinen Nacken, ein merkwürdiges altmodisches rundes Hütchen saß auf dem Kopf. Dieser Kopf war groß, das Gesicht blaß und lang, es war von einem großen, tiefschwarzen Vollbart umrahmt. Ein verschossener uralter Havelock hing an seiner dürren Gestalt.
Neben ihm ging beweglich und zapplig ein kleiner schmächtiger Mann mit rötlichem Spitzbart, ebenso altväterlich und schlecht angezogen wie sein Begleiter. Die beiden Männer waren Gustav Landauer und Erich Mühsam.
Gustav Landauer war eine der bedeutendsten geistigen Persönlichkeiten, denen ich in meinem Leben begegnet bin. Er war bekannt geworden durch sein zweibändiges Werk über Shakespeares Dramen, durch seine Broschüren »Aufruf zum Sozialismus« und »Rechenschaft«. Eben waren auch die »Briefe aus der französischen Revolution«, die er zusammengestellt und eingeleitet hatte, erschienen. Als Redner war Landauer außerordentlich. Er sprach feurig und gedankenvoll zugleich. Ihm war der Gedanke der Humanität mehr

als ein Lippenbekenntnis. Es ging ihm finanziell nicht gut, und er führte, wie sein Freund Mühsam, das Leben eines Bohemiens. Die meisten Mitglieder des Kongresses der Arbeiter-, Bauern- und Soldatenräte, dem er angehörte, hatten keine Ahnung vom Range seiner geistigen Persönlichkeit. Sie nahmen ihn nicht ganz ernst, ihr hausbackener Verstand kam mit dem Schwung, der seinem Wesen eignete, nicht mit.
Auf die Münchener Arbeiterschaft übte er aber starken Einfluß aus. Man betrachtete ihn als einen Radikalen, der einen neuen Umsturz im Sinne trage. Er glaubte, die Situation sei revolutionär, und das Vorbild von Männern wie Danton mochte in ihm lebendig sein. Als er den Eindruck gewonnen hatte, daß die Räterepublik im Anmarsch sei, machte er sich zum Wortführer der Entwicklung.
Nach dem Zusammenbruch der Räterepublik lebte er in der Wohnung der Witwe Eisners. Dort stöberten ihn einmarschierende Freikorpsmänner auf. Sie setzten ihn auf einen Lastwagen, um ihn nach Stadelheim zu transportieren. Als er dort eingeliefert worden war, drangen aufgehetzte uniformierte Studenten auf ihn ein und mißhandelten ihn. In seiner ruhig überlegenen und gemessenen Art sagte er ihnen mit tapferer Offenheit, wie irregeführt sie seien und wie sie sich zu Werkzeugen einer sehr schlechten Sache machten. Ein Major von Gagern, der zuhörte, wurde erbost. Er trieb die Studenten dazu an, den Mann, der sich bereits im Schutz der Gefängnismauern befand, zu ermorden. Die Horde fiel über Landauer her, schlug ihn zu Boden, ein Sergeant setzte das Gewehr auf seine Brust und erschoß ihn. Dann plünderten die Freikorpsleute den Toten bis auf die Haut aus und warfen den nackten Leichnam in die Waschküche. Es war eine Tat, die zeigte, welches Maß von Bestialität in der deutschen Seele ruht, und die bereits die späteren Greuel des Dritten Reiches ankündigte.
Landauers Freund Erich Mühsam gehörte zu den bekanntesten Gestalten Schwabings. Er hatte geistreiche Gedichte gemacht, gab eine anarchistische Zeitschrift heraus und amüsierte durch seine witzigen Bonmots die Gesellschaften, die sich an den Stammtischen verschiedener Literatencafés zusammenfanden. Seine Reden peitschten auf. Wunderbar war

die Opferwilligkeit, die er an den Tag legte. Er hatte eine Vorliebe für Vorbestrafte, hielt sie nicht für schlecht, sondern nur für Opfer der Gesellschaft. Nie hatte er Geld, aber er verschenkte das letzte, was er besaß. Das jüdische Volk bringt zuweilen moralische Persönlichkeiten von höchstem Range hervor. Dem Typus solcher Persönlichkeiten gehörten sowohl Landauer wie Mühsam an.

Mühsam hielt Fühlung mit den Erwerbslosen. Sie brachte er auf die Straße, für ihre Forderungen setzte er sich ein. Auch er stellte sich sogleich zur Verfügung, als die Räterepublik vorbereitet wurde. Sein Glück war es, daß er bereits acht Tage nach Ausrufung der Räterepublik im Ablauf des sozialdemokratischen Putsches verhaftet und nach Bamberg verschleppt worden war. Wäre er in München geblieben, würde er sicher ebenso wie sein Freund Landauer beim Einmarsch der Freikorps ermordet worden sein. So kam er vor das Standgericht. Eine unmittelbar organisierende Kraft war er bei der Gründung der Räterepublik nicht gewesen. Indes hielt man ihn, seiner aufreizenden Reden wegen, doch für einen der wesentlichsten Urheber. Die Richter teilten das allgemeine Vorurteil gegen die Ungebundenheit des Bohemiens, erschwerend trat hinzu, daß er Jude war. Mühsam verteidigte sich geschickt, würdig, tapfer, sarkastisch und witzig. Er wurde zu fünfzehn Jahren Festungshaft verurteilt.

In der Festungshaft war er ein treuer Kamerad seiner Mitgefangenen. Er arbeitete fleißig an seinen Tagebüchern, von denen er überzeugt war, daß sie sehr viel Wichtiges zur Zeitgeschichte enthielten. Mit großer Liebe und Anhänglichkeit hing er an seiner Frau, die eine urbayerische Bauerntochter war, Zenzl hieß und ihren so ganz anders gearteten Mann trefflich zu nehmen verstand. Im Jahre 1925 wurde er anläßlich einer Amnestie, die Hitler zuliebe, welcher der nationalsozialistischen Propaganda wieder zurückgegeben werden sollte, beschlossen worden war, begnadigt. 1933 wurde er von der Gestapo verhaftet. Längere Zeit war er in Oranienburg, wo er unter dem Einfluß der Mißhandlungen sein Gehör verlor. Die SS-Männer in Oranienburg mißgönnten dem armen Mühsam das Leben: eines Tages hängten sie ihn auf.

Als ich Präsident der bayerischen Arbeiter-, Bauern- und Soldatenräte geworden war, kam ich in häufige Berührung mit Toller. Anfänglich hielt er mich für einen Gewerkschaftsfunktionär und betrachtete mich mit dem Mißtrauen, das der musische Mensch in der Regel dem Verwaltungsroutinier gegenüber zu hegen pflegt. Nachdem er jedoch einen Aufsatz von mir in der Zeitschrift des Zentralrats, »Arbeit und Zukunft«, gelesen hatte, schwand seine Voreingenommenheit dahin.

Ernst Toller war ein schlanker, schöner Mann von mittlerer Größe. Seine Bewegungen waren voll Grazie. Aus seinem wohlgebildeten Gesicht glühten zwei tiefdunkle, mandelförmige Augen. Das schwarze, stahlblau schimmernde Haar verlieh in Verbindung mit der gelblichen Hautfarbe der edlen Stirn und der wohlgestalteten Nase dem Gesicht einen wirkungsvoll fremdartigen Reiz. Er hatte eine dunkle und melodiöse Stimme, die voll ausklang, wenn er, ein bezaubernder Apoll, auf dem Rednerpult stand. Im Gespräch wußte er durch seinen Charme zu bestricken. Er hatte schauspielerisches Talent, liebte das große Pathos, die eindrucksvolle Geste und neigte dazu, sich stets, wenn auch in durchaus geschmackvoller Weise, in Szene zu setzen. Menschliche Not, menschliches Elend ergriffen ihn, wo sie ihm begegneten; sein Herz war leicht zu rühren, und bereitwillig half er, wo er Gutes stiften konnte. Er glaubte an das Gute im Menschen. Es war nicht zu vermeiden, daß seine großzügige Gebefreudigkeit nicht selten schnöde mißbraucht wurde. Für die Einwirkungen des Augenblicks und der Umgebung war er überaus empfänglich, leicht war er Stimmungswechseln unterworfen; in seiner Unberechenbarkeit lag etwas Weibliches. Immer aber war er von jenem gewinnenden Wesen, das Frauen am Manne so sehr lieben, und in der Tat wurde er von Frauen auch in reichlichem Maße geliebt.

In der revolutionären Erregung jener Tage hatte sich Toller auf das Glatteis der Politik begeben, für welche er eine eigentliche Begabung keineswegs mitbrachte. Er war ein Mann des Gefühls, nicht der kühlen Berechnung, der Phantasie, nicht des nüchternen Tatsachensinns. Die Situation riß ihn mehr hin, als daß er sie mit kalter Überlegenheit beherrschte. Tollers politische Handlungen waren impulsive Gefühlsausbrüche, Improvisationen, effektvolle Einfälle, keine zielsicheren taktischen und strategischen Maßnahmen. Der Eintritt Tollers in die Politik war eines jener überraschenden Abenteuer, die dem Dichter erlaubt sind und die man ihm um so lieber verzeiht, als sie ihm zum Erlebnisstoff werden, den er in das Gold seiner Poesie ummünzt.

Toller hatte nicht zu den treibenden Kräften der Räterepublik gehört, die im April 1919 ausgerufen worden war, wennschon er den Zeitumständen entsprechend im Banne der Räteidee stand. Als schon acht Tage später die zweite, die kommunistische Räterepublik gebildet wurde, fühlte er sich, so viele Bedenken er gegen die Gründung hatte, der Arbeiterschaft viel zu sehr verantwortlich, als daß er sich der Mitarbeit hätte entziehen wollen; seine Ritterlichkeit gebot ihm, auch aus einem sinkenden Schiff nicht auszusteigen. Gemeinsam mit Gustav Klingelhöfer ging er als Oberkommandierender der kleinen »Roten Armee« an die Front nach Dachau. Er fügte zwar seinen dichterischen Lorbeeren keine militärischen hinzu, immerhin ehrte es ihn, wie er bis zum letzten Augenblick auf einem völlig verlorenen Posten auszuharren bereit war.

Nach Niederwerfung der Münchener Räterepublik kochte die bayerische Volksseele, von den klerikalen Tribunen und Publizisten geheizt, hoch auf. Die »Landfremden« hatten mit ihren importierten Ideen die bayerische Ruhe und Ordnung gestört. Ein Landfremder war Ernst Toller aus Krotoschin. War er nicht zu allemhin auch noch ein Jude wie Landauer und Mühsam? Wäre Toller in die Hände der Weißgardisten gefallen, wäre unvermeidlich auch er ein Opfer ihres entfesselten Blutdurstes geworden. Neben Landauer und Mühsam war Toller der gehaßteste Mann in München. Sein Dichterruhm war für ihn kein Schutz; die pazifistische Tendenz der W a n d l u n g und ihres Dichters reizte den bayerischen Löwen unversöhnlich. Toller war nicht geflohen, sondern verbarg sich in München. Die große Schauspielerin Tilla Durieux beschützte ihn etliche Wochen. Dann wurde die Polizei seiner habhaft. Triumphierend meldete die Presse, man habe ihn hinter einer Tapetentür aufgegriffen; sein Haar habe er rot gefärbt. Diese Meldung hatte den Zweck, Toller in ein lächerliches Licht zu bringen. Die Verhältnisse hatten sich inzwischen bereits beruhigt; es ging nicht mehr an, die Gefangenen einfach totzuschlagen. Aber ganz ungerupft sollte Toller nicht davonkommen. In seiner Zelle wurde er gefesselt und an eine Kette gelegt. Er sollte erniedrigt und gequält werden.

Da geschah etwas, was die bayerische Volksseele völlig außer Fassung brachte. Von allen Seiten regnete es Proteste gegen Tollers Behandlung. Schriftsteller, Künstler, Politiker sprachen ihre Empörung über die bayerischen Barbaren aus. Zwar hatte der Einspruch aus Berlin in München wenig Wirkung getan, im Gegenteil, man hatte den Entrüstungslärm, der von der Spree zur Isar ertönte, ergötzlich gefunden. Indes nach englischen und – was in München insbesondere stark ins Gewicht fiel – nach französischen Einwendungen wurde man stutzig. Toller wurde unbequem. Hier war ein bayerisches Prestige in Gefahr, das man nicht verlieren wollte. Man war nicht willens, den Bogen zu überspannen. Toller wurde vor dem Standgericht manierlich behandelt und wegen vollendeten Hochverrats zur Mindeststrafe von fünf Jahren Festungshaft verurteilt. Niemand konnte angesichts des vorliegenden Tatbestandes das Urteil anstößig finden; man war menschlich geblieben und hatte trotz alledem die Genugtuung, Toller einen Denkzettel verabreicht zu haben. Toller hatte sich vor dem Standgericht würdig benommen; auch die Böswilligen konnten ihm nichts am Zeuge flicken.

Man hat des öfteren seltsam gefunden, daß München, die Hauptstadt des mehr agrarischen als industrialisierten Bayern, zum Schauplatz des Räteereignisses geworden ist. Den einen schien die Räterepublik ein Rätsel zu sein, andere betrachteten sie als einen kecken Streich anarchistischer Bohemiens, so, als wäre für einen kurzen Zeitraum Schwabing Münchens Herr geworden. Zuweilen glaubte man der Sache auf den Grund zu kommen, indem man eine Analogie zu Hilfe rief. Man sah Ähnlichkeiten zwischen der sowjetischen, der ungarischen und der bayerischen Situation. Rußland, Ungarn, Bayern waren Bauernländer. Die Oktoberrevolution in Rußland und die ungarische Revolution hatten zur allgemeinen Überraschung vor Augen gestellt, wie die Arbeiterschaft die Führung der Bauernschaft zu erlangen, die soziale Dynamik, die in der Bauernschaft verborgen ruht, auf ihre Mühlen zu leiten vermochte. Sollte dasselbe Experiment nicht auch in dem Bauernland Bayern gelingen?

Indes hinkte diese Analogie nicht nur auf einem Bein. Die russische Bauernschaft war unter dem Zarismus verknechtet und verelendet gewesen; sie war aus guten Gründen fraglos revolutionär und fiel jedem zu, der ihr die Befreiung von den Gutsbesitzern und dem despotischen Joch des Zarismus versprach. Ganz anders war hingegen die Lage der bayerischen Bauern. Sie waren wohlhabend, genossen seit vielen Jahren die üblichen staatsbürgerlichen Rechte; mit den bestehenden Zuständen fuhren sie in politischer wie wirtschaftlicher Hinsicht gut. Jedes revolutionäre Gelüste lag ihnen fern. Sie besaßen Haus und Hof, Grund und Boden, waren gut eingerichtet und hatten Ersparnisse; das private Eigentum war ihnen so heilig, wie es jedem städtischen Bürger zu sein pflegt. Der Sozialismus war ihnen verdächtig; von der industriellen Arbeiterschaft fürchteten sie für die Sicherheit ihrer Habe. Sie waren Feinde der Revolution, von der sie sich nichts versprachen, durch die sie im Gegenteil glaubten, alles verlieren zu müssen.

Nach dem Zusammenbruch 1918 traten die bürgerlichen Parteien, trat insbesondere die bayerische Zentrumspartei, in den Hintergrund. Die Parteiführer hatten ein schlechtes Gewissen und fürchteten, durch eine siegreiche Revolution zur Verantwortung für die Vergangenheit gezogen zu werden. Sie hofften, diesem Schicksal entgehen zu können, wenn sie sich totstellten. Die Regierung Eisner konnten sie nicht verhindern; sie mußten abwarten, wie sich diese anlasse. Bald merkten sie, wieviel Rückhalt sie an dem sozialdemokratischen Mitträger der Regierungskoalition besaßen. Die Sozialdemokratie lehnte den Rätegedanken, die antibürgerliche Revolution also, ab; sie wollte die Nationalversammlung, die der Schauplatz war, der dem Bürgertum die Chance bot, sich alle Machtstellungen wieder zurückzuerobern. Das Bürgertum brauchte nur Geduld zu haben und abzuwarten, bis die Sozialdemokratie die Revolutionäre niedergekämpft hatte, dann mochte es wieder aus den Kulissen, hinter denen es sich bisher verborgen hatte, hervortreten; der Sozialdemokratie konnte es nach den Gesetzen der parlamentarischen formalen Demokratie in kürzester Frist Herr werden.

Die Revolutionäre ließen sich täuschen; sie wähnten, die bürgerlichen Reaktionäre seien überhaupt verschwunden. Es schien ihnen, als hätten sie sich nur noch mit der Sozialdemokratie allein auseinanderzusetzen. Weil die Sozialdemokratie, die ja auch in der Regierung Eisner den eigentlichen Ton angab, den bürgerlichen Gegner, dessen Wiederkehr sie vorbereitete, außer acht hatte lassen dürfen, glaubten die Revolutionäre, gleichfalls mit ihm, wenn sie die Macht ausschließlich übernommen hätten, nicht mehr rechnen zu müssen. Die bürgerlichen Reaktionäre hielten still, solange die Sozialdemokratie ihre Geschäfte besorgte; unverzüglich erwachten sie zu neuem Leben, sobald ihnen ernsthafte Gefahr drohte. Dieser Fall war mit der Ausrufung der Räterepublik eingetreten. Sogleich erfuhren die Revolutionäre, welche Übermacht die bürgerliche Reaktion in Wahrheit noch besaß. Diese genügte, um das revolutionäre Unternehmen in kürzester Frist auszutreten und Rache zu nehmen für die Angst und den Schrecken, den die Reaktion in der Zeit nach dem November 1918 vorübergehend ausgestanden hatte.

Jakob Wimmer
Schloßverwalter in der Residenz

Als die Allerhöchsten Herrschaften die Residenz verlassen hatten, machte ich im Königsbau die Fenster zu, half die Lichter auslöschen und nachdem der diensttuende Offiziant und der Lakai, die weiter keine Instruktion hatten, abgetreten waren, schloß ich sämtliche Türen ab und begab mich in den Kapellenhof. An dem verschlossenen Seitentürchen in der Residenz stand ein Hüne von einem Schutzmann, der dort Wache hielt. Derselbe ermahnte mich in eine Türnische oder hinter einen Pfeiler zu stellen, damit ich nicht verunglücke, wenn durch das Tor geschossen würde. Der Lärm, die Schießerei und das Gejohle auf der Straße wurden immer ärger und man hörte die Rufe: Türe auf oder wir sprengen sie mit Handgranaten. Ich besprach mich mit dem Schutzmann, was zu tun sei, ehe vielleicht ein größeres Unglück geschieht. Nachdem der Hof voller Schutzleute steht, könnte sich die Sache durch Worte schlichten lassen. Als die Drohungen und das Verlangen die Türe zu öffnen immer stärker wurden, machten wir die Türe auf. Die Leute wichen anfangs etwas zurück und schrien, jetzt ist die Türe auf, doch getraute sich niemand näher her. Der Schutzmann trat vor die Türe und fragte was die Menge wolle, worauf alle riefen, wir möchten hinein. Der Schutzmann rief: niemand kommt herein als ihr Führer. Es meldete sich ein junger Soldat, der sich als Führer ausgab. Der Schutzmann fragte ihn, ob er die Leute so in der Hand hätte, daß sie ihm folgen. Der Führer bejahte dieses, dann sagte der Schutzmann, ob er noch jemanden mit hereinnehmen möchte, worauf der Führer einen Namen rief und sofort kam noch ein Unteroffizier. Beide wurden dann hereingelassen. Die Menge aber schrie, die werden da drin umgebracht, worauf der Schutzmann erwiderte: Hier stehe ich und verlasse diesen Platz nicht früher bis die beiden wieder zurück sind und wenn ihnen etwas geschieht, dann könnt Ihr über mich verfügen. Die Menge beruhigte sich dann ein wenig. Die beiden schritten dann auf mich zu und fragten mich, wer hier die verantwortungsvollen Persönlichkeiten sind. Ich sagte die Residenz ist der Polizei übergeben, hier steht der Major. Ich führte beide zum Major hin, vor dem sie mit geschultertem Gewehr militärisch hintraten und stillstanden. Der Herr Major fragte sie was sie wollen. Wir wollen unsere Freiheit haben, sprach der Führer. Als der Herr Major erwiderte, Sie sind ja frei oder legt Ihnen jemand von uns etwas in den Weg? Da sprach der Unteroffizier, die Polizei hätte sich ihnen gegenüber bis jetzt gut verhalten. Der Führer: Dann ersuche ich, daß die Polizei ihre Feindseligkeiten uns gegenüber einstelle. Major: Die Polizei legt Ihnen in Ihren Umzügen nichts entgegen, solange Sie sich keine größeren Ausschreitungen zu schulden kommen lassen und Menschenleben oder Eigentum nicht gefährden, im anderen Falle haben Sie dann die Polizei gegen sich. Daß schon geraubt und geplündert wurde, ist nicht abzuleugnen. Führer: Ich ersuche, daß sich die Polizei uns anschließt. Das kann ich nicht. Ich bin dem Polizeipräsidenten unterstellt und dem habe ich zu gehorchen, ich habe nur seine Befehle und Anordnungen auszuführen. Ich möchte Ihnen auch sagen, daß die Majestäten und die Kgl. Hoheiten nicht mehr in der Residenz sind und daher ein Vorstelligwerden bei ihnen zwecklos wäre. Führer: Gegen die Person des Königs haben wir nichts, der ist für uns erledigt, das werden sie aus dem Landtagsgebäude vernommen haben. Aber die Residenz soll unterirdische Keller und Gänge haben, in denen Waffen, Maschinengewehre, Handgranaten und Munition gelagert ist. Major: Darüber ist mir nicht das Geringste bekannt. Ich erwiderte, daß ich 24 Jahre in der Residenz bin, jeden Gang und Keller kenne. Ich würde die beiden dorthin führen und mit der ersten Waffe, die sie dort finden, dürften sie mich niederschießen. Diese Erklärung genügte den beiden und sie verließen, nachdem sie vor den Major nochmals militärisch hintraten, die Residenz. Vorher ersuchten sie den Herrn Major noch, mit ihnen vor die Residenz zu gehen und das was er zu ihnen sagte, auch der dort wartenden Menge zu sagen, was auch der Herr Major tat und die Leute zur vernünftigen Ruhe und Ordnung mahnte. Nach Beendigung der Worte des Herrn Major entfernte sich der Pöbel unter Gejohle und die Leute sagten, sie gingen jetzt in den Löwen-

bräukeller zu einer Versammlung und um zwei Uhr nachts kämen sie wieder.
Es wurde noch an verschiedenen Plätzen geschossen, aber allmählich wurde es ruhiger. Um zwei Uhr kamen sie wieder aber in keiner so großen Zahl mehr. Sie verlangten zwar in die Residenz hinein, bestanden aber nicht unbedingt darauf; es wurde ihnen auch nicht geöffnet.
Des andern Tags wollten wir wissen, was eigentlich mit uns geschieht und so begaben wir uns unter Führung des ehemaligen Chauffeurs des Königs, Herrn Hausner in das Finanzministerium und ließen uns – wir waren 12 Mann – dem damaligen Minister Jaffé vorstellen. Der Minister empfing uns sehr freundlich, fragte uns wer wir sind und ob keine höhere Hofcharge dabei ist, dann hörte er unsere Fragen an. Er sagte, daß er in dieser ganzen Sache nicht eingeweiht ist, dann ließ er den Ministerialrat Neumeier kommen, der über die ganze Rechtslage Auskunft gab und uns ganz besonders in Schutz nahm. Als der Minister den Glanz und den Prunk der bei Hof geführt wurde, hervorhob, erwiderte ihm der Herr Ministerialrat, daß hinter diesem scheinbaren Prunk so manches glänzende Elend steckte. Worauf der Minister versprach, was er tun könne und was sich machen lasse, das würde er beachten. Der Minister entließ uns eben so freundlich wie er uns empfing. Als wir in die Residenz zurückkamen, berichteten wir unseren Vorgesetzten über den erhaltenen Bescheid. Ich wurde zum Adjutanten Sr. H. H. des Kronprinzen gerufen und mußte auch diesem über unsere Mission Auskunft geben.
Am selben Tage in der Frühe kamen Soldaten und nahmen den Herkulessaal und die anschließenden Gänge, auch den Wappengang in Beschlag und hißten auf der Residenz sofort die roten Fahnen. Als die Soldaten eingezogen waren, fingen sie an zu musizieren, unter sich zu tanzen und so ging es jeden Tag fort.
Bei Auflösung der Hofhaltung wurden auch die Hartschiere überflüssig; dieselben wurden dann zu einer Wachmannschaft umgewandelt und in Zivil, mit einer roten Armbinde geschmückt, als Hof- und Gangpatrouillen verwendet. Eines Tages ging ich durch den Allerheiligengang, da kam mir so

ein Wächter (Deubert) entgegen und sagte, daß gerade mehrere Soldaten vom schwarzen Saal aus in die Churfürstenzimmer eingedrungen sind. Ich sagte, das kann nicht möglich sein, da die Türe gut verschlossen sei. Er sagte, daß sie doch hinein sind, er habe sie gesehen. Ich forderte ihn auf, er möchte mit mir gehen, worauf er erwiderte, daß das ihn nichts anginge, er läßt sich von diesen Kerls den Kopf nicht verschlagen. Ich ging dann allein hinter und sah die Türe offen stehen. Ich ging hinein und sah zehn bis zwölf Mann im kleinen Schreibzimmer, in dem mehrere Miniaturbilder hingen, die Soldaten nahmen die Bilder herunter und schauten sie an. Ich fragte, wie sie da hereinkämen, worauf sie sagten bei der Türe. Ich sagte, die Türe war doch gut abgesperrt, worauf sie sagten, für uns ist nichts abgesperrt, wir können überall hinein wo wir wollen. Ich sagte, warum sie die Bilder von der Wand herunter haben. Weil wir sie ansehen wollten. Ich sagte, die sieht man doch mit den Augen an und nicht mit der Hand. Mit den Augen sieht man sie an der Wand auch. Die hängen schon lange an der Wand und niemand wäre es eingefallen sie herunter zu nehmen. Ich möchte schon ersuchen, daß dieselben wieder an ihren Platz kommen, worauf sie die Bilder wieder an die Nägel hängten. Sie ersuchten mich, fast anständig, ob sie die Zimmer ansehen dürften, ich möchte sie ihnen zeigen. Nachdem die Leute doch schon herinnen sind, zeigte ich ihnen kurz die Zimmer, führte sie wieder hinaus und ließ gleich wieder die Türen von innen verriegeln und verschrauben.
Mittlerweile hatte die Räteregierung ihren Fortgang genommen. Ich kam öfter in die Räume des früheren Kabinetts, wo Egelhofer regierte, um Nachschau zu halten. Eines Tages fragte mich derselbe in Anwesenheit von mehreren Getreuen, unter denen auch Toller war, wie lange ich schon bei Hofe wäre. Als ich sagte 34 Jahre, meinte er, da könnten Sie auch so manches Liedchen pfeifen über Ungerechtigkeit, die Ihnen manchmal so wiederfahren ist; ich solle ihm Namen nennen, dann ließe man diese Herren mal ordentlich beizen im Luitpoldgymnasium. Er sagte auch, daß ihnen ein Brief überbracht wurde, worin verschiedene Namen angegeben sind, die uns wegen den Angaben, die darin enthalten sind, ganz be-

sonders zur Weiterbehandlung empfohlen wurden. Egelhofer las den Brief laut vor und ich sollte bestätigen, ob der Inhalt dieses Briefes sich auf Wahrheit beruht. Ich fragte Egelhofer, von wem der Brief ist und erst dann kann ich bestätigen, ob der Briefschreiber genau mit den Verhältnissen und mit den darin angegebenen Personen bekannt ist. Egelhofer sagte, daß die Briefschreiber, es waren ihrer drei, schon zweimal bei ihm waren. Erstmals wegen einer Anfrage und das zweite Mal überbrachten sie den Brief. Er selber kennt den Herrn persönlich und sie schienen ihm glaubwürdig. In dieser Antwort konnte ich mich leider nicht überzeugen, wer diese Briefschreiber bzw. Überbringer sein konnten. Als Egelhofer in meinem Beisein, sowie in Anwesenheit seines Stabes, zu dem auch Toller gehörte, den Brief verlesen hatte und mich dann um Bestätigung dieses Inhalts ersuchte, erwiderte ich ihm wortwörtlich: Meine Herren, Sie haben jetzt die Macht und daher auch Rechte und ganz besonders auch Pflichten zu beobachten. Bitte, lassen Sie uns alle in Ruhe, wir haben das Vertrauen zu Ihnen, daß Sie Menschenleben, sowie Privat- und auch ehemaliges Kgl. Eigentum schützen. Wir haben die Überzeugung, daß wir Männer vor uns haben, die sich voll und ganz ihrer übernommenen Pflicht bewußt sind. Nie und nimmer würde ich die Verantwortung übernehmen, Herren auszuliefern, wo man nicht weiß, was mit ihnen geschieht. Bitte meine Herren, respektieren Sie das Vertrauen, das wir zu Ihnen haben. Auf dieses hin, glaube ich Herrn Toller etwas in sein Gewissen gegriffen zu haben. Derselbe sagte: So, Sie haben das Vertrauen zu uns. Haben Sie sich über uns schon darüber unterhalten? (Ich sagte zwar ja, war aber nicht der Fall). Toller sagte: Gut hier haben Sie meine Hand, die er mir reichte und sagte: Ich verspreche es Ihnen auf mein Ehrenwort, Ihr Vertrauen soll nicht mißbraucht werden und wenn Sie etwas hören, daß jemanden zu nahe getreten wird, dann kommen Sie sofort zu uns und wir werden es abstellen. Zu Egelhofer gewandt, nicht wahr, Egelhofer? Derselbe nickte mit dem Kopf und antwortete mit ja. Egelhofer nahm den mir vorgelesenen Brief wieder vom Schreibtisch weg und sagte: Dann ist auch dieser Brief für uns hinfällig und erledigt, legte ihn ein paarmal zusammen, zerriß

ihn in mehrere Fetzen und warf dieselben in seinen Papierkorb.
Da die Soldaten von Zeit zu Zeit Angriffe von außen zu fürchten hatten, stellten sie überall Maschinengewehre auf. Gerade ich mit meiner Familie war bei dieser Gelegenheit am meisten bedroht in unserer Wohnung Treffer zu erhalten. Ich mußte in meiner Wohnung alles so stellen, damit nicht alles demoliert wird, wenn die Schießerei losginge, weil da die meisten Schüsse zu meinem Fenster hineingingen. Eines Tages ging ich den Königsbau an der Außenseite entlang, da stand ein junger Soldat auf Posten und ließ sein Gewehr immer schnappen, d. h. er spannte dasselbe und drückte wieder los. Ich fragte, warum er immer mit dem Gewehr spiele. Ja, sagte er, daß er schießen lernen möchte. Ich fragte ihn ob er das noch nicht kann. Nein, sagte er, er wäre erst seit gestern Soldat. Als er gestern als Arbeitsloser bei der Residenzwache vorbeiging, fragten ihn die Soldaten, ob er nicht auch Soldat werden möchte. Sie versprachen ihm gute Verpflegung und Löhnung und da wurde er auf seine Zusage hin gleich eingekleidet und auf Posten gestellt. Ich fragte ihn, was er eigentlich da zu tun hatte, ja, sagte er, schießen, wenn es wild aufgeht. Man kann sich denken, was so ein junger unerfahrener Bursche für Unheil anrichten könnte.
Der Terror der Roten wirkte sich im Laufe der Zeit in ein gewaltiges Chaos aus. Die Bürger mußten ihre Waffen, hauptsächlich alle Gegenstände, die man als Waffe ansprechen kann, abliefern. An die Arbeiter wurden Schußwaffen und Munition verteilt und diese dirigierten fast das Ganze. Fast täglich hatte man eine neue Regierung und zwar größtenteils gänzlich ungeeignete Männer. Gearbeitet wurde nur, so oft es den roten Herren paßte. Nur die Staatsbeamten blieben ihrer Verantwortung treu und fügten die Trümmer des Staates noch so aneinander, daß er doch noch einigermaßen ein Ganzes blieb.
Am 1. Mai kamen hunderte ja sogar tausende Bürger vor die Residenz und begehrten Einlaß. Da die Roten schon wußten, daß es um sie brenzlich wird, verließen sie alle in dieser Nacht die Residenz. Da man keine weitere Gefahr für die Bürger mehr erblickte, ließen wir sie herein. Dieselben be-

gaben sich sogleich in den Herkulessaal, überhaupt überall hin wo die Roten hausten, nahmen alle Gewehre, Maschinengewehre, Handgranaten, Munition zu sich und stellten sich so ausgerüstet vollständig bewaffnet nach Anordnung in die Straßen, hauptsächlich vor der Residenz auf. Ein Teil verlangte, daß sofort die rote Fahne von der Residenz herunterkommt und dafür die weißblaue aufgezogen wird. Ich sagte, daß ich gerne die weißblaue hergebe, aber aufziehen lasse ich sie durch unsere Leute nicht, da dieselben, wenn sie auf dem Dache sind, beschossen werden könnten, ich könnte keine Verantwortung dafür übernehmen. Die Bürger sagten, wenn wir nur die weißblaue Flagge haben, aufziehen tun wir sie selber. Ich gab ihnen die Flagge und einen Mann, der ihnen den Weg durch die Speicher zeigt. In kurzer Zeit erschienen auf dem Dache mehrere Männer und gleich darauf senkte sich die rote Flagge nieder, die sofort in Fetzen zerrissen und auf die Straße geworfen wurde. Als sich die weißblaue Flagge hebte und im Winde flatterte, kannte der Jubel der Untenstehenden kein Ende mehr. Ich ließ dann noch die ganze Residenz nach Waffen durchsuchen und man fand noch unzählige Gewehre, Maschinengewehre, sehr viel Munition und Handgranaten usw. und ich ließ das alles in einen sicheren Raum in der ehemaligen Silberkammer I.K.H. der Prinzessin Adalbert, am Fuße der Trabantentreppe verbringen, wo niemand mehr dazukonnte.

Als die Weißen die Residenz besetzten, mußten wir ihnen leider alle Räume öffnen und freigeben, die wir vorher für die Roten verbarrikadierten. Diese Weißen waren aber auch nicht einwandfrei. Was wir bei den Roten noch schonen und schützen konnten, das wurde von den Weißen nicht besonders beachtet, sondern sie stahlen, was ihnen nur gerade in die Hände kam und wir konnten da weiter nichts machen, weil sie sagten, da müßten sie hinein, um ringsherum die Residenz verteidigen zu können, sobald ein Angriff vielleicht von den Roten wieder auf dieselbe gemacht würde.

Ernst Toller

Am 21. Februar 1919 fuhr ich nach Bayern. Auf einer Bahnstation hörte ich draußen erregtes Rufen des Schweizer Bahnschaffners, drinnen kräftiges Bravo eines deutschen Spießers, verstand die Worte nicht, die an mein Ohr drangen und mußte endlich begreifen: Kurt Eisner ist ermordet.
Eisner war ein Mann von anderem geistigen Format als die Ebert, Scheidemann, Noske, Auer. Deutsche Klassik und romanischer Rationalismus haben ihn geformt und gebildet. Sein politisches Ideal war die vollkommene Demokratie, er verwarf die parlamentarische Demokratie, die das Volk einmal an die Urne führt, um es dann für Jahre auszuschalten. Von unten her sollte der Geist des Lebens und der Wahrheit als kritischer, belebender, anfeuernder Geist das Tagewerk der Gesellschaft durchdringen, darum bekannte er sich zur Rätedemokratie. Die Notwendigkeit raschen sozialen Neubaus erkannte auch er nicht. An die Spitze der Sozialisierungskommission, deren Einsetzung der Rätekongreß gefordert hatte, berief er Professor Brentano, den bekannten Freiwirtschafter, in der ersten Sitzung dieser Kommission hielt er eine Ansprache, die die Industriemagnaten aufhorchen ließ, sozialisieren, sagte er, könne man nur, wenn etwas zu sozialisieren da ist, diese Voraussetzung fehlte in Deutschland.
Eisner haßte die Presse als eine Volkspest, sie belüge und verhetze die Völker, trotzdem, als einige Revolutionäre die Redaktion einer der übelsten Zeitungen besetzten, fuhr er persönlich in das Verlagsgebäude und sorgte für den Abzug der Eroberer. So stark war seine Verachtung der Journaille, so stark seine Achtung vor formaler Pressefreiheit. »Die Wahrheit«, schrieb er während des Krieges in einer Eingabe an das Münchener Generalkommando, »ist das höchste aller nationalen Güter. Ein Staat, ein Volk, ein System, in dem die Wahrheit unterdrückt wird, oder sich nicht hervorwagt, ist wert, so rasch und so endgültig wie möglich zugrunde zu gehen.«

Der Moralist bekämpfte die Entwicklung in Berlin, er glaubte, daß die verantwortlichen Männer des alten Systems, die im Auswärtigen Amt weiterregieren und die Verhandlungen mit der Entente führen, den Frieden erschwerten, neue Männer, aufrechte Republikaner, die nicht teil hatten an der Schuld der Monarchie, seien nötig, sie würden mildere Friedensbedingungen für Deutschland erreichen. Er hegte die Illusion, daß Clemenceau der Vorkämpfer der europäischen Demokratie sei, er möchte ihn sprechen, ihn überzeugen, daß das deutsche Volk durch die Revolution zur Freiheit, zur Verantwortung gefunden habe, daß es ein Verbrechen an Europa wäre, dieses Volk durch einen grausamen Frieden zu erniedrigen. Clemenceau wies den Mittelsmann schroff zurück, ja er bedrohte ihn mit Verhaftung, weil er mit dem Feind konspiriere. Die französischen Regierungsmänner und Militärs dachten nicht daran, die deutsche Republik zu stützen, die einen hielten sie für ein Täuschungsmanöver der Machthaber von gestern, die anderen fürchteten den Sieg des Bolschewismus und die Infizierung Frankreichs.
Eisner, zeit seines Lebens arm, bedürfnislos, lauter, war klein, von schmalem Wuchs, graublondes Haar fiel ihm wirr in den Nacken, ein wirrer Bart auf die Brust, die kurzsichtigen Augen sahen fremd über den tief unter der Nasenwurzel lose sitzenden Kneifer, die kleinen gepflegten Hände, von fraulicher Zartheit, erwiderten weder den Druck von Freunden noch von Feinden, diese Geste zeigte seine Scheu vor menschlicher Beziehung.
Eines unterschied ihn von allen anderen republikanischen Ministern, sein Wille zur Tat, sein Todesmut. Das fühlte das Volk, und darum glaubte es ihm. Talente und Gaben sind vielen gegeben, aber nur dem, der die Furcht vor dem Tod bewußt überwand, folgen die Massen.

Der Schuß Arcos alarmiert die Republik, die erregten Volksmassen fordern Rache für Eisner, der Zentralrat der Arbeiter-, Bauern- und Soldatenräte übernimmt die Regierungsgewalt, er proklamiert den Generalstreik, er verhängt den Belagerungszustand über Bayern, er beruft den Rätekongreß ein, die Arbeiterschaft, von der sozialen Tatenlosigkeit der

Republik enttäuscht, fordert, daß der politischen endlich die soziale Revolution folge, was in Rußland gelungen ist, muß auch hier gelingen, der Parlamentarismus habe versagt, der Gedanke der Räterepublik gewinnt die Massen.

Bis jetzt war die Kommunistische Partei ohnmächtig, ihr Einfluß gering, jetzt werden ihre Parolen populär. Die kommunistische Zentrale in Berlin schickt Leviné nach München. Leviné kämpfte schon als Student in der russischen Revolution 1905, er wird verhaftet, in der Schlüsselburg eingekerkert, nach Sibirien verbannt, arbeitet dort in einem Bleibergwerk, flüchtet über Asien nach Europa und studiert in Deutschland Nationalökonomie. 1918 wendet er sich der Spartakusgruppe zu. Der hagere Mann, aus dessen eingefallenem Gesicht die gebogene fleischige Nase groß vorspringt, ist kein Redner, der sofort das Gehör der Massen hat, jedes Mal muß er es erst erkämpfen, mit sparsamen Gesten und eindringlicher Dialektik erzwingen. In wenigen Wochen reorganisiert er die Partei und bestimmt entscheidend ihre politische Haltung.
Noch ehe der Landtag sein Werk beginnen kann, schickt die Augsburger Arbeiterschaft, müde der revolutionären Resolutionen, Delegierte zum Ministerium nach München, sie sollen die Proklamation der Räterepublik fordern. Die Regierung verhaftet diese Männer nicht als Hochverräter, sondern empfängt sie, die sozialdemokratischen Minister verlieren den Kopf, sie fürchten um Führung, Amt, Parteimitglieder sind bereit, die Forderung zu erfüllen. Einer ist zufällig abwesend, der Ministerpräsident Hoffmann, er will anfangs zurücktreten, eine Sorge drückt ihn, er schreibt eine Postkarte an den Vorsitzenden des Zentralrats, ob die Räterepublik den alten Ministern Pensionen zahlen werde.

Die Kommunisten tun nicht mit, sie mißtrauen den Rechtssozialisten, die trieben, wie schon so oft in der deutschen Revolution, ein dunkles und für die Arbeiterschaft gefährliches Spiel, die Arbeiterschaft sei nicht reif, die Räterepublik werde ohne Unterstützung Norddeutschlands sich nicht halten können. Das aber hätten sie vor Wochen sagen müssen,

wo sie die Räterepublik in Parlamenten, Kongressen, Zeitungen, Versammlungen als nächstes politisches Kampfziel forderten, und jeden, der die Möglichkeit naher Verwirklichung bezweifelte, Konterrevolutionär und Kleinbürger schalten. Man darf nicht Parolen verkünden, an die man nicht glaubt. Die Scheu vor der Wahrheit führt zum Selbstbetrug. Man darf nicht der Wirklichkeit, die anders sich zeigt, als man sie wünschte, ausweichen und sich entschuldigen, so war es nicht gemeint.
Die Unabhängigen zögern. Hat eine revolutionäre Partei das Recht, die Massen im Stich zu lassen? Revolutionäre Führer dürfen nicht blindlings Massenstimmungen folgen, auf die Gefahr, verkannt zu werden, müssen sie sinnlosen Aktionen wehren. Aber sind es nur Stimmungen? Sind nicht schon Tatsachen geschaffen, die unser Tun beeinflussen müssen?
Die Parteibürokratien beraten, das Volk handelt. In jener Stunde ist in Würzburg, Augsburg, Fürth, Aschaffenburg, Lindau, Hof die Räterepublik ausgerufen. Wir hätten das Volk früher über die wahren Machtverhältnisse in Deutschland aufklären müssen, daß wir es nicht taten, war unsere Schuld.

In der Nacht vom sechsten zum siebenten April 1919 versammelt sich der Zentralrat, versammeln sich die Delegierten der Sozialistischen Parteien, der Gewerkschaften, des Bauernbundes im Wittelsbacher Palais. Wo früher Zofen und betreßte Lakaien herumwedelten, stapfen jetzt die groben Stiefel von Arbeitern, Bauern und Soldaten, an den seidenen Vorhängen der Fenster des Schlafzimmers der Königin von Bayern lehnen Wachen, Kuriere, übernächtigte Sekretärinnen.
Die Volksbeauftragten werden gewählt, es zeigt sich auch hier das Unwissen, das Ziellose, die Verschwommenheit der deutschen Revolution. Sylvio Gsell, der Physiokrat, der Theoretiker des Freigeldes und der Freiwirtschaft, wird Finanzminister. Zum Präsidenten des Zentralwirtschaftsamts bestimmt man den Marxisten Dr. Neurath. Wie sollen diese beiden Männer miteinander arbeiten? Mir werden nacheinander drei Volkskommissariate angeboten, ich lehne alle drei

ab. Zum Leiter des Volkskommissariats für Auswärtige Angelegenheiten beruft man Dr. Lipp, dessen Fähigkeiten niemand kennt. Er hat kein Gesicht, nur einen Vollbart, trägt keinen Anzug, nur einen Gehrock, die beiden Requisiten scheinen die Gründe seiner Eignung zu sein. Ein Arbeiter, bei dem ich mich nach Dr. Lipp erkundige, sagte, er kenne den Papst persönlich. Andere Männer werden mit Ämtern betraut, die zwar nicht den Papst persönlich kennen, aber doch den Dorfpfarrer.

Als ich das Wittelsbacher Palais verlasse, dämmert der Morgen. Die Revolution hat gesiegt. Hat die Revolution gesiegt? Diese Räterepublik ist ein tollkühner Handstreich verzweifelter Arbeitermassen, die verlorene deutsche Revolution zu retten.
Was wird sie schaffen, wie wird sie enden?
Vor der kleinen Pension, in der ich wohne, wartet einer unserer Sektionsführer.
– Jetzt haben wir die Macht.
– Haben wir sie? sage ich. Der Genosse stutzt, sieht mich nachdenklich an, ich verabschiede mich rasch.

Inzwischen haben sich Ministerpräsident Hoffmann und die anderen Minister, die aus München geflohen sind, besonnen, die vom Landtag gebildete Regierung verlegt ihren Sitz nach Bamberg, zu ihrem Schutz beruft sie das in Ohrdruf gebildete Freikorps Epp, sie verhaftet die Träger der Räterepublik in den fränkischen Städten und beherrscht Nordbayern. Nach Bamberg ist auch der räterepublikanische Ernährungskommissar, der Bauernbündler Wutzlhofer gefahren, eben hat er sich noch von mir seine Ernennung bestätigen lassen, jetzt amtiert er im Kabinett der Gegenregierung Hoffmann.

In München ist der Vorsitzende des Zentralrats zurückgetreten, ich werde zu seinem Nachfolger bestimmt.
In den Vorzimmern des Zentralrats drängen sich die Menschen, jeder glaubt, die Räterepublik sei geschaffen, um seine privaten Wünsche zu erfüllen. Eine Frau möchte sofort getraut werden, bisher hatte sie Schwierigkeiten, es fehlten not-

wendige Papiere, die Räterepublik soll ihr Lebensglück retten. Ein Mann will, daß man seinen Hauswirt zwinge, ihm die Miete zu erlassen. Eine Partei revolutionärer Bürger hat sich gebildet, sie fordert die Verhaftung aller persönlichen Feinde, früherer Kegelbrüder und Vereinskollegen.
Verkannte Lebensreformer bieten ihre Programme zur Sanierung der Menschheit an, ihr seit Jahrzehnten befehdetes Lebenswerk bürge dafür, daß jetzt endlich die Erde in ein Paradies verwandelt werde. Sie wollen die Welt aus einem Punkt kurieren, läßt man die Prämisse gelten, ist ihre Logik unangreifbar. Die einen sehen die Wurzel des Übels im Genuß gekochter Speisen, die anderen in der Goldwährung, die dritten im Tragen unporöser Unterwäsche, die vierten in der Maschinenarbeit, die fünften im Fehlen einer gesetzlich vorgeschriebenen Einheitssprache und Einheitskurzschrift, die sechsten machen Warenhäuser und sexuelle Aufklärung verantwortlich.

Der Kommissar für Auswärtige Angelegenheiten, Dr. Lipp, waltet seines Amtes, er sendet staatsmännische Depeschen in die Welt, er kennt wirklich den Papst persönlich, denn er telegraphiert an den Nuntius:
»Ich mache es mir zur heiligen Pflicht, die Sicherheit Ihrer verehrlichen Person und des gesamten Instituts der Nuntiatur in München zu garantieren. Glauben Sie an meine Ergebenheit.«
An den bayerischen Gesandten in Berlin telegraphiert er:
»Da das opus primum sed non ultimum des Herrn Preuß über die deutsche Verfassung für Bayern niemals bindendes Gesetz werden kann, weil ich die durch bayerisches Blut bei Wörth und Sedan erworbenen Reservatrechte Bayerns nicht preisgeben darf, ersuche ich Sie, unverzüglich dem Grafen Brockdorff-Rantzau Ihr Abschiedsgesuch einzureichen.«
Unsere Kontrollbeamten im Telegraphenamt lesen kopfschüttelnd die Depeschen, endlich wird es ihnen zu bunt, sie bringen mir die Depesche an den Papst und fragen, ob der Zentralrat die Beförderung zulasse. Ich lese:
»Proletariat Oberbayerns glücklich vereint. Sozialisten plus Unabhängige plus Kommunisten fest als Hammer zusam-

mengeschlossen, mit Bauernbund einig. Liberales Bürgertum als Preußens Agent völlig entwaffnet. Bamberg Sitz des Flüchtlings Hoffmann, welcher aus meinem Ministerium den Abtrittsschlüssel mitgenommen hat. Die preußische Politik, deren Handlanger Hoffmann ist, geht dahin, uns vom Norden, Berlin, Leipzig, Nürnberg abzuschneiden, auch von Frankfurt und vom Essener Kohlengebiet, und uns gleichzeitig bei der Entente als Bluthunde und Plünderer zu verdächtigen. Dabei triefen die haarigen Gorillahände Gustav Noskes von Blut. Wir erhalten Kohle, und wir erhalten Lebensmittel in reichlichem Maße aus der Schweiz, von Italien. Wir wollen den Frieden für immer. Immanuel Kant (Vom ewigen Frieden) 1795, (Thesen 2–5). Preußen will den Waffenstillstand zur Vorbereitung des Rachekrieges.«
Zweifellos, Lipp ist wahnsinnig geworden. Wir beschließen, ihn sofort in eine Heilanstalt zu überführen. Um Aufsehen in der Öffentlichkeit zu vermeiden, muß er freiwillig seinen Rücktritt erklären.
Im Ministerium des Auswärtigen sind die Zimmer der Sekretärinnen mit roten Nelken geschmückt, Herr Lipp hat sie den Damen als Morgengruß gebracht, dann ist er fortgegangen, niemand weiß wohin, wahrscheinlich entwirft er neue Depeschen. Endlich erreichen wir ihn, er kommt ahnungslos in mein Zimmer im Wittelsbacher Palais. Ich soll ihn zum Rücktritt bewegen.
– Haben Sie schon das Badezimmer des letzten Königs von Bayern gesehen? fragt er mich. Welche Schande. Ich sehe da ein winziges Paddelruder, wundere mich, frage den Lakaien und muß hören, daß Ludwig von Wittelsbach, anstatt zu regieren, stundenlang warme Bäder nahm und zu seinem Vergnügen in der Badewanne paddelte.
Ich kenne das Badezimmer des alten Königs, ich habe über aktuellere Fragen mit Herrn Lipp zu sprechen.
– Haben Sie diese Telegramme aufgegeben?
Sorgfältig liest Lipp die Telegramme. »Ich habe sie sogar mit eigener Hand geschrieben.«
– Sie werden zurücktreten, der Text Ihrer Erklärung ist vorbereitet, seien Sie so freundlich, Ihre Unterschrift darunter zu setzen.

Lipp erhebt sich, zupft an seinem grauen Gehrock, zieht ein Kämmchen aus der Tasche, frisiert mit eleganter Geste seinen Henri-Quatre-Bart, steckt sein Kämmchen wieder in die Tasche, ergreift die Feder, stützt sich einen Moment auf den Schreibtisch und sagt mit trauriger Stimme: – Was tue ich nicht für die Revolution.
Er unterschreibt das Dokument und geht.
Nachmittags sitzt er wieder im Ministerium, beschenkt die Sekretärinnen und redigiert Telegramme. Samariter entführen ihn von seiner Arbeitsstätte.

Am 9. April abends stürmt in mein Zimmer einer unserer Sektionsführer.
– Die Kommunistische Partei hat in den Betrieben eigene revolutionäre Obleute bestimmt und sie zu einer Versammlung im Mattäserkeller einberufen. Ihr sollt heute nacht gestürzt werden.
Ich schüttle ungläubig den Kopf, hat die Kommunistische Partei nicht vor wenigen Tagen die Schaffung der Räterepublik abgelehnt, hat sie nicht, und mit Recht, ihren frühen Zusammenbruch, die unglückseligen Folgen für die Arbeiterschaft prophezeit, welche neuen politischen Ereignisse bestimmen sie, die Macht zu erobern? Die Lage ist die gleiche wie vor einigen Tagen, eher aussichtsloser. Nur wollte damals die Kommunistische Partei nicht als Minderheit in einer Regierung vertreten sein, sie forderte, obgleich sie die Arbeiterschaft nicht führte, die Führung der Regierung, das Diktat ihres politischen Willens, diesen Machtanspruch hoffte sie jetzt durchzusetzen.

Wie ich in den Mattäserkeller eintrete, spricht Leviné. Die Räterepublik sei eine Scheinräterepublik, die Regierung sei unfähig, man müsse sie stürzen, anstelle des Zentralrats einen neuen Rat wählen, der die Macht übernehmen werde.
Die Versammlung stimmt Leviné zu.
Ich melde mich zum Wort, der Vorsitzende will es mir nicht geben, ich wende mich an die Versammlung, sie fordert, daß man mich sprechen lasse. Der Zentralrat, der abgesetzt werden soll, wurde vom Kongreß der Arbeiter-, Bauern- und

Soldatenräte Bayerns gewählt, die Delegierten des Landes sind darin vertreten, die Regierung stützt sich auf den Bauernbund, auf weite Kreise der Bauernschaft.

– Wenn ihr heute eure politische Haltung revidiert habt, rufe ich den Kommunisten zu, und glaubt, daß nur die unfähige Regierung an der Verfahrenheit schuld sei, liegt es an euch, durch eure Mitarbeit die Revolution zu retten. Wenn ihr uns stürzt, eine neue Regierung bildet, und die Bauern nicht mittun, was wollt ihr beginnen, wie wollt ihr München ernähren?

– Wir werden es wie in Rußland halten, antwortet Leviné, wir werden den Klassenkampf aufs Dorf tragen, wir werden durch Strafexpeditionen die Bauern zwingen, Korn und Milch zu liefern.

– Diese Strafexpeditionen erzielten nicht einmal in Rußland Erfolge, in Bayern würde solches Beginnen zu völligem Fiasko führen. In Bayern könnt ihr euch nicht auf die Dorfarmut stützen, selbst die niederbayerischen Gütler sind keine russischen Muschiks, der bayerische ist nicht der russische Bauer, er ist bewaffnet, er wird sich wehren, wollt ihr auf die Dörfer ziehen und um jeden Liter Milch eine Schlacht liefern?

Die Versammlung stimmt mir zu.

Wieder spricht ein Kommunist, wieder lassen sich die Obleute umstimmen. Der Sekretär der Kommunistischen Partei soll ins Wittelsbacher Palais gehen, er soll die Regierung verständigen – daß sie gestürzt sei.

Die Versammlung wählt eine neue Regierung, ich kenne, außer den kommunistischen Führern, keins der neuen Mitglieder. Einige werden darum berufen, weil sie das sozialdemokratische Parteibuch haben, denn jetzt ist rühmenswerte Tugend, was bei uns Verbrechen war, die Mitarbeit von Sozialdemokraten. Ob diese Männer fähig oder unfähig sind, ob sie Einfluß in ihrer Partei haben, ist gleichgültig.

Die Versammlung beschließt, in Permanenz zu tagen, sie billigt ein Manifest, das die Arbeiterschaft Münchens zum Generalstreik aufruft und die Entwaffnung der Münchener Regimenter und der Münchener Polizei fordert.

Die neuernannte Regierung verläßt den Saal. Ich muß bleiben, ich bin verhaftet.

Kuriere kommen und gehen, Komitees organisieren sich, Vollmachten werden geschrieben und gestempelt, den Stempel des neuen Rats hatte man vorsorglich schon mitgebracht.
An den Tischen sitzen die Menschen, schläfrige Kellner bringen Bier und Wurst. Leiser werden die Stimmen, müder die Gesten, die Luft hängt schwer und rauchig über den Köpfen.
Um zwei Uhr nachts tost von draußen Lärm, alle Türen knallen auf, Soldaten der republikanischen Schutztruppe stürmen mit erhobenen Revolvern in den Saal. Der Führer der Truppe bahnt sich durch die Menge einen Weg und springt auf mich zu, ich weiche zurück, er schreit mich an:
– Wir kommen dich befreien!
Die Menge weiß nicht, ob der Überfall ihr gilt oder mir. Da dreht sich der Truppenführer mit schußbereiten Revolvern zur Menge:
– Hände hoch! Verlaßt sofort den Saal! Nach dreimaligem Trommelwirbel wird geschossen!
Schon dröhnt der erste dumpfe Trommelwirbel, die Menge ist von Soldaten zerniert, hundert Gewehrläufe richten sich drohend auf den Saal, einige Arbeiter eilen zu den Fenstern, öffnen sie und springen hinaus, die meisten aber bleiben.
– Schießt, wenn ihr die Courage habt!
Ich packe den Führer.
– Sind Sie wahnsinnig? Widerrufen Sie sofort den Befehl!
– Nein.
– Dann werde ich es tun.
Zitternd vor Wut hält mir der Soldat den Revolver vor die Nase, schon spreche ich zur Versammlung:
– Niemand wird auf euch schießen.
Die Soldaten ziehen ab, ich begleite sie zur Stadtkommandantur.
– Die Truppen wissen, sagt mir der Stadtkommandant, daß man sie entwaffnen will, alle Kasernen sind alarmiert, die Soldaten haben sich verschanzt, beim ersten Versuch der Arbeiter, die Kasernen zu erstürmen, wird scharf geschossen, München wird heute das furchtbarste Blutbad erleben.
Als ich die Stadtkommandatur verlasse, ist es sechs Uhr, ich sehe die ersten Trambahnen, die Straßenbahner sind der Streikparole nicht gefolgt.

Ich fahre zu Maffei und Krupp und spreche in Betriebsversammlungen, die Arbeiter lehnen den Marsch auf die Kasernen ab. Auch die anderen Fabriken folgen nicht der kommunistischen Parole.
Die neue Regierung löst sich auf, einige Stunden später erinnert sich niemand mehr an sie, nicht einmal die Kommunistische Partei.

In München bekämpfen sich die Revolutionäre, in Nordbayern sammelt sich der Gegner. Der Rechtssozialist Schneppenhorst, der vor einer Woche noch seinen Kopf für die Verteidigung der Räterepublik verpfändete, formiert Truppen gegen uns.
Die inneren Kämpfe in München müssen beendet werden. Der Zentralrat fordert die Kommunisten noch einmal auf, jetzt, da die Räterepublik bedroht ist, die Revolution zu verteidigen. Die Kommunistische Partei entsendet Delegierte in den Zentralrat – zu spät.

Die Räterepublik läßt sich nicht halten, die Unzulänglichkeit der Führer, der Widerstand der Kommunistischen Partei, der Abfall der Rechtssozialisten, die Desorganisation der Verwaltung, die zunehmende Knappheit an Lebensmitteln, die Verwirrung bei den Soldaten, alle diese Umstände müssen den Sturz herbeiführen und der sich organisierenden Konterrevolution Kraft und Elan geben.
In meiner politischen Unerfahrenheit wage ich nicht, der Arbeiterschaft die Situation schonungslos darzustellen.

Am Sonnabend, am 12. April, klingelt das Telephon.
– Ist Toller am Telephon? fragt eine Stimme.
– Ja. Wer spricht?
– Das ist gleichgültig, ich will Sie warnen, ein Putsch gegen die Räterepublik bereitet sich vor.
Knacken im Telephon. Auf meine Rufe antwortet niemand. Unsere Lage ist zu bedrohlich, als daß ich diese telephonische Warnung überhören dürfte. Ich alarmiere nachts die Belegschaften der großen Fabriken.
Aus einem vagen Gefühl gehe ich nicht nach Haus, sondern schlafe in der Wohnung eines Freundes.

Morgens weckt mich seine Stimme, er steht am Telephon, er gibt mir ein Zeichen, er wiederholt die Worte, die ihm ein Bekannter, der Rechtsanwalt Kaufmann, sagt:
– Putsch gegen die Räterepublik geglückt... Truppen der Regierung Hoffmann haben den Bahnhof eingenommen... alle Mitglieder des Zentralrats sind verhaftet... Mühsam... Hagemeister... Wadler... nur Toller und Leviné werden noch gesucht, wir sind ihnen schon auf der Spur.
Mein Freund hängt den Hörer ein.
Da schrillt die Türklingel.
Mein Freund erschrickt und sieht mich an. Sie haben mich gefunden, denke ich und suche einen Weg, zu entkommen.
– Zur Flucht ist es zu spät, sagt mein Freund.
Wieder schrillt die Klingel.
– Hinter dem Bücherschrank ist eine kleine Kammer, laß uns rasch den Schrank fortrücken.
Wir tun's, ich verberge mich in der Kammer, mein Freund rückt den Schrank vor die Tür.
Nach einer Weile befreit er mich aus meinem Versteck.
– Du hast Glück, sagt er, zwar ist ein Leutnant da, aber der kommt gerade aus der Türkei und will nichts mehr von der Monarchie wissen, seit Wilhelm nach Holland geflohen ist. Außerdem sucht er keine Sozialisten, sondern eine Frau, und die linke und die rechte Politik sind ihm gleich verhaßt. Wenigstens bringt er Neuigkeiten.
Die Regierung Hoffmann, erzählt der Offizier, habe mit Hilfe einiger Münchener Sozialdemokraten die republikanische Schutztruppe gewonnen, jedem Mann seien 300 Mark versprochen, die Soldaten hätten nachts den Bahnhof und die Regierungsgebäude besetzt, sie beherrschten die Stadt, die Räterepublik habe ein unrühmliches Ende gefunden.

Aber die Arbeiter, zu schwach die Revolution aufzubauen, wollen den Weißen nicht kampflos die Stadt lassen, sie versammeln sich auf der Theresienwiese, die revolutionären Truppen schließen sich ihnen an, die Kämpfe beginnen.

In den Stunden, in denen ich an den Kämpfen teilnahm, versammelten sich die Betriebsräte, sie glaubten, alle Mitglie-

der des alten Zentralrats seien verhaftet und wählten einen neuen Zentralrat, die Kommunisten beherrschen ihn.
Ich gehe zur Stadtkommandantur, wo der neue Rat tagt. Bevor ich etwas sagen kann, werde ich verhaftet. »Jetzt haben wir den König von Südbayern«, ruft Levien. Mögen die Arbeitermassen einig sein, die Parteiführer bekämpfen sich weiter. Man glaubt, daß ich als Vorsitzender des alten Zentralrats dem neuen gefährlich werden könne, erst nach wortreichem Hin und Her werde ich entlassen.

Die »Scheinräterepublik«, wie die Kommunisten sie nannten, ist zugrunde gegangen, die »wahre« Räterepublik beginnt ihr Werk.
Kaum eine Woche ist vergangen, seit die Kommunistische Partei erklärt hat, diese Räterepublik könne nicht lebensfähig sein, die inneren und äußeren Bedingungen fehlten, die Arbeiterschaft sei nicht reif, die Lage im übrigen Deutschland denkbar ungünstig, die Übernahme der Regierung nur ein Dienst für die Reaktion. Der Sieg der Arbeiter wirft alle Bedenken der Kommunisten über den Haufen, der bewaffnete Kampf habe die Einheit des Proletariats geschaffen, im Gegensatz zur Scheinräterepublik sei diese Räterepublik das Werk der Massen, die Kommunistische Partei als revolutionäre Kampfpartei gehöre in diesem Augenblick an die Spitze der Kämpfe.
Kommissionen werden gewählt, sie sollen die rote Armee neu organisieren, die Gegenrevolution bekämpfen, das Finanz- und Wirtschaftswesen aufbauen, die Lebensmittelversorgung regeln. Die Polizei wird aufgelöst, die rote Garde übernimmt den Sicherheitsdienst der Stadt. Der Oberbefehl über die rote Garde wird dem Kommunisten Eglhofer übertragen. Eglhofer war einer der Führer der Kieler Matrosenrevolte im Herbst 1918, man ließ die Matrosen antreten, jeder zehnte, auch Eglhofer, wurde zum Tode verurteilt, später wurde er zu lebenslänglichem Zuchthaus begnadigt, die Novemberrevolution hatte ihn befreit. Organisatorische Fähigkeiten fehlten ihm, so war er auf einen Stab von Mitarbeitern angewiesen, die er wahllos heranzog.
Die erste populäre Handlung der Regierung ist die Beschlag-

nahme der gehamsterten Lebensmittel, es bleibt bei der Beschlagnahme. Die bürgerlichen Zeitungen dürfen nicht mehr erscheinen, zum Regierungsorgan wird das Mitteilungsblatt des Vollzugsrats der Betriebs- und Soldatenräte bestimmt. Die Betriebe arbeiten nicht, der Generalstreik mit unbestimmter Dauer ist verkündet.

In Bamberg hat die Regierung Hoffmann das bayerische Volk zu den Waffen gerufen und von der Reichsregierung in Weimar militärische Hilfe erbeten. Zwei Armeekorps rükken in Nordbayern ein. Die Berliner Zeitungen bringen Schreckensnachrichten über München, der Bahnhof, so heißt es, sei in Trümmer geschossen, in der Ludwigstraße würden die Bürger zusammengetrieben und bildeten lebendige Ziele für die Schießübungen der roten Garde, Gustav Landauer, der der Räteregierung gar nicht mehr angehört, habe den Kommunismus der Frauen eingeführt.
In München ist es ruhig. Das Revolutionstribunal schreckt mehr durch seine Ankündigung als durch Taten, niemand wird zum Tode verurteilt, niemand erschossen, niemand beraubt oder mißhandelt.

Vor einem Jahr, als man mich beim Streik verhaftete, weigerte ich mich, die Uniform anzuziehen und Waffen zu tragen. Ich haßte die Gewalt und hatte mir geschworen, Gewalt eher zu leiden als zu tun. Durfte ich jetzt, da die Revolution angegriffen war, diesen Schwur brechen? Ich mußte es tun. Die Arbeiter hatten mir Vertrauen geschenkt, hatten mir Führung und Verantwortung übertragen. Täuschte ich nicht ihr Vertrauen, wenn ich mich jetzt weigerte, sie zu verteidigen, oder gar sie aufrief, der Gewalt zu entsagen? Ich hätte die Möglichkeit blutiger Folgen vorher bedenken müssen und kein Amt annehmen dürfen.
Wer heute auf der Ebene der Politik, im Miteinander ökonomischer und menschlicher Interessen, kämpfen will, muß klar wissen, daß Gesetz und Folgen seines Kampfes von anderen Mächten bestimmt werden als seinen guten Absichten, daß ihm oft Art der Wehr und Gegenwehr aufgezwungen werden, die er als tragisch empfinden muß, an denen er, im tiefen Sinn des Wortes, verbluten kann.

Im Karlsfelder Gasthaus sind die Vertrauensleute der Münchener Arbeiter versammelt.
– Der Toller soll die Führung übernehmen! ruft einer.
– Von einem Geschütz? antworte ich. Ich denke daran, daß ich im Krieg Artillerieunteroffizier war.
– Na, vom Heer, ruft ein alter weißhaariger Krupparbeiter. Ich sträube mich und versuche zu erklären, daß ein Heerführer andere Fähigkeiten braucht.
– Oana muaß sein Kohlrabi herhalten, sonst gibts an Saustall, und wennst nix vastehst, wirst es lerna, die Hauptsach is, dich kennen wir.
So werde ich Heerführer.
In den Reihen der Arbeiter finde ich einige junge Offiziere, die in der alten kaiserlichen Armee gedient haben. Ein »Generalstab« wird gebildet, die Arbeiter werden in Bataillone gegliedert, Stellungen vor Dachau bezogen, der Feind hält Dachau besetzt.
– Ein Generalstab braucht Karten, sagt der Chef der Infanterie, ein neunzehnjähriger Student.
– Recht hat er, sagt ein Bierbrauer, der im Krieg Gefreiter war.
In den frühen Morgenstunden fahre ich mit dem Chef der Infanterie zum Kriegsministerium nach München. Auch die reaktionären Offiziere im Kriegsministerium wußten, daß ein Generalstab Karten braucht, sie haben vorsorglich die Geländekarten von Dachau beiseite geschafft.

Die Weißen schicken als Parlamentäre einen Oberleutnant und einen Soldatenrat. Wir verhandeln nur mit dem Soldatenrat. – Kamerad, du kämpfst gegen Kameraden, du gehorchst denen, die dich bedrückt haben, unter denen du gelitten, gegen die du dich im November aufgelehnt hast.
– Und ihr? antwortet er. Was habt ihr aus München gemacht? Ihr mordet und plündert.
– Wer sagt das?
– Unsere Zeitungen schreiben so.
– Willst du dich überzeugen? Du darfst nach München fahren, niemand wird dir etwas tun, du kannst dich umschauen und sehen, daß du belogen wirst.

Der Offizier, wütend und ungeduldig, fährt den Soldatenrat an:
– Keine Antwort! Kein Wort weiter!
– Ach, ihr seid schon wieder soweit!
Der Offizier steht auf, drängt hinaus, der Soldatenrat flüstert mir zu:
– Wir schießen nicht auf euch.

Nachmittags um vier Uhr krachen Geschütze. Haben die Weißen die Vereinbarung gebrochen?
Unsere eigenen Geschütze hatten geschossen, auf Befehl eines unbekannten Soldatenrats.
Einer unserer Parlamentäre kommt von Dachau zurück, der Kommandant habe ihm gedroht, die beiden anderen Parlamentäre an die Wand zu stellen, sie verdienten kein anderes Schicksal, da die rote Armee durch den Bruch des Waffenstillstands ehrlos gehandelt hätte.
Ich trage als Führer der Truppen die Verantwortung für das Leben unserer Leute, ich entschließe mich, im Auto nach Dachau zu fahren und selbst den Vorfall zu klären.

Das Auto erreicht unsere vorderste Linie, ich sehe keine Soldaten. Wir fahren weiter, erreichen die Barrikaden, die die Weißen auf der Chaussee nach Dachau errichtet haben. Sie sind zerstört. Plötzlich wird das Auto von Maschinengewehr- und Infanteriefeuer bestrichen.
– Weiterfahren! rufe ich dem Chauffeur zu.
Ich sehe unsere Truppen in Schützenlinien vormarschieren.
– Wer hat den Befehl gegeben? frage ich einen Zugführer.
– Ein Kurier.
Auf den Gedanken, daß der Vormarsch das Werk eines Provokateurs war, komme ich nicht, erst später erfahre ich, daß der Soldatenrat Wimmer, der bei der Einnahme Münchens mit den weißen Truppen einzog, eigenmächtig, um Verwirrung zu schaffen, Kanonade und Angriff befahl.
Was soll ich tun? Mitten im Gefecht den Rückzugsbefehl geben ist nicht möglich, jetzt heißt es, die vormarschierenden Truppen unterstützen.
Ich fahre nach Karlsfeld zurück, schicke Reserven den Kämpfenden nach und schließe mich einem Trupp an.

Das Feuer von drüben verstärkt sich.
Meine Gruppe zaudert, sie verlangt Artillerie zur Unterstützung, ich weigere mich, den Befehl zu erteilen, springe mit ein paar Freiwilligen vor, die anderen folgen, wir erreichen unsere Infanterie, wir stürmen Dachau.

Als das Gefecht einsetzt, stürzen sich die Arbeiter und Arbeiterinnen der Dachauer Munitionsfabrik auf die weißen Soldaten, am entschlossensten sind die Frauen. Sie entwaffnen die Truppen, treiben sie vor sich her und prügeln sie aus dem Dorf hinaus. Der Kommandant der Weißen rettet sich auf einer Lokomotive. Unsere Parlamentäre, deren Erschießung schon befohlen war, retten sich im Durcheinander der Flucht.
Fünf weiße Offiziere und sechsunddreißig Soldaten werden gefangen. Unsere Truppen besetzen die Stadt.
Ich, der »Sieger von Dachau«? Die Arbeiter und Soldaten der Räterepublik haben den Sieg erfochten, nicht ihre Führer. Ohne Unterschied der Partei eilten sie herbei, die Revolution zu schützen, auch sozialdemokratische, auch parteilose Arbeiter, sie warteten auf keine Parole, die einheitliche Front der Werktätigen formierte sich in der Tat.

Die Weißen ziehen sich bis nach Pfaffenhofen zurück. Eglhofer sendet einen Kurier, die gefangenen Offiziere sollten sofort vor Standgerichte gestellt und erschossen werden. Ich zerreiße den Befehl, Großmut gegenüber dem besiegten Gegner ist die Tugend der Revolution, glaube ich.
Die gefangenen Soldaten dürfen frei umhergehen, sie werden verpflegt wie unsere Truppen, es sind irregeleitete Brüder, sie werden die Gerechtigkeit unserer Sache erkennen, sie werden sich überzeugen, daß sie belogen wurden, sie dürfen frei sich entscheiden, ob sie bei uns bleiben oder in die Heimat zurückkehren wollen.
Mögen die Gesetze des Bürgerkriegs noch so brutal sein, ich weiß, die Konterrevolution hat in Berlin rote Gefangene ohne Schonung gemordet, wir kämpfen für eine gerechtere Welt, wir fordern Menschlichkeit, wir müssen menschlich sein.

Die gefangenen Soldaten, die in die Heimat zurückkehrten, kämpften einige Tage später wieder gegen uns.

Wir beziehen in Dachau Quartiere. Im Stab arbeiten frühere Offiziere der kaiserlichen Armee.
Autorität und blinder Gehorsam regierten das kaiserliche Heer, auf Freiwilligkeit und Einsicht soll die rote Armee sich gründen, wir dürfen den alten verhaßten Militarismus nicht übernehmen, der rote Soldat darf keine Maschine sein, er hat erkannt, daß er für seine Sache ficht, sein revolutionärer Wille wird die notwendige Ordnung schaffen.
Ach, der deutsche Arbeiter war zu lange an Gehorsam gewöhnt, er will gehorchen, Brutalität hält er für Stärke, autoritäre Herrengeste für Führertum, Ausschaltung eigener Verantwortlichkeit für Disziplin, vermißt er die gewohnten Ideale, glaubt er, das Chaos breche an.
Soldaten, die vier Jahre lang für die Sache der Monarchie sich blind geopfert, die den Schrecken des Krieges, Hunger und Not ertragen haben, werden, da sie für ihre eigene Sache kämpfen, nach wenigen Tagen unzufrieden, weil die rote Front nicht so gut organisiert ist wie die kaiserliche Kaserne.
Etwa zweitausend Mann haben Dachau gestürmt, nach drei Tagen sind tausend nach München zurückgekehrt. Wir sind gezwungen, die eigenmächtigen Urlauber aufzuhalten, wir müssen Regeln der alten militärischen Disziplin einführen, um die Truppenkadres nicht zu schwächen, wir müssen den Schankwirten verbieten, den Soldaten Alkohol zu verkaufen.
Der Instinkt für Freiheit und Freiwilligkeit ist verschüttet und gebrochen. Jahre wären nötig, um die Laster des Militarismus zu überwinden. Der alte Staat war stark durch das Untertanentum seiner Bürger, gezüchtet in Schulen, Kasernen, Vereinen, Zeitungen, die neue Gesellschaft kann nur durch freie Menschen aufgebaut werden, Untertanengesinnung untergräbt sie.

Am 16. April hatte Gustav Landauer an den Aktionsausschuß geschrieben:

»Ich habe mich um der Sache der Befreiung und des schönen Menschenlebens der Räterepublik weiter zur Verfügung gestellt... Sie haben meine Dienste bisher nicht in Anspruch genommen. Inzwischen habe ich Sie am Werke gesehen, habe Ihre Aufklärung, Ihre Art, den Kampf zu führen, kennengelernt. Ich habe gesehen, wie im Gegensatz zu dem, was Sie »Scheinräterepublik« nennen, Ihre Wirklichkeit aussieht. Ich verstehe unter dem Kampf, der Zustände schaffen will, die jedem Menschen gestatten, an den Gütern der Erde und der Kultur teilzunehmen, etwas anderes als Sie. Der Sozialismus, der sich verwirklicht, macht sofort alle schöpferischen Kräfte lebendig: in Ihrem Werke aber sehe ich, daß Sie auf wirtschaftlichem und geistigem Gebiete, ich beklage, es sehen zu müssen, sich nicht darauf verstehen. Es liegt mir fern, das schwere Werk der Verteidigung, das Sie führen, im geringsten zu stören. Aber ich beklage aufs schmerzlichste, daß es nur noch zum geringen Teil mein Werk, das Werk der Wärme und des Aufschwungs, der Kultur und der Wiedergeburt ist, das jetzt verbreitet wird.«

Die Folgen des zehntägigen Generalstreiks zeigen sich, Kohle fehlt, Geld fehlt, die Lebensmittel werden knapp, bisher lieferten die Bauern täglich 150 000 Liter Milch nach München, jetzt nur noch 17 000 Liter, ein Edikt der Regierung verbietet das Verarbeiten der Milch zu Butter und Käse und bezeichnet es als konterrevolutionäre Handlung.

Wie immer in der deutschen Revolution bleiben die großzügigen sozialistischen Wirtschaftspläne Papier, die Unzufriedenheit der Arbeiter wächst, sie haben gehofft, die Revolution werde ihnen rasche Hilfe bringen, daß sie politische Machtträger wurden, genügt nicht, sie wollen die Besserung des Alltags verspüren.

Die Widersprüche innerhalb der Regierung bleiben nicht verborgen.

Der Finanzkommissar Männer, Finanzkommissar, weil er Bankbeamter mit roter Gesinnung war, weigert sich, die Anordnungen des politischen Kommissars, den man ihm beigegeben hat, durchzuführen. In den Kommissionen sitzen manche Männer von zweifelhaften Kenntnissen und zweifel-

haftem Charakter. Polizeipräsidenten, Kommissare, Beamte wechseln, weil sie sich unfähig zeigen. Im Beginn jeder Revolution drängen sich unlautere Menschen in verantwortliche Stellen, erst wenn die Revolution sich festigt, findet sie die Kraft, sie auszumerzen.
Gerade der erfahrene Arbeiter scheute die Übernahme verantwortlicher Posten, vielleicht hatte er darum kein Vertrauen zu sich, weil die schwächlichen Führer so lange kein Vertrauen zu ihm hatten. Immer war er bereit, Führung und Amt dem ersten Besten, dem ersten Schlechtesten zu übertragen, er hatte Mut, für die Revolution zu sterben, die Barrikade revolutionären Lebens fand ihn kleinmütig und furchtsam.

Entscheidenden politischen Einfluß gewinnen einige Russen, einzig darum, weil ihr Paß sie als Sowjetbürger ausweist. Das große Werk der russischen Revolution verleiht jedem dieser Männer magischen Glanz, erfahrene deutsche Kommunisten starren wie geblendet auf sie. Weil Lenin Russe ist, trauen sie ihnen dessen Fähigkeiten zu. Das Wort »In Rußland haben wir es anders gemacht« wirft jeden Beschluß um.
Den gleichen verhängnisvollen Einfluß haben einige Frauen, die ein paar Wochen in Sowjetrußland zu Besuch waren, sie stützen sich auf ihre touristischen Erfahrungen und glauben, weil sie die revolutionäre Wirklichkeit flüchtig sahen, nun damit die Eignung zu strategischen Leiterinnen aller künftigen Revolutionen erworben zu haben. Und Männer, die seit Jahren in der sozialistischen Bewegung arbeiten, beugen sich, ohne zu zögern, mit befremdlicher Freude, ihren Phrasen, ihren Allerweltsrezepten.

Der Bamberger Regierung wird es anfangs nicht leicht, bayerische Freiwillige zum Marsch gegen München zu gewinnen, die Arbeiter weigern sich, auf die Soldaten ist kein Verlaß, selbst die Bauern schließen sich nur spärlich den Freikorps an. Da setzt die Propaganda ein, Schauergeschichten über die Pläne der Münchener Regierung werden verbreitet, den Bauern wollte sie Haus und Vieh rauben, den Bürgern

die Sparpfennige wegnehmen, die Familie zerstören, die Priester ermorden, die Klöster plündern. Die Wirkung solcher Propaganda steigert man durch das Versprechen hoher Kampfzulagen.
Die Regierung muß Hilfe vom Reich erbitten, als erste kommen die Württemberger, sie nehmen Lindau und Augsburg und stoßen vom Westen her gegen München vor.
Bald sind die Generale die politischen Herren, die Bamberger Regierung wird ihr Werkzeug.

Etwa hunderttausend Soldaten sind gegen München aufgeboten, wir verfügen über wenige tausend.
Das ist die Frage: sollen wir die militärische Entscheidung herbeiführen, oder dem Kampf ausweichen? Sollen wir zwei Schritte zurückgehen, um später, gesammelter und reifer, einen Schritt vorwärts gehen zu können. Wir haben kein Recht, die Arbeiterschaft zu einem Kampf aufzurufen, der zur sicheren Niederlage, zu sinnlosem Blutvergießen führt. Solange der Gegner nicht weiß, wie schwach wir sind, solange wir noch einen Schein von Macht besitzen, müssen wir für die Arbeiterschaft retten, was zu retten ist.
Auch die Kommunisten wissen, daß unsere Lage unhaltbar ist, aber sie dringen auf militärische Entscheidung, jede Verhandlung mit der Bamberger Regierung sei Verrat, sie erhoffen von der Niederlage mächtige revolutionäre Antriebe, sie glauben, durch die Niederlage werde das Proletariat reifer und aktiver. Aber das Volk hatte allzu viele Niederlagen ertragen. Leiden, Elend und Unterdrückung wirken nur so lange als revolutionäre Antriebe, wie sie im Menschen die Überzeugung wecken, daß seine Lage nicht notwendig sei, und daß er sie zu ändern vermöge. Werden sie zur Gewohnheit oder scheinen sie übermächtige, unüberwindliche Gewalten, wird der Mensch Spielball jedes Scharlatans, der ihm verheißt, das himmlische Reich auf Erden herbeizuzaubern Söldner und Landsknecht jedes Freibeuters, der ihm das Brot für den nächsten Tag bezahlt.
Ich trete von meinem Amt als Truppenkommandant zurück, ich kann es nicht mehr verantworten, mit dem Vollzugsrat und dem Generalstab, deren Politik ich verwerfe, zusammen-

zuarbeiten. Die Betriebsräte erfahren nichts über die wahren Vorgänge, es ist gefährlich, länger zu schweigen.

In der Versammlung der Betriebsräte am 26. April steigern sich die Gegensätze zum offenen Konflikt, nach einem Mißtrauensvotum treten Aktionsausschuß und kommunistischer Vollzugsrat zurück, die Betriebsräte bilden aus ihren Reihen eine neue Regierung, aber die Kommunisten fordern die Arbeiter auf, den Anordnungen dieser neuen Regierung nicht zu folgen, die kommunistischen Wachen im Wittelsbacher Palais weigern sich, sie zu schützen.
So amtieren zwei Regierungen in München. Der Kampf der Revolutionäre untereinander wird wütender von Stunde zu Stunde.

Menschenleer sind die Straßen der Stadt am 30. April. Noch verkriechen sich die Bürger in ihren Häusern, noch marschieren kleine Abteilungen von Rotgardisten und bewaffneten Arbeitern durch die Stadt, noch wehen auf dem Wittelsbacher Palais und auf dem Kriegsministerium rote Fahnen, noch läuten wimmernd die Sturmglocken und verscheuchen verängstigte Frauen von Gassen und Märkten. Nur die Kinder freuen sich an den umherjagenden Militärautos, sie ahmen die Großen nach, sie spielen rote Armee, sie besiegen den Feind, sie erobern Städte und machen Gefangene, sie rufen »Hoch die Roten!« und »Nieder die Weißen!«, sie verhaften Konterrevolutionäre und sperren sie triumphierend in Schuppen und Keller. Furchtbar sind diese kindlichen Spiele anzuschauen, furchtbarer ist die Wirklichkeit.
Die rote Garde hat in den letzten Tagen planlos Menschen verhaftet, wir müssen sie befreien, ich telephoniere an die Gefängnisse, die Verzweiflungstaten der Pariser Kommune dürfen sich nicht wiederholen.
Die Parlamentäre, die der Aktionsausschuß zu der Regierung Hoffmann entsandt hat, kehren zurück, die Generale fordern die bedingungslose Übergabe der Stadt und die Auslieferung aller Führer, sie wissen, daß die Betriebsräte diese Bedingungen nicht annehmen können.
Das gegenseitige Mißtrauen in den Reihen der Revolutionäre ist so groß, daß manche nicht mehr wagen, in ihren Wohnun-

gen zu schlafen, einer sieht im andern den Feind, einer fürchtet, vom andern verhaftet zu werden.

Abends versammeln sich die Betriebsräte zum letzten Mal, ohnmächtig sehen sie dem Ende entgegen, ihre Macht ist dahin, die Arbeiterschaft zerfallen, die rote Armee in Auflösung, sie fordern das Proletariat Münchens auf, die Waffen niederzulegen, schweigend den Einmarsch der Weißen hinzunehmen – die Revolution ist besiegt.
Da stürzt ein Mann aufs Podium, ruft, daß im Luitpoldgymnasium neun Gefangene erschossen sind, Bürger der Stadt München. Entsetzen packt die Versammlung. Diese Arbeiter, die wissen, daß sie vielleicht morgen schon an die Wand gestellt werden, erheben sich schweigend von ihren Sitzen, wann je haben die Weißen ähnlich auf die Kunde von der Erschießung gefangener Arbeiter geantwortet?
Welche Folgen mag diese Verzweiflungstat haben, Hunderte von Menschen auf unserer Seite werden dafür büßen.

Ich laufe ins Luitpoldgymnasium, die Besatzung hat es schon verlassen. Ein paar junge Burschen finde ich und zwei frühere russische Gefangene, die zur roten Armee übergetreten sind. Ich rate jenen, sich davonzumachen, diesen, sich der Uniform zu entledigen und sich zu verbergen. Den Russen halfen keine Alltagskleider, einen Tag später waren sie vogelfrei, Freiwild jedes tollgewordenen Spießers. Ein Münchener alldeutscher Verleger rühmte sich später in einer christlichen Zeitung, daß sie ihm, vor einer Kiesgrube aufgestellt, als lebendige Schießscheiben gedient hätten. Allein in einem Vorort Münchens wurden mehr als zwanzig Russen getötet.
Hinter einer verschlossenen Türe höre ich Schreie.
– Da sind noch Gefangene, sagt einer.
– Wo ist der Schlüssel zur Tür?
Niemand weiß es.
Wir rütteln am Schloß, die Tür gibt nicht nach, wir schlagen sie ein.
Das Schreien und Weinen wird greller und trostloser, plötzlich verstummt es. Die Tür bricht auf, drinnen in den Winkeln hocken und knien sechs Menschen in Todesangst.

Da wir ihnen sagen, daß wir nicht gekommen sind, sie zu erschießen, sondern sie zu befreien, wollen sie es nicht glauben.
Wen hat man da gefangen gesetzt? Keine Führer der Konterrevolution, kleine armselige Menschen, ein alter Dienstmann ist darunter, der, weil es regnete, ein Plakat der roten Garde von der Litfaßsäule riß, um es über seinen Karren zu decken, ein Hotelwirt, den ein entlassener Kellner denunziert hat, ein unzufriedener Arbeiter.

Ein Soldat führt mich zu dem Schuppen, in dem die Erschossenen liegen, nicht Geiseln, wie später die Zeitungen lügen, acht waren Mitglieder der völkischen Thule-Gesellschaft, man hatte bei ihnen gefälschte Stempel der Räteregierung gefunden und faksimilierte Unterschriften ihrer Führer. Als die Kunde kam, daß die weißen Truppen jeden gefangenen Rotarmisten, ja selbst Sanitätsmannschaften gnadenlos töten, hatte der Kommandant des Luitpoldgymnasiums ohne Wissen eines verantwortlichen Führers den Befehl zu ihrer Erschießung erteilt. Eine Frau ist unter den Toten, ein jüdischer Maler. Ich zünde ein Streichholz an und sehe im trüben flakkernden Licht die unheimlichen Gestalten.
Der Soldat erzählt mir, wie sie gestorben sind, aufrecht und ohne Furcht, einer hat sich eine Zigarette angesteckt und ist mit der Zigarette im Mund an die Mauer gegangen.

Aus einem anderen Schuppen blinkt ein Lichtschein, zwischen Proviantsäcken und Kisten sitzt unser Dachauer Zahlmeister hinter seinen Büchern.
– Ich bringe die Bücher in Ordnung, sagt er, die Weißen sollen uns nicht vorwerfen, daß wir Revolutionäre die Bücher unordentlich führen, ein Posten von 50 Pfennigen stimmt nicht, ich muß den Fehler finden, stör mich nicht.
Er rechnet weiter.
Hier sitzt der deutsche Revolutionär, gutmütig und ahnungslos, addiert Zahlen und kontrolliert Vorräte, damit alles seine Ordnung habe, wenn er erschossen wird.
– Wenn dich die Weißen hier finden, wirst du an die Wand gestellt.

– Übernimmst du die Verantwortung, wenn ich gehe?
– Ja.
Traurig sieht er die nicht abgeschlossenen Konten, an der Tür wendet er sich noch einmal um, hastet zum Tisch, zieht mit einem Lineal einen Strich unter die Abrechnung, schreibt »Ein Posten von 50 Pfennigen ist nicht zu ermitteln«, dann geht er.
Ich muß noch in dieser Nacht dafür sorgen, daß die Leichen aus dem Luitpoldgymnasium geschafft werden, ihr Anblick wird Racheorgien der Weißen entfesseln, ich gehe zur chirurgischen Klinik, spreche mit dem Assistenten des Professor Sauerbruch und flehe ihn an, die Leichen sofort abholen zu lassen. Er hat es nicht getan.
Am nächsten Tag, nach dem Sieg der Weißen, erzählen Plakate und Zeitungen, man habe die Leichen verstümmelt aufgefunden, die abgeschnittenen Geschlechtsteile in Kehrichtfässern entdeckt. Als man zwei Tage später die Wahrheit verkündete, in den Fässern hätten Fleischteile geschlachteter Schweine gelegen, niemand sei verstümmelt worden, hatte die erbärmliche Lüge ihre Wirkung getan.

In breiten Schwarmreihen ziehen die Weißen in Schwabing ein, die Bürger haben die Fenster geöffnet, sie jubeln, sie überschütten die Soldaten mit Geschenken. Eine Frau in ärmlicher Kleidung läuft auf einen Offizier zu und reicht ihm eine Rose. Eine Gruppe Soldaten postiert sich vor der Kirche, unserem Haus gegenüber.
Der erste Mai.

Wladimir Iljitsch Lenin

Wir danken für die Begrüßung und begrüßen unsrerseits von ganzem Herzen die Räterepublik in Bayern. Wir bitten, Sie mögen uns häufiger und konkreter mitteilen, welche Maßnahmen Sie zwecks Bekämpfung der bürgerlichen Henker, der Scheidemänner und Kompagnie durchgeführt haben, ob Sie in Stadtbezirken Arbeiterräte und Hausangestelltenräte geschaffen haben, ob Sie die Bourgeoisie entwaffnet haben und die Arbeiter bewaffnet, ob Sie Kleiderlager und andere Warenlager beschlagnahmt, ob Sie speziell die Fabriken und die Reichtümer der kapitalistischen Landwirtschaftsunternehmungen in der Umgebung expropriiert, ob Sie die Hypotheken- und Pachtabgaben für die Kleinbauern abgeschafft haben, ob Sie die Löhne der Landarbeiter und der ungelernten Arbeiter verdoppelt und verdreifacht haben, ob Sie alles Papier und Druckereien für die Herausgabe populärer Flugblätter und Zeitungen für die Massen konfisziert haben, ob Sie den sechsstündigen Arbeitstag mit zwei- oder dreistündiger Beschäftigung auf Staatsverwaltungsgebiet eingeführt haben, ob Sie die Bourgeoisie gezwungen haben, weniger Raum zu bewohnen zwecks sofortiger Einführung der Arbeiter in reichen Wohnungen, ob Sie alle Banken in Ihre Hände genommen haben, ob Sie Geiseln aus der Bourgeoisie genommen haben, ob Sie höhere Lebensmittelrationen für die Arbeiter als für die Bourgeoisie eingeführt haben! Ob Sie alle Arbeiter für die Verteidigung der Räteregierung bis zum letzten Mann und die Ideenpropaganda in den umliegenden Dörfern mobilisiert haben? Durch restlose Durchführung solcher und ähnlicher Maßnahmen in großem Maßstabe mit Selbsttätigkeit der Arbeiterräte und Abgesandten(n) der Kleinbauernräte muß Ihre Lage befestigt sein. Es ist notwendig, der Bourgeoisie eine außerordentliche Steuer aufzuerlegen, um den Arbeitern, Landarbeitern, Kleinbauern sofort um jeden Preis eine tatsächliche Besserung ihrer Lage zu gewähren. Beste Grüße und Wünsche wirklicher Erfolge.

23. Februar. Vormittag zu Stemplinger gefahren und ihn gefragt, ob denn nicht wir Beamte streiken sollen. Er sagte: »Um Gottes willen nicht diese Dummheit machen, die Streikbrecher stehen schon vor der Tür: die warten ja nur darauf! Jetzt muß das alte Beamtentum auf seinem Posten stehen. Es wird noch manches zugrunde gehen, das humanistische Gymnasium wird bleiben und muß bleiben. Wer jetzt seinen Posten verläßt ist ein Deserteur, mögen seine Beweggründe noch so edel sein. Wenn die Roten die Gymnasien aufheben, müssen wir uns, gänzlich unbekümmert um unsere sonstige Gesinnung, sofort der Kirche zur Verfügung stellen, für die geistlichen Gymnasien. Dann ist eben Klerus und Bildung wieder identisch, wie im frühen Mittelalter.«
Die wildesten Gerüchte gingen gestern durch die Stadt. So hieß es, auch der Erzbischof sei ermordet. Heute hörte ich wieder, Auer lebe noch, seine Wunden seien aber lebensgefährlich. – Eisner hat immer wieder mit dem ihm eigentümlichen Pathos versichert: öfter als einmal könne er nicht ermordet werden. Ich glaube nicht, daß die Aufregung über seinen Tod echt ist. Durch seine Schaukelpolitik hatte er sich bei allen Parteien, auch bei den Unabhängigen und Spartakisten, verdächtig gemacht. Immerhin war er schon durch sein Alter und seine Rednergabe ein geborener Führer, und es ist fraglich, ob er ersetzt werden wird. Das gleiche gilt für Auer. Wer soll jetzt die Mehrheitssozialisten führen? Timm ist verdächtig wie jeder Sozialist, der in ein Ministerium eintritt, den Massen dadurch verdächtig wird. Das gleiche gilt von Segitz, der ein hervorragender Arbeiter in Kommissionen, aber kein Führer ist, Franz Schmitt hat die Unabhängigen gegen sich. Müller, ein eminent gescheiter Kopf, ist in der Schweiz und wird wenig Lust haben, dieses Inventar zu übernehmen. Damit steigen die Aussichten der Bayerischen Volkspartei. Heim lebt. Und wenn er getötet würde, wäre Schlittenbauer da, nach diesem Zahnbrecher, Speck; das alte Zentrum hat eine Menge tüchtiger Leute. Die Demokratie be-

treibt eigentlich ihre Selbstzerstörung. Sie führt sich selbst ad absurdum. Ich habe seinerzeit immer bei Sallust den Ausspruch gesucht, daß ein Reich durch die Mittel, durch die es gegründet worden, auch zugrunde gehe. Dieser Ausspruch steht nicht bei Sallust. Bei ihm heißt es: es e r h ä l t sich durch die Mittel, durch die es in die Höhe gekommen sei. Ich für meinen Teil bin für die radikalere Lesart. Militarismus geht durch Militarismus zugrunde, Gewalt durch Gewalt, Anarchie durch Anarchie. Es ist ein spannendes Schauspiel, als dessen Zuschauer uns unser Geburtsschein vorherbestimmt hat. Aber ich würde es vorziehen, wenn die Zeit langweiliger wäre. Der Vormärz war schöner als die Märzerrungenschaften.

Montag, 24. Februar. Ich höre, daß Männer, die sich die Unglücksstelle ansahen, von Soldaten gezwungen wurden, den Hut abzunehmen. Die Arbeiter, auch die Mehrheitssozialisten, sind zum Teil, sogar zum großen Teil, ganz behext von Eisner und sprechen von ihm, wie man von einem Heiligen oder Apostel spricht. Vielleicht schütten auch sie noch Wasser in ihren Wein. Innerhalb der sozialdemokratischen Parteien selbst scheint alles darunter und darüber zu gehen. Von einer Verschmelzung, von der die Rede war, ist noch nichts zu bemerken; und wenn sie wirklich eintreten sollte, würde sie nur von kurzer Dauer sein, und die besonnenen Sozialisten würden von den Spartakisten glatt an die Wand gedrückt. Am liebsten stellten sie sie jetzt schon an die Wand. Die Revolutionäre besetzten diesmal vor allem auch die vornehmsten Hotels. Vom Parkhotel, vom Regina-Palasthotel sah ich selbst die rote Fahne wehen. Sie weht auch von der Technischen Hochschule, wo ich heute Vorlesung halten wollte, aber nicht konnte, da sie bis Mittwoch einschließlich gesperrt ist. Am Samstag war die Parole ausgegeben worden, die Soldaten sollten in die bisher von ihnen gemiedenen vornehmsten Gasthäuser gehen, um zu zeigen, wer jetzt Herr sei. Dies wurde auch befolgt. Zu ihrem Erstaunen sahen die Gäste feiner Cafés und Weinwirtschaften ein Publikum auftauchen, das sonst nur beim Soller, beim Steyrer Hans und in ähnlichen Lokalen verkehrte, aber sie bezahlten ihre Zeche; sie haben ja genügend russisches Geld. Da hier außer der

»Neuen Zeitung« und der »Münchner Post« keine Zeitung erscheint, und die erschienenen nur sehr wenig Tatsächliches bringen, ist es ganz unmöglich, Bestimmtes über die wilden Gerüchte zu erfahren, die umgehen: ob wirklich im Herzogpark und in den feinen Vierteln Schwabings (Friedrichstraße zum Beispiel) soviel geplündert wurde; ob der Erzbischof geflohen ist oder in Schutzhaft, wer die Geistlichen sind, von denen ein Plakat spricht; ob wirklich auf dem Oberwiesenfeld eine Anzahl Offiziere standrechtlich erschossen wurde; ob nachts heimkehrende Offiziere ohne weiteres erschossen wurden; ob Palais von Prinzen geplündert wurden. In Augsburg scheint bös gehaust worden zu sein; man hört, daß aus dem Dom geistliche Gewänder geschafft und auf der Straße im Kot herumgezerrt wurden zum Beispiel. Es war offenbar wild gegen Offiziere und Geistliche gehetzt worden. Heute zwischen 12 und 1/2 1 Uhr läuteten wieder alle Glocken der Frauenkirche. Die Schüler verhielten sich ruhig. In der Oberklasse versuchten ein paar zu schwätzen, worauf ich ihnen die Wahl stellte, entweder das Zimmer zu verlassen oder den Mund zu halten; ich erklärte ihnen, wenn auch ganz Bayern jetzt ein Narrenhaus sei, in meinem Unterricht bleibe alles beim alten und ändere sich gar nichts. Darauf waren die Leute nett.

Freitag, 14. März. Die Stelle, wo Eisner tot hinfiel, wird immer noch »evident gehalten«: geschmackvolle Blumenarrangements, rote Kränze. Ich finde, das nützt sich ab. Fechenbach, sein Sekretär, veröffentlicht Eisners allerletzte Rede. Sie wäre genau so verlogen und unverschämt gewesen, wie seine früheren.

Neulich fiel im Zentralrat der Zwischenruf »Hannibal« während einer Rede Fechenbachs. Beweis, wie literatenhaft die ganze Bagage ist. Schwabing! –

H., an dem Nachmittag, an dem die Nachricht vom Tod Eisners angeschlagen wurde, trifft vor einer Plakattafel ein altes Mutterl, das nicht mehr recht sieht. Sie fragt ihn, was los sei. Er sagt es ihr. »Heut früh«, sagt sie, »hab ich ihn in mein Gebet eingeschlossen, daß ihn der Teufel holt.«

Dienstag, 8. April. Der Tag ist ruhig verlaufen. Herrliches, warmes Frühjahrswetter. Die Räteregierung hatte ihn als

Nationalfeiertag erklärt. Demgemäß waren sehr viele Leute auf der Straße, wobei zwischen den sonntäglichen Gesichtern und dem mehr als werktäglichen Anzug ein gewisser Gegensatz zu bemerken war. Das Publikum war im allgemeinen angeregt, fast vergnügt. Das Straßenbild zeigte als Neuerung, daß sehr viele Volksredner Gruppen um sich bildeten, je nach Qualität des Gebotenen größer oder kleiner; die Redner waren aus den verschiedensten Ständen und gehörten den verschiedensten Altern an; die meisten waren junge Leute. Viele Norddeutsche. Bei einer Gruppe bemerkte ich den Reichsarchivassessor Gerlich, der den Leuten erzählte, wie es in Rußland wirklich zugeht. Die Standpunkte waren ebenso verschieden wie die Redner. Die eine Gruppe wurde für, die andere gegen die Regierung bearbeitet. Von einem Redner hörte ich: »Amerika lasse ich einstweilen aus dem Spiel. Aber nach Frankreich und England wird die Bewegung übergreifen.« Von 12 bis 1 Uhr wurde in den Kirchen mit allen Glocken geläutet. Da und dort macht sich eine antijüdische Strömung bemerkbar. Ich habe zwei Flugblätter dieser Art aufbewahrt. Man hört, Juden, die hier Häuserbesitzer seien oder Hypotheken auf Häusern hätten, hätten bereits vor geraumer Zeit ihren Besitz und ihre Rechte auf amerikanische Glaubensgenossen überschreiben lassen.

Montag, 14. April. Auf dem Marienplatz die gewohnten Gruppen, aber bei genauerem Zusehen andere Redner. Es scheint eine neue Parole ausgegeben zu sein: gegen die Offiziere. In jeder Gruppe wurde gegen sie gesprochen. Aber es ist gegen gestern und vorgestern ein Unterschied zu bemerken. Die Zuhörer gehören niedrigeren Schichten an, beteiligten sich aber höchstens durch Kopfnicken an der Debatte, trotzdem die Redner sehr derb sprachen. Es waren auch bedeutend weniger Zuhörer. Die Sache scheint schon nicht mehr zu ziehen. Zeitungen gab's den ganzen Tag keine. Nur an einer Ecke des Marienplatzes wurde »Der freie Mensch« und »Die rote Fahne« feilgehalten. Ein Plakat fordert zum Generalstreik auf, ausgenommen waren ausdrücklich Post, Bahn, Telegraf, Telefon, Lebensmittel und Wirtshäuser. Der Stil war napoleonisch, woraus auf die Verfasserschaft des Herrn Landauer zu schließen ist. Ton etwa der der Proklamation

an die Soldaten der italienischen Armee: »Ihr habt schon viel erreicht, aber noch Größeres steht euch bevor.«
Am Nachhauseweg überlegte ich mir, daß vermutlich auch die Revolution, wie der Krieg, am deutschen Charakter scheitern wird. Das Publikum wird der Revolution bald müde. Sogar die Revolutionäre selbst. Je mehr die Nichtdeutschen unter ihnen, Russen und Juden, meistens beides, die Massen aufpeitschen, desto rascher werden sie ermüden. Das Ende wird eine sehr schläferige Reaktion sein und Ekel des Publikums vor aller Politik.
Eine der Hauptursachen des gegenwärtigen Zustandes ist, daß die offizielle Sozialdemokratie niemals von der Utopie ernstlich abgerückt ist, weil sie auf die Utopie als Mittel der Massenagitation nicht verzichten zu können glaubte. Auf allen Parteitagen wurden die Revisionisten, welche versuchten, praktische Politik zu treiben und das Erreichbare zu erreichen, niedergeschrien, angepöbelt, aus der Partei hinausgeworfen oder sie mußten sich unrühmlich unterwerfen. Die Führer wußten genau, daß alles vom großen Kladderadatsch Schwindel war; aber für die Dummen, Unreifen, Jungen, für die Masse mußte immer wieder der große Kladderadatsch herhalten. Vierzig Jahre lang hat so die offizielle Sozialdemokratie das Volk getäuscht. Die Kehrseite der Medaille ist, daß die offizielle Politik des Reiches und der Bundesstaaten es sträflicherweise versäumte, die Sozialdemokraten möglichst in praktischer politischer Arbeit einzuspannen. Man bestätigte keine sozialdemokratischen Bürgermeister, ekelte sozialistische Lehrer aus Amt und Beruf, erdachte tausend kleine Schikanen und tat alles, um eine natürlich vorhandene Opposition zu stärken und zu vergiften.
Karsamstag, 19. April. Wenn man jetzt durch die Straßen geht, hat man das Gefühl einer ungeheuren Sinnlosigkeit alles dessen, was geschieht. Alles, was die Leute auf ihre Plakate drucken, was sie in ihren sogenannten Mitteilungen verbreiten, hat gar keinen Sinn und gar keinen Zweck. In einem Jahr, in zwei Jahren, in drei Jahren, vielleicht schon in einem Vierteljahr läuft das Leben in seinem alten Geleis: Darum ist dieser Streik, der jetzt schon eine volle Woche dauert, so trostlos. Es werden nur Werte zerstört, keine neuen Werte ge-

schaffen, nichts bezweckt, nichts erreicht. Die Leute laufen auf der Straße umeinander und keiner weiß, was er will. Es weiß auch keiner, was die anderen wollen. Daher drängen sich alle, wenn irgendwo zwei Männer etwas lauter miteinander sprechen, um so herum, weil sie hoffen, endlich einmal zu erfahren, was die Führer wollen. Aber das wissen diese Agitatoren selbst nicht. Sie wissen nur, was sie nicht wollen; oft auch das nicht einmal.

Das Straßenleben ist derart widerlich geworden, es ist geradezu eine körperliche Qual, sich durch diese finstere Menge, die sich nur ganz langsam vom Fleck schiebt, hindurchzuwinden. Überall bleiben die Leute stehen, sie sind furchtbar nervös, aber es gibt nichts zu sehen, höchstens eine demolierte Auslage. An jedem Eck staut sich die Menge. Weil kein Trambahnverkehr ist seit einer vollen Woche, ist der ganze großstädtische Verkehr auf die Straße angewiesen. Weil jeder etwas erfahren möchte, rennt alles in die nämlichen Straßen: Tal, Marienplatz, Kaufingerstraße, Neuhauserstraße, Stachus, Bayerstraße; in den Läden soweit sie offen sind, keine Waren. Ich ging gestern der Kuriosität halber wieder bei Dallmayer durch: Wenn das jemand vor sechs Jahren gesagt hätte, es würde einmal eine Zeit kommen, wo es bei Dallmayer am Karfreitag nichts gäbe als ein paar Pfund Stockfisch! Der Laden leer, wie ausgeplündert. Die Ladnerinnen stehen da und warten auf Kunden, die nicht kommen. Am Stachus hörte ich eine Zeitung ausrufen. Ich ging näher hin, da stand ein kleines Mädchen und bot mit einer vom Ausrufen schon heiseren Stimme an: »Der Auswanderer ... Der Auswanderer ... Der Auswanderer ...« Ich sah gutgekleidete Männer und Frauen, die das Blatt kauften.

Unsere Auswanderung vor dem Krieg schwankte; nach den Vereinigten Staaten von Nordamerika allein betrug sie alle Jahre noch zwischen 51 000 und 92 000 Personen. Diese Ziffer wird sich vervielfachen müssen, wenn anders hier im Lande wieder Ruhe werden soll. Ein Arbeiter sagte neulich zu einem unserer Kollegen in der Tram: »Wir wandern nicht aus, Ihr müßt auswandern!« Der Mann täuscht sich. Ich fürchte, die Arbeiter werden die Zeche bezahlen. An ihnen wird es hinausgehen. Auch insofern hinausgehen, als wir unsere Arbeiterschutzgesetzgebung werden abbauen müssen. Wer soll denn diese Versicherungen alle zahlen können?

Donnerstag, 24. April. In Augsburg sei die weiße Garde eingezogen unter dem Jubel der Bevölkerung. »Die Offiziere erfrechen sich, Achselstücke zu tragen«, teilten die Betriebsräte gestern in der Krauß'schen Maschinenfabrik mit. Das Arbeiterviertel von Augsburg sei zum Teil mit schwerer Artillerie beschossen worden. Die militärische Lage der roten Garde auch in München sei unhaltbar. Für heute oder morgen erwartet man das Ende. Die Forderung bedingungsloser Übergabe sei bereits gestellt. Ob das alles wahr ist?

Inzwischen in der Stadt neue Plakate: Es werden gesucht für die rote Armee: Beobachter, Geschützführer, Richtkanoniere. Man scheint sich also auf einen Artilleriekampf um München gefaßt zu machen.

25. April. Dampf bei Krüche. Er war wieder sehr lebhaft und ich konnte mir nur einen Teil seiner Aussprüche merken. »Wenn der Deutsche eine Revolution macht, schlägt er zuvor bei Michelet nach, und dann wird es nur eine Übersetzungs-Revolution ... Richten Sie den Kranz her. Die Sache ist in das Stadium des Koma eingetreten; oder, um mich Ihres leichtfertigen Jargons zu bedienen, nunmehr ist nicht mehr Prophetie vonnöten, es genügt die Wald- und Wiesendiagnose des Kollegen Meier. Schließlich kriegt der olle Ludwig wieder einmal recht: Bayern, zu verderben seid ihr nicht. Es muß nur lang genug dauern. Glasl, wie meinen Sie?« »Ja mei, Herr Doktor, was soll da unsereiner sagen? Das Spinnen anfangen ist leicht, aber das Spinnen aufhören, das hat den Teufel.« »Aus dem Munde der Unmündigen und Säuglinge ... Nichts für ungut, Glasl!« ... Dann kam er auf die Frauen.

Samstag, 26. April. Es wird allmählich das reinste Geduldsspiel: kommt sie, kommt sie nicht, nämlich die weiße Garde? Wir wissen gar nichts. Am meisten beunruhigt, daß immer wieder beruhigende Flugblätter abgeworfen werden. Seit 13. April sind wir ohne Zeitungen und von der Außenwelt so abgeschnitten, wie das belagerte Paris, eigentlich viel ärger, weil wir nicht einmal mehr erfahren, was in unserer eigenen Stadt vorgeht. Es könnten die nächsten Bekannten sterben, wir würden es nicht erfahren, da es keine Todesanzeigen gibt. Wir könnten selbst sterben, unsere nächsten Verwandten würden es nicht erfahren.

Auf den Straßen macht sich etwas Neues bemerkbar: ein allgemeines Mißtrauen aller gegen alle. Die Roten arbeiten mit Lockspitzeln. Es stellt sich einer irgendwo hin und fängt an auf die Räterepublik zu schimpfen mit irgendeinem scheinbar Unbekannten. Es sammelt sich eine Korona um sie. Einer tut mit und schimpft kräftig mit, gleich wird er verhaftet und abgeführt. Es scheint auch sehr viel denunziert zu werden. Die Haussuchungen sind fast durchweg auf Anzeigen zurückzuführen.

Mittwoch, 30. April. Ich habe wenig Lust mehr, Tag für Tag einzutragen, weil das Bild immer dasselbe ist, immer gleich ekelhaft, dumm und lähmend. Hat es jemals eine revolutionäre Regierung gegeben wie diese, die eine ihrer Hauptaufgaben darin sieht, sich durch öffentliche Anschläge gegenseitige Ehrenerklärungen auszustellen, sich immer wieder zu verteidigen, andere zu beschuldigen, die Beschuldigungen zurückzunehmen, wie die alten Weiber im »Feldmochinger Tagblatt«? Bald wird erklärt, die Anzüge, die bei der Firma Soundso gefunden wurden, seien nicht zu teuer; dann wieder, es sei vollkommen erlogen, daß Genosse Levien mit der Kasse durchgebrannt sei; Kasse sowohl wie Levien befänden sich noch hier; dann wieder die Anschuldigungen des Soldatenrats gegen Soundso, oder des Soundso gegen Soldatenrat hätten sich als vollkommen unberechtigt herausgestellt; dann wieder, Genosse Mühsam verwahre sich energisch dagegen, daß er eine Villa habe, er wohne im vierten Stock einer Mietwohnung; oder: man habe in den »Vier Jahreszeiten« eine hochadelige Bande von Plünderern ausgehoben; der Betriebsrat der »Vier Jahreszeiten« verwahre sich dagegen, daß diese Gesellschaft mit dem Hotel in Beziehung gebracht werde; sie hätten nur ein Klublokal gemietet, usw. usw. alle Tage, immer gleich schwachsinnig.

Donnerstag, 1. Mai. Der gestrige Tag ist, wenn auch nicht ruhig, so doch ruhiger verlaufen, als erwartet wurde. Die Schulen waren oder wurden um 9 Uhr geschlossen. Um dieselbe Zeit hörte die Straßenbahn auf zu fahren. Über Nacht waren gelbe Zettel angeklebt worden: »Die preußische weiße Garde steht vor den Toren Münchens.« Daraufhin wurde wieder einmal Generalstreik erklärt. Des Publikums bemächtigte sich ziemliche Aufgeregtheit, beinah möchte ich sagen, Gereiztheit. Später wurden weiße Zettel verteilt, die Leute rissen sich darum, wie wenn es warme Semmeln gewesen wären: »Arbeiter, Genossen, Soldaten der Roten Armee! Die weißen Garden kommen näher. Sie haben Starnberg besetzt. Der Kampf steht bevor. Die neue Regierung sprach von Verhandlungen. Mancher Arbeiter hoffte vielleicht, den Kampf zu vermeiden. Dadurch wurde die Kampfkraft geschwächt. Die weißen Garden wissen es. Sie nützen es aus. Sie rücken vor. Arbeiter, Genossen! Ein Kampf steht bevor auf Tod und Leben! Wisset, was euch bevorsteht! Hofft nicht auf Gnade! Die Kapitalisten werden euch nie verzeihen, was sie in diesen Wochen erlebt. Sie werden euch nie verzeihen, daß sie durch euch um ihre Profite gezittert. Sie werden euch nie verzeihen, daß sie knieschlotternd ihre Waffen abliefern mußten. Sie werden euch nie ihre Angst verzeihen, als sie euch am roten Dienstag bewaffnet vorbeiziehen sahen. Arbeiter, Genossen! Die weißen Garden sind ein gefügiges Werkzeug der Kapitalisten. Denkt daran, wie sie euch aushungern wollten. An einem Ort haben sie 6 000 Liter Milch ins Wasser geschüttet, damit euere Säuglinge verhungern. (Dabei ist gestern und heute, wie jeden Tag, die Säuglingsmilch bis auf den letzten Tropfen geliefert worden!) Sie haben die Milchkübel der Bauern zur Verrichtung ihrer Notdurft benützt, damit eure schwangeren Frauen keine Milch bekommen! (Auch die Schwangeren erhielten ihre Milch bis auf den letzten Tropfen; dies ist die sogenannte »Vorzugsmilch« der grünen Karten.) In Augsburg werden die Arbeiter mit Kolbenstößen in die Fabriken getrieben, um den Kapitalisten ihre Gewinne zu sichern. (Als ob es sich jetzt noch um Gewinne handeln könnte! Die Fabrikbesitzer zahlen ja schon längst drauf.) In Augsburg erschoß ein Leutnant einen Soldaten auf offener Straße, weil dieser die militärische Ehrenbezeugung verweigerte. (Derlei wird immer wieder erzählt. Der Strizzi wird vermutlich gegen den Leutnant tätlich geworden sein! Wieviel Leute auf offener Straße in München und in ganz Südbayern von den Roten erschossen worden sind, davon natürlich kein Wort. Erst gestern wieder brachte die »Münchener Post« einen Fall, wo ein Mann von den Roten in der Nähe von Oberauf den dortigen Sicherheitsorganen zusammen mit noch ein paar gedungenen dummen Teufeln eine wahre Schlacht lieferte, bei der es fast ein Dutzend Tote gab.) Arbeiter, Genossen! Hofft nicht auf Gnade! Ein Leutnant der weißen Garde sagte zu unserer Lebensmittelkommission: ›Die Roten gehören alle niedergeknallt. Es sind Irrsinnige. Sie gehören alle ausgerottet.‹ (Die Roten alle nicht. Aber die Galizier, die unsere Arbeiter immer verhetzen und die im Ernstfall die ersten sind davonzulaufen, die gehören allerdings erschossen.) Arbeiter, Genossen! Die Führer der weißen Garde reden nicht bloß, sie handeln. (Hoffentlich! Denn die Roten begnügen sich auch nicht mit dem Reden. Sie handeln auch, wenn auch sehr oft nur mit den bei den Bürgerlichen gestohlenen Sachen. Mit ihnen handeln sie beim Steyrer Hans, in der »Bayerischen Krone«, beim Soller im Tal usw.) In Starnberg wurde ein sechzigjähriger Mann an einen Baum gestellt und erschossen. (Wenn es überhaupt wahr ist, bin ich neugierig, was der Lump angefangen hat.) In Starnberg haben die weißen Garden alle Sanitätsmannschaften niedergemetzelt. (Das ist so blödsinnig, daß ich es nicht glaube.) Arbeiter, Genossen! Es gibt nur eine Rettung! Ihr müßt die weißen Garden zerschmettern. (Jetzt wird sogar zerschmettert, wie zu den Zeiten des Es-ist-erreicht-Willem.) Ihr müßt die Soldknechte des Kapitalismus vernichten. (Welches Verbrechen der Drahtzieher: sie wissen genau, daß das, was gegen die Roten geschickt wird, wirkliches Militär ist, nicht nur uniformierte Strizzi. Sie treiben diese Leute in den sicheren Tod, durch sinnlose Verhetzung. Von den tapferen Verfassern dieses Aufrufes hält nicht ein einziger seinen schmierigen Kopf hin!) Arbeiter, Genossen! Wollt ihr nicht zurück in Elend und Not, zurück in die Knechtschaft des Kapitalismus, wollt ihr euere Zukunft nach euerem Willen gestalten, wollt ihr euch nicht wehrlos niederknallen und niedermetzeln lassen, wollt ihr die Sache des Proletariats vor den Feinden retten (die Feinde sind nicht etwa die Franzosen, bei Leibe nicht; die Feinde sind die

Deutschen, die Ordnung machen wollen!) – dann steht alle auf wie ein Mann! Alle zu den Waffen! Sofortiger Generalstreik! Vorwärts zum Kampfe gegen die Söldlinge der Bourgeoisie! Vorwärts zum Siege des Proletariats! Alle Macht den Arbeiter-, Bauern- und Soldatenräten! Es lebe die Weltrevolution!« Unterschrieben: »Kommunistische Partei (Spartakusbund), Ortsgruppe München.« Daß zum Schluß sogar die Bauern noch aufmarschieren müssen, ist kostbar. Die Lumpen, die diesen Aufruf verfaßt haben, wissen so gut wie ich und jedermann, daß die Bauern seit mehr als zehn Tagen nicht mehr mittun. Aber sie machen rebellisch, was sie rebellisch machen können. Man sieht Leute das Gewehr tragen, bei denen man an Defreggers »Letztes Aufgebot« denkt; andere, bei denen man an die Rekrutenszene von Shakespeares Heinrich IV. denkt.

Die Kellnerin im Ratskeller sagte gestern, als wir zahlten und sie von den Ereignissen sprach: »Seelisch nimmt es mich direkt mit.« Sie sah jedoch mehr körperlich mitgenommen aus.

10 Uhr 20 vormittags. In diesem Augenblick veranlaßt mich lautes Hoch-Rufen auf der Straße, ans Fenster zu gehen. Was ist los? Ein Soldat der Regierungstruppen, offenbar der erste, kommt durch die Kirchenstraße, gefolgt von einer unzähligen Menschenmenge. Alles ruft »Hoch!«, »Bravo!«, die Leute winken mit den Tüchern, alles sieht aus den Fenstern, applaudiert, die Begeisterung könnte nicht größer sein, wenn eine siegreiche Armee einzöge. Er ist feldgrau und hat eine weiße Binde am Arm. Alle Fenster öffnen sich, alles jubelt.

Nachmittag um 3 Uhr ging ich mit Mama in die Stadt, weil ich ein wenig zu erfahren hoffte. Unten im Hausgang stand unsere Hausbesitzerin und erzählte mir, die Geiseln im Luitpold-Gymnasium seien in furchtbarer Weise hingemordet worden.

Am Maximilianeum begegneten uns die ersten Autos der Regierungstruppen. Das Publikum begrüßte sie mit Hochrufen und Tücherschwenken. Die Soldaten auf den Autos aber schienen es mit der Begrüßung weniger eilig zu haben. Sie machten finstere Gesichter. Auf dem Maximilianeum wehte die weiß-blaue Fahne; auf dem nördlichen Flügel noch die rote, die aber, als wir nach einer Stunde wieder heimgingen, schon heruntergeholt war. Die Straßen waren voller Publikum, aber kein Mensch wußte etwas Genaueres. Im Westen und Norden der Stadt hörte man fortwährend schießen, auch Artillerie. Aufs Max-Monument waren eine Menge Kinder geklettert; es wäre eine drollige Momentaufnahme gewesen. In der Maximilianstraße bemerkte man ein paar weiß-blaue Fahnen.

Ich muß mich sehr über den General Ludendorff wundern, von dem ich heute las, daß im Juni seine Kriegserinnerungen herauskommen als Buch. Ich finde, der Mann hätte etwas Würdigeres zu tun, nämlich ein kleines Häuflein um sich zu sammeln, zu schauen, ob sich dieses Häuflein nicht zur Armee auswächst, und die Ordnung wiederherzustellen. Nötigenfalls als Diktator. Aber das ist ja die Schwierigkeit: keiner von den Leuten weiß, was er tun würde, wenn er plötzlich zur Macht käme. Der einzige, der es gewußt hat, war Eisner. Darum kam er zur Macht. Die anderen haben alle das echt deutsche Bedenken in sich: »Wenn der Topf aber ein Loch hat, lieber Heinrich, sanfter Heinrich? . . .«

Freitag, 2. Mai. Gestern abend zogen noch größere Trupps von Soldaten der Regierungstruppen an unserem Haus vorbei. Sie sahen stramm aus mit ihren Stahlhelmen; die Offiziere mit Achselstücken voran. Sie sangen und führten eine schwarz-weiß-rote Fahne mit, die ziemlich groß war und breit im Winde flatterte. Das Publikum begrüßte sie mit »Hoch!« und Tücherschwenken. Die Nacht hindurch war es ruhig; nur zog viel Kavallerie vorbei, wie es scheint, denn wir hörten immer wieder Pferde.

Heut früh war alles ruhig, zu ruhig. Keine Straßenbahn, kein Bäcker in unserer Nähe hat offen, auch kein Milchgeschäft. Es ist keine Milch gekommen. Sehr bald nachdem ich zu schreiben angefangen hatte (1/2 8 Uhr), begann die Schießerei, die jetzt (3/4 9 Uhr) noch anhält. Es wird in unserer ganzen Umgebung geschossen, besonders auf dem Johannisplatz, in der Gegend des Straßenbahndepots, in der Äußeren Wienerstraße, und auch weiter weg. Regierungstruppen haben den Platz gesäubert und halten jeden Vorübergehenden an, durchsuchen ihn nach Waffen, verlangen

Passierschein. Aus der Kirchenschule heraus ist auch geschossen worden. Man hört fast jede Minute eine nähere oder fernere Detonation, je nachdem stark oder schwächer. Den Verdächtigen werden sogar die Kopfbedeckungen heruntergenommen. Einem Dienstmädchen, das einen Pack Wäsche trug, wurde er durchsucht. Es war merkwürdig, wie es anfing: zuerst war der Platz völlig leer, da fiel der erste Schuß, aus allen Häusern kamen die Leute insektenhaft gelaufen und bildeten Gruppen. Sofort Regierungstruppen und der Platz wieder leer. Während ich dies schreibe, schießt es in einem fort.
Gestern kam mir plötzlich der Einfall, ob wohl jetzt, nachdem wir den Krieg verloren haben, die Geographiestunde wieder abgeschafft wird, die seinerzeit in Erwartung großen Annexions- und Kolonialgewinns eingeführt worden war. Zu den rückwärts schauenden Propheten des Historismus kommt seit neuerer Zeit der noch intolerantere Klüngel der Geopolitiker, die sich alles Heil von einer Vermehrung der Erdkundestunden erhoffen. »Hätten wir mehr in Kontinenten gedacht, hätten wir den Krieg nicht verloren«, sagte neulich Kollege K., der immer die großen Töne redet; »die Engländer denken in Kontinenten.« »Jawohl«, sagte darauf Kollege Leibbrand, »bloß daß die Engländer die Kontinente haben, und wir den Dreck.« Vor einem Vierteljahr wollte Adolf Dirr, der wieder in Tiflis ist, meinen Kjellen. Ich schrieb ihm, es sei zwecklos ihn zu schicken: »die alte Auflage stimmt nicht mehr, es sind um drei Großmächte weniger, und die neue Auflage wird nicht in Deutschland gedruckt, sondern in Frankreich.« Aus der Geschichte haben die Völker nichts gelernt. Aus der Geopolitik werden sie schwerlich mehr lernen.
Als ich vorgestern L. gegenüber die Sozialdemokratie verteidigte, wurde er fast grob: »So!« sagte er. »*Wer* hat denn im Reichstag die zwei Armeekorps nicht bewilligt, genau die zwei Armeekorps, die wir bei der Marneschlacht gebraucht hätten? *Wer* hat im Frühjahr 1918 den Munitionsarbeiterstreik angezettelt? Wer hat den Umsturz gemacht? Wer hat darauf gedrückt, daß noch der älteste pensionierte Forstmeister seinen ausrangierten Zwilling abliefert?

Samstag, 3. Mai. Es hat sich nicht viel geändert während des gestrigen Tages. Immer wieder wurde geschossen, bald näher, bald ferner. Heute früh kam das Lieserl von den Hausleuten herauf und erzählte, einer von den Regierungstruppen sei gestern durch die »Grube« gegangen mit einem Zivilisten, um Haussuchung zu halten, da wäre er von einem Fenster aus erschossen worden. Man habe dann die Kommunisten, Vater und Sohn, herausgeholt und an die Wand gestellt. In der Äußeren Maximilianstraße habe man fünf Mann aus einem Haus herausgeholt und erschossen. Auf der Wiese oberhalb der Flurschule soll man vierzig erschossen haben. Einen habe man aus dem Prinzregententheaterkeller heraufgeholt und gleich auf der Straße erschossen. Immer wieder wurde aus den Häusern auf die Regierungstruppen geschossen, noch mehr auf einzelne.
L. und ich gingen mit dem Verleger H. aus, der sagte, man sollte doch die Spartakisten nicht so niederschießen, sondern nur über die Grenze schaffen; man müsse jetzt wirklich eine große Geste finden; man müsse immer das Gesicht wahren; wir müßten zeigen, daß wir die Anständigen und Vornehmen wären, und noch mehr solch dämlichen Geschwätzes, wie es etwa in einem Schweizer Sanatorium üblich ist oder bei Professor Förster. Ich bedauerte im stillen, daß man nicht bei ihm ein wenig geplündert hatte. Dann spräche er anders.
Sonntag, 4. Mai. Als ich zum Wittelsbacher Brunnen am Lenbachplatz gekommen war, kam ich in eine Schießerei hinein. Es war lebensgefährlich, den Platz zu überqueren, da an der westlichen Ecke ein Maschinengewehr stand, auf das von Süden her in kurzen Abständen immer wieder geschossen wurde. Im »Union« gab es nichts mehr zu essen. Außer für die Hotelgäste. Da L. nicht kam, ging ich gegen 8 Uhr heim. Am Promenadeplatz fiel, gerade als ich am »Bayrischen Hof« vorbeiging, ein scharfer Schuß, der riesig krachte. Wir sind schon so ans Schießen gewöhnt, daß es uns nicht aufregt. An der Maximiliansbrücke wurde ich durchsucht nach Waffen. Die Durchsuchung war schlampig. Ich hatte in der rechten Tasche meine Pfeife und meine blecherne Tabakschachtel; beides hätte dem Mann auffallen müssen. Auch die Haussuchung, die bei uns stattfand, war genauso schlampig. Ich

glaube nicht, daß die Engländer das so machen würden. Wir haben eine Neigung, alles ein wenig hopphopp zu machen. Das ist gefährlich.
Heute früh um 1/2 10 Uhr wurde ein Sarg über den Johannisplatz gefahren; es war ein einfacher gelber Sarg, mit einem Tuch zum Teil bedeckt. Im langsamsten Schritt, voran Militärmusik, die in langsamem Tempo »Ich hatt' einen Kameraden« spielte. Hinterm Sarg unser Pfarrer in seinem violetten Monsignorekostüm mit andern Geistlichen. Viel Volk, das dem Sarg mit entblößtem Haupt folgte und entblößten Haupts nebenherging. Es tat unbeschreiblich wohl, wieder Musik zu hören. Diese Soldaten singen wieder. Am Kirchenschulhaus haben sie sogar eine schwarz-weiß-rote Fahne aufgepflanzt.
Eben kommt die Musik von der Beerdigung zurück und spielt »Ich schieß' den Hirsch im wilden Forst«. Eine Menge Menschen mit. Mama bringt eben heim: der junge Soldat war ein Sachse und ging ruhig durch die Äußere Wienerstraße, als aus dem Wirtshaus gegenüber der Unionsbrauerei ein Schuß fiel, der ihn in den Kopf traf und sogleich tötete. Daraufhin wurde sogleich der Mörder, der Wirt, wie er war, mit seiner weißen Schürze, herausgeholt und an die Mauer gestellt. Solche Dinge können noch wochenlang vorkommen. Denn die Verhetzung der breiten Masse ist unglaublich. Es machte wieder einen vortrefflichen Eindruck, wie die Musik und hinterher die stramme Truppe in ausgezeichneter Haltung vorüberzog. Das haben wir seit Monaten nicht mehr gesehen.
Zum Mittagessen kam plötzlich mein Schwager M., der beim Freikorps Werdenfels eingerückt ist. Er war dabei, als Giesing gesäubert wurde. »Die Straßenkämpfe«, sagte er »waren schlimm, ähnlich wie in Belgien im Jahr 14. Wer mit der Waffe in der Hand getroffen wurde, wurde augenblicklich erschossen. Jetzt ist es schon so weit, daß viele Gewehre von Kindern gebracht werden, die vorgeben, sie hätten sie gefunden.«
Neue Anschläge: 1. Wendet sich gegen die Hetze, die jetzt schon gegen die preußischen Truppen geübt wird; 2. gegen die Behauptung, daß die Truppen von den Lebensmitteln der Stadt München zehrten; 3. fordert auf, als Freiwillige ein-

zutreten; 4. daß der neue Stadtkommandant Oberstleutnant Herrgott ist. Ich vermute, das ist derselbe kleine Leutnant Herrgott, den ich, als ich noch Student war, so oft in der Maximilianstraße sah. Daß an die Stelle des Augsburger Volksschullehrers, der übrigens nach allem, was mir... erzählte, politisch eine zweideutige Persönlichkeit ist, ein wirklicher Soldat gesetzt wird, ist nur zu begrüßen.

Montag, 5. Mai. Heut nacht wurden aus der kleinen Weinschenke »Praterstübel« in der Grütznerstraße vier Spartakisten herausgeholt und gleich in den Anlagen, unmittelbar davor, erschossen. Darunter auch, heißt es, Sontheimer; ein rabiater Taugenichts, der seit Jahren nichts anderes tat, als die Jugend aufhetzen. Die Namen der erschossenen Geiseln werden bekanntgegeben. Weder Kerschensteiner, noch Graf Bothmer, noch Döderlein sind dabei. Aber ein Sohn Kerschensteiners war im Gymnasium als Geisel, wurde jedoch nicht erschossen. Die Leichen seien nicht verstümmelt worden; die grauenhaften Kopfverletzungen rührten davon her, daß die Schüsse aus allernächster Nähe abgegeben worden seien. Ich horche, was die Leute an den Anschlagsäulen sagen, und finde, das macht schon wieder böses Blut. Entweder man hätte diese Behauptungen vorgestern nicht anschlagen oder gestern nicht zurücknehmen dürfen. Eines von beiden ist falsch.

Ich finde, wir machen im innerpolitischen Kampf genau die nämlichen Fehler wie im Krieg: Unterschätzung der Stimmungsmache, der Regie.

Beim Einkauf vorhin traf ich zwei ganz junge Soldaten des Korps Lützow, die mir sagten, die Leute hier seien schlimmer als in allen Städten, in denen sie bisher gewesen seien, und von denen sie eine Reihe nannten. Zwei von ihren Kameraden seien arglos in ein Bierlokal gegangen, dort umzingelt und erstochen worden. Natürlich habe man dann den Wirt und mehrere Gäste an die Wand gestellt.

Dienstag, 6. Mai. Als ich über den Lenbachplatz heimging, spielte die Militärmusik vor dem Wittelsbacher Brunnen einen lustigen Walzer. Das Publikum war aufgeräumt, um nicht zu sagen vergnügt: es besichtigte die Schäden der Kanonade ungefähr wie man eine Großfeuersbrunst besichtigen

würde und hatte die Räterepublik anscheinend schon vergessen. Die Deutschen haben kein Gedächtnis. Darum machen sie immer wieder dieselben Dummheiten.
Die Regierung Hoffmann ist zu schwach, um die Ordnung herzustellen. Die Mehrheitssozialdemokratie getraut sich nicht einmal bei den Forderungen mitzutun, die die vereinigten bürgerlichen Parteien unterschrieben hatten und die sie genau so hätten unterschreiben können. Sie trägt auf zwei Achseln, will die Unabhängigen *und* ihre eigenen Anhänger zufriedenstellen, die einen nicht vor den Kopf stoßen und die anderen nicht scheu machen, die einen bei der Stange halten, die anderen zur Stange zurücklocken, den einen nicht wohl, den anderen nicht weh tun, sie will und will nicht, sie will nicht anstoßen und stößt doch fortwährend an, bei aller Welt. Sie ist richtig deutsch: mit aller Welt gutstehen wollen, es mit keinem Menschen verderben *wollen* und gerade dadurch es mit aller Welt verderben.
Mittwoch, 7. Mai. Die Sozialdemokratie ist in einer Zwickmühle: sie ist gezwungen Farbe zu bekennen, und diese Farbe ist nicht so rot, wie die Masse geglaubt hat. Sie hat niemals gewagt, den trennenden Strich zwischen sich und den Kommunisten zu ziehen; die Leute aber, die die Regierung Hoffmann jetzt erschießen läßt, sind lauter Kommunisten. Die Sozialdemokratie hat die Massen immer auf den großen Kladderadatsch vertröstet und scharf gemacht; jetzt, wo die Massen den Kladderadatsch machen und ausnützen wollen, läßt sie auf sie schießen. Man sieht es jeder Nummer der »Münchner Post« an, wie greulich der offiziellen Sozialdemokratie die durch ihre eigene Schuld unheilbar gewordene Lage ist.
Die heutige Morgennummer der »Augsburger Abendzeitung« enthält eine Todesanzeige der Thule-Gesellschaft, in der sie den Tod folgender Mitglieder anzeigt: Walter Neuhaus, Baron Teuckert, Friedrich Wilhelm v. Seidlitz, Walter Deike, Gräfin Hella v. Westarp, Anton Daumenlang – das sind die ermordeten Geiseln vom Luitpold-Gymnasium; und Karl Stecher. Was ist dies: Thule-Gesellschaft? Der Umstand, daß von den Geiseln nicht weniger als sechs ihr angehören, ist auffallend.

Samstag, 10. Mai. Diese Thule-Gesellschaft scheint eine harmlose alldeutsche Loge gewesen zu sein, die in den Verdacht monarchistischer Umtriebe gekommen war, und an der die Roten offenbar ein Exempel statuieren wollten. Sie hatten als Vereinsabzeichen das germanische Hakenkreuz.

Rosa Leviné

Anfang März 1919 reiste Eugen Leviné im Auftrage der Partei nach München, um die »Rote Fahne« zu organisieren und sich an der Parteiarbeit zu beteiligen.

In Berlin begann gerade der so ruhig und »besonnen« eingeleitete Kampf des Berliner Arbeiterrats um die Sozialisierung, die »nur durch den Generalstreik ohne jedes Blutvergießen« erzwungen werden sollte. Diesen friedlichen Kampf benutzte die sozialdemokratische Regierung zur Provozierung militärischer Kämpfe, zur Beseitigung der unsicheren republikanischen Sicherheitswehr und vollständigen Entwaffnung der Arbeiterschaft. Sie selber flüchtete nach Weimar, der Geistesstadt, und hinterließ die Abschlachtung der Arbeiterschaft dem Arm der Republik, Noske.

Aus dem Generalstreik wurden über Nacht Belagerungszustand, Barrikaden, Kanonendonner, überfüllte Gefängnisse, Erschießungen ohne Ende.

Aber schon nach wenigen Wochen tauchten wellenartig über ganz Deutschland immer wieder neue Kämpfe auf, die in dem Riesenstreik der Bergarbeiter im Ruhrgebiet und in Mitteldeutschland gipfelten.

Vor allem schien München damals die Festung der Revolution zu sein. Fast täglich brachten die Zeitungen alarmierende Nachrichten: »München eine Räte-Republik?« Nach München flüchteten die verfolgten Genossen, denen das »freie Bayern« Asylrecht gewährte.

Ich selber habe die Illegalität nicht unmittelbar genossen, kostete sie aber in allen Phasen aus, als mein Mann, den nach der »Spartakuswoche« die ganze Polizeimeute gierig suchte, sich ein paar Tage in Berlin aufhielt. Wie oft mußten wir noch spät abends, aufgescheucht durch ein verdächtiges Gesicht, unsere Wohnung verlassen, viele Stunden durch Berlin, von einem überfüllten Hotel zum anderen, herumirren, um dann in irgendein Absteigequartier hereingelassen zu werden. Der Gedanke, in »Ruhe« einige Zeit in München zu verleben, war sehr verlockend, und so fuhr auch ich Ende

März mit einem damals erforderlichen Reise-Bezugsschein nach München.

In München herrschte eine ganz andere Atmosphäre. Zwar lebten die meisten Flüchtlinge unter falschem Namen, aber jeder in der verhältnismäßig kleinen Stadt wußte, daß sie Kommunisten waren und sogar zu den Führern gehörten. Trotzdem durften sie sich auf den Straßen zeigen, im Wirtshaus, wo die Kellnerin einen nach ein paar Tagen kannte, essen, in der Straßenbahn die »Rote Fahne« lesen, ohne Furcht, mißhandelt oder zum mindesten angepöbelt zu werden. Nach dem Leben in Berlin kam man sich wie in einem Märchenland vor.

Die Parteiorganisation war noch äußerst schwach. Leviné schrieb mir schon aus den ersten Tagen aus München:

»Meine Freunde hier sind die reinsten Kinder. Alle Erfahrungen scheinen an ihnen spurlos vorübergegangen zu sein. Es herrscht eine ungeheure Verwirrung. Die meisten Mitglieder tragen an ihrer Brust die Bilder von Karl Liebknecht und Kurt Eisner friedlich beieinander. Wenn man sie darauf aufmerksam macht, erklären sie: »Auf unseren Eisner lassen wir nichts kommen. Er war ein aufrechter Revolutionär.«

Aber auch in der »Roten Fahne« wurde von Kurt Eisner als dem besten und edelsten Führer des um seine Befreiung kämpfenden Proletariats und »unserem Genossen« gesprochen. Ebenso verhielten sich die Parteigenossen zu den Anarchisten, die ihnen oft »viel lieber als mancher Kommunist« waren. »Die Partei macht es nicht, Hauptsache, man ist revolutionär.«

Die Verwirrung, die in der Partei herrschte, kennzeichnen am besten Zitate aus der Münchener »Roten Fahne« vor der Ankunft Levinés. Nach der Ermordung Eisners, wo sich faktisch an den Machtverhältnissen nichts geändert hatte, schrieb sie:

»Das Proletariat Münchens und auch noch von anderen bayerischen Städten h a t d i e p o l i t i s c h e M a c h t ergriffen.(!) Was ist heute unsere Aufgabe? Die politische Macht, die Diktatur des Proletariats, nach innen und außen zu verteidigen ... Heute werden die Arbeiter ganz Münchens bewaffnet werden ... Die D i k t a t u r d e s Pro-

letariats muß proklamiert und durchgeführt werden, damit jeder Widerstand der Volksausplünderer sofort und rücksichtslos unterdrückt wird. Tun wir das nicht, dann sind wir verloren, dann wird uns die Bourgeoisie, während wir außerhalb der Stadt gegen konterrevolutionäre Truppen kämpfen, in den Rücken fallen ...
... Was bisher nicht möglich war: die Einigung des Proletariats, ist geschehen über Nacht, durch den Mord an Kurt Eisner. Die Grundlage der Einigung ist das Räte-System, die Revolution und der Kampf.
Der Rätekongreß tritt zusammen, wo Bayern am Vorabend oder schon inmitten der sozialen Revolution steht ... Wo das Proletariat die politische Macht schon errungen hat und vor der Aufgabe steht, sie zu einem Hebel auch der ökonomischen Befreiung zu machen.
Die Räterepublik Bayern ist deshalb von dieser Versammlung zu proklamieren und eine Räteverfassung für ganz Bayern auszuarbeiten.«
Leviné erkannte die Gefahr und ging sofort an die Schulung und Reorganisierung der Partei. Mit dem ihm eigenen Takt begann er vorsichtig, aber eindringlich den Genossen sein besseres Wissen einzuhämmern.
»Ich habe den Eindruck, als lege man in München zu viel Wert auf die große Politik, als beschäftige man sich zu sehr mit der Frage einer großen Zukunft und vernachlässige darüber das gegenwärtig Notwendige, das dazu bestimmt ist, jene Zukunft einmal zu tragen. Gewiß, wir stehen auf dem Boden des Rätesystems, aber wir haben die Voraussetzungen erst noch zu schaffen, die dies System gewährleisten. Diese Voraussetzungen bestehen noch nicht, und wenn Genosse Levien im bayerischen Rätekongreß die Forderung nach dem Rätesystem erhebt und grundsätzlich vertritt, so ist er doch wohl mit mir der Meinung, daß die Proklamation einer bayerischen Räterepublik unter den gegenwärtigen politischen Verhältnissen im Reich ein Wahnsinn ist und wahnsinnige Folgen haben müßte. Die im Augenblick bestehende wirtschaftliche Lage ist auch die Grundlage unserer revolutionären Politik. Auf der wirtschaftlichen Basis haben wir unsere Streitkräfte zu sammeln, um unsere politischen Schläge

zu führen. Wir haben die revolutionäre Organisation der Arbeiter zu betreiben. Wir haben Arbeiterräte zu bilden aus den Betriebsräten der beschäftigten Arbeiterschaft und der Fülle der Arbeitslosen.«

Ziel meiner Aufzeichnungen ist, so weit als möglich die Geschichte der Münchener Räterepublik bekannt zu machen, so, wie sie sich tatsächlich zugetragen hat. Ich halte es für notwendig, hinzuzufügen, daß ich damals die ersten politischen Schritte machte. Das bißchen soziale Gewissen und vielleicht auch die revolutionäre Tradition der russischen Intellektuellen brachten mir die Interessen der Unterdrückten nahe, und so löste denn auch die russische Revolution 1917 in mir Begeisterung aus. Als die Bolschewisten kamen und ihre »Greueltaten« begannen, war ich, gleich allen »anständigen Menschen«, empört über die »Unterstützung des deutschen Imperialismus« und vor allem über ihr »undemokratisches Wesen«, Blutvergießen, Diktatur. Ich teilte völlig die Ansichten vieler mir bekannten Menschewiki, deren persönliche Ehrlichkeit über jeden Zweifel erhaben war, und deren revolutionäre Vergangenheit und die ungeheuren Opfer, die sie der Revolution gebracht hatten, eine Gewähr zu bieten schienen, daß ihr Kampf gegen die Bolschewiki eine im Interesse der Revolution liegende Notwendigkeit sei. Als ich später nach dem Brest-Litowsker Frieden Gelegenheit hatte, in Kiew zu sein, hoffte ich, an Ort und Stelle die »ganze unverfälschte Wahrheit« zu erfahren. Und ich hörte zwar von vielen Menschewiki: die Deutschen seien »noch schlimmer« als die Bolschewiki, aber dieses zweifelhafte Lob ertrank in einem Wust von Verleumdungen. Wie sehr man die »Wahrheit« an Ort und Stelle von den Menschewiki erfährt, merkte ich später in der deutschen Revolution. Aber es genügt zu sagen, daß viele, die mir in Kiew die Mitarbeit mit den Bolschewiki als für einen Revolutionär kompromittierend erklärten (mich interessierte diese Frage, weil Leviné damals noch offiziell linker Sozialrevolutionär, in die »Rosta« eintrat), schon nach wenigen Wochen der Kommunistischen Partei Rußlands angehörten und führende Rollen darin spielten.

Als in Deutschland die ersten Opfer der offenen Konterrevolution, die sieben Matrosen im Marstall am 24. Dezember fielen und die ganze Presse, einschließlich der SPD eine Hetze gegen die verbrecherischen Kommunisten betrieb, die sich am heiligen Weihnachtstag nicht scheuten, erschossen zu werden, wurde mir klar, wie unkontrollierbar und verlogen die sog. öffentliche Meinung ist.
Bisher versuchte ich, die revolutionären wie alle anderen Ereignisse vom Standpunkt der »Objektivität« aus zu beurteilen und glaubte, daß auch andere »ehrliche« Menschen imstande sind, sich im Klassenkampf vorurteilslos zu verhalten. München lehrte mich, daß es in diesem Falle keine neutrale Beurteilung geben kann. Die scheinbare Neutralität wird immer eine Stellungnahme gegen die Arbeiter bedeuten. Ich lernte, daß die Befreiung der Arbeiterschaft nicht nur ein Kampf gegen die Bourgeoisie, sondern auch die Überwindung der pazifistischen, gutgemeinten Objektivität neutraler Zuschauer bedeutet.

Am Sonntag früh kam in eine kommunistische Mitgliederversammlung eine Abordnung einer Sitzung der unabhängigen Funktionäre. Sie befaßten sich mit der bevorstehenden Proklamierung der Räterepublik und baten, ihnen einen der Parteiführer zu schicken, um den Standpunkt unserer Partei ausführlich kennen zu lernen. Ich begleitete Leviné in diese Sitzung. Er sagte u. a.: »Wir können uns nur an einer Räterepublik beteiligen, die von Räten proklamiert wird. Und auch dann nur in dem Fall, wenn die Mehrheit der Vertreter Kommunisten sind. Denn wir könnten nur an einer Regierung teilnehmen, die kommunistische Politik macht, und das können nur die Kommunisten. Wenn die jetzigen Verfechter der Räterepublik erklären, sie stehen auf dem Boden der Kommunisten, so fragen wir sie, warum sie dann nicht offen der Kommunistischen Partei beitreten, die alle übrigen Kommunisten umfaßt und in der Partei des Räte-Abwürgers Haase und des Antibolschewisten Kautsky bleiben. Ihr sagt, die bayerische USP sei nicht mit der gesamten USP zu verwechseln. Weshalb? Es gibt keine besondere bayerische USP. Oder hat die bayerische USP zwischen sich und der übrigen

USP den Strich gezogen? Hat sie sich den Kommunisten angeschlossen? Genossen! Ihr sagt, Ihr seid Kommunisten. Ich weiß, daß viele USP-Arbeiter mit dem Herzen bei uns sind. Aber sie haben jahrelang ihr SPD-Mitgliedsbuch an ihrem Herzen gewärmt, sich erst vor kurzer Zeit mit Schmerzen von ihm getrennt und es widerstrebt ihnen, ja, sie betrachten es als Wankelmütigkeit, Mangel an Ernst, wenn sie nun wieder die Partei wechseln sollen. Ich kann diese Gefühle sogar verstehen. Aber wenn Ihr wirkliche Kommunisten seid, müßt Ihr begreifen, was für eine moralische Bedeutung und Ansporn für die übrige Arbeiterschaft Euer offener Übertritt sein wird und nicht länger säumen. Wir haben keine Veranlassung, uns mit der USP in Verhandlungen einzulassen. Ich wiederhole: seid Ihr wirklich Kommunisten, so macht Schluß mit Haase und Kautsky und alle Verhandlungen sind überflüssig. Wenn nicht, ist jedes Verhandeln mit Euch zwecklos; dann haben wir andere Ziele und Wege.«

Darauf erklärten die USP-Funktionäre, sie hätten sich schon in der vorhergehenden Diskussion mit dem Gedanken getragen, geschlossen zur KPD überzutreten. Levinés Worte hätten sie vollends davon überzeugt. Damit aber die einzelnen abwesenden Führer und der Vorsitzende der Partei, Toller, nicht den Eindruck bekämen, sie hätten hinter ihrem Rücken gehandelt, so wollten sie es ihnen in der noch am selben Abend stattfindenden Vollsitzung mitteilen und ihnen den Vorschlag machen, mitzukommen. Tun sie es – gut. Wenn nicht, vollziehen sie den Übertritt selber. Auf jeden Fall würde die offizielle Beitrittserklärung noch am selben Tage erfolgen. Die Versammlung bat, ihnen einige Exemplare des Spartakus-Programmes zuzusenden, sie wollten es in der Zwischenzeit eingehend studieren.

In der daran anschließenden Sitzung der kommunistischen Vertrauensleute, die das Resultat der Besprechung mit den Unabhängigen erwartete, wurde Levinés Bericht mit freudiger Erregung aufgenommen. Er schloß: »Wir wollen die schwankende, zarte Braut, die Unabhängige, in unsere starken kommunistischen Arme schließen und dafür sorgen, daß aus dieser Ehe eine machtvolle Kommunistische Partei hervorgeht.«

»Hast Du Geld?« fragte mich Leviné, als wir das Lokal verließen. »Ich halte mich kaum aufrecht. Wir könnten eine Stunde im Englischen Garten spazieren fahren. Es ist Frühling, Frühling! Und wer weiß ...« Wir stiegen in einen Wagen.

»Vielleicht wird sich durch den Übertritt der USP zu uns die Räterepublik verhindern lassen. Es kommt darauf an, in welchem Maße er sich vollziehen wird. Ich fürchte aber, es wird nichts nützen. Die Illusionen in der Arbeiterschaft sind zu stark, sie werden es ›versuchen‹ wollen. Der Übertritt hat auf jeden Fall eine ungeheure Bedeutung, dessen Einfluß sich auch die mehrheitssozialistischen Arbeiter auf die Dauer nicht entziehen können. Wir bekommen außerdem die Presse und eine Reihe alter erfahrener Genossen, mit deren Hilfe man die bevorstehenden Kämpfe viel erfolgreicher durchführen kann. Mögen die USP-Leute noch so sehr ›mit dem Herzen‹ bei uns sein; im gegebenen Augenblick müssen sie sich doch zum Werkzeug ihrer Partei machen, so lange sie offiziell in der Partei verbleiben und auf die Parolen ihrer Führer hören. Daher ist es fast immer ein Fehler, wenn man in einer Partei bleibt, der man seinen Ansichten nach nicht mehr angehört, sei es auch, ›um nach links zu peitschen‹.«

Wir fuhren schweigsam weiter. Nach einer Weile fing Leviné unvermittelt an, ein russisches Volksgedicht leise herzusagen:

»Sag, ach melde meiner jungen Frau,
Daß ich genommen eine andere:
Ich hab' gefreit den frühen Tod.«

Und als ich fassungslos weinte, zitterte auch Levinés Stimme. Es war sein letzter Frühlings-Spaziergang.

Abends war die letzte Hoffnung auf die Verhinderung des Abenteuers zerschellt. Die Unabhängigen hielten nicht stand. Unter dem Einfluß von Toller, der vorgab, sich unbedingt mit den Kommunisten verschmelzen zu wollen, stimmten sie zu, den Übertritt auf »nur 24 Stunden« zu verschieben, um noch in dieser Zeit als tugendsame USP-Kinder mit den Mehrheitssozialisten besser verhandeln zu können. Das leuchtete ein. In die Ecke gedrängt durch die Warnungen der Kommunisten und ihre entschiedene Ablehnung der Machenschaften der USP- und SPD-Räte-Republikaner, wagte Toller nicht, ohne weiteres für die Räterepublik einzutreten. Er übernahm einige Einwände der Kommunisten gegen die Räterepublik, die er fast wörtlich in seiner Erklärung wiederholte. Aber berauscht von seiner welthistorischen Aufgabe, den bayerischen Lenin zu spielen, vermochte er nicht deren Konsequenzen zu ziehen. »Um die Gewähr für eine wirkliche Räterepublik zu haben«, stellte er den auch von ihm bemißtrauten Führern der SPD folgende Bedingungen:

1. Diktatur des klassenbewußten Proletariats.
2. Prinzipieller Aufbau der Arbeiterräte durch Wahl nach Betrieben und Berufen.
3. Vergesellschaftung der Betriebe, der Banken und des Großgrundbesitzes.
4. Umwandlung der bürokratischen Staats- und Gemeindemaschine im Sinne der Verwaltung durch die A- und B-Räte.
5. Einführung der allgemeinen Arbeitspflicht für die Bourgeoisie.
6. Vollkommene Umgestaltung des Gerichtswesens auf revolutionärer Grundlage.
7. Umgestaltung des Siedlungs- und Wohnungswesens auf revolutionär-sozialistischer Grundlage.
8. Trennung zwischen Staat und Kirche.
9. Sofortige Revolutionierung des Schul- und Universitätswesens.
10. Sozialisierung der Presse usw.
11. Bildung einer roten Armee zum Schutze der Räterepublik.
12. Bündnis mit den Räterepubliken Rußland und Ungarn und Zustimmung zu den sich daraus ergebenden Maßnahmen.

Die Annahme eines Teils dieser Bedingungen genügte, und am 7. April proklamierten die Unabhängigen, zusammen mit den Mehrheitssozialisten und Anarchisten, die Räte-Republik.

Über die Tätigkeit der neuen Regierung gibt ein Artikel von Leviné ein klares Bild:

»Der dritte Tag der Räte-Republik. Alles wie sonst. In den Betrieben schuften und fronen die Arbeiter nach wie vor zugunsten des Kapitals. In den Ämtern sitzen nach wie vor die früheren königlich Wittelsbacher Beamten. Auf den Straßen die alten Hüter der kapitalistischen Weltordnung mit dem Schutzmannssäbel. Alles wie sonst. Noch liegen die Kapitale in den Safes der Banken. Noch klappern die Scheren der Kriegsgewinnler und der Dividendenjäger. Noch üben in den Gerichten die königlichen Landgerichtsräte Klassenjustiz.

Noch rattern die Rotationsmaschinen der kapitalistischen Presse und speien ihr Gift und ihre Galle, ihre Lügen und ihre Verleumdungen in die nach revolutionären Kampfworten begierige Menge.

Alles wie sonst. Nur an den Straßen von Wind und Regen zerfetzte Plakate: ›Nationalfeiertag‹ steht darauf. Nationalfeiertag! Von Nation sprechen sie, der einigen Nation der Arbeiter und Kapitalisten. Und wollen doch die Diktatur des Proletariats errichten!

Diktatur des Proletariats? Ein anderes Plakat gibt uns die Antwort: ›Belagerungszustand‹ steht darüber und ›General-Kommando‹ ...

O, sie sind revolutionär, die Herren. Sie haben ein bißchen herumgeblättert in den Telegrammen aus den ersten Tagen der russischen und ungarischen Sowjet-Republiken. Da stand etwas von Belagerungszustand. Nun glauben sie es ebenso machen zu müssen. Sie vergessen eines: die Russen und die Ungarn bewaffneten zuerst das Proletariat und entwaffneten die Bourgeoisie, dann erst erklärten sie den Belagerungszustand.

In Bayern dagegen? Kein einziger Proletarier hat noch eine Waffe erhalten. Keinem einzigen Bürger ist noch die Waffe genommen. Da dient der Belagerungszustand der Bourgeoisie und richtet sich gegen das Proletariat. Während es nach Aufklärung dürstet und in die Versammlungen strömt, darf es nicht nach 8 Uhr abends auf der Straße sein ...

Auf den Straßen gehen die Bourgeois und lächeln. Sie wissen nur allzu gut: Eine Räte-Republik ohne Räte, eine Räte-Republik ohne Massen, eine Herrschaft ohne die Bewaffnung des Proletariats – da kann man ruhig und sorglos schlafen.

Schon zieht Oberst Epp seine Freiwilligen zusammen. Die

Studenten und andere Bourgeoisie-Söhnchen strömen ihm aus allen Enden zu. In Nürnberg ist der Kriegszustand erklärt. In Weimar erklärten die Herren, daß sie nur die alte Regierung anerkennen. Schon wetzt Noske sein Schlächterschwert, um seinen bedrohten Parteigenossen und den bedrohten Kapitalisten zu Hilfe zu eilen.
Aber jetzt werden sie doch wenigstens das Proletariat aufrufen? Jetzt werden sie die Arbeiter aus den Betrieben herausholen, sie bewaffnen, den Generalstreik erklären, um das bewaffnete Proletariat in Bereitschaft zu halten.
Nichts dergleichen. Es werden Projekte geschmiedet, Dekrete entworfen über die Bildung einer Roten Armee. Sie merken gar keinen Unterschied und glauben, Rote Armee und Bewaffnung des Proletariats wäre ein und dasselbe. Sie vergessen, daß die russische Sowjet-Macht sofort zu Beginn ihrer Kämpfe die Arbeiter bewaffnet hatte und erst viel später, als die Bourgeoisie aus ihren Positionen gedrängt war, die Rote Armee gebildet hatte.
Aber auch dieses Dekret von der Roten Armee liegt erst im Entwurf vor. Sie haben es nicht allzu eilig, die Räterepublik zu schützen ...
Räte-Republik ohne Räte. Proletarische Diktatur ohne Proletariat. Volksbeauftragte ohne Aufträge des arbeitenden Volkes. Ein Projekt der Roten Armee ohne Beihilfe des Proletariats. Sozialisierungsprojekte ohne wirkliches Ergreifen der Macht. Angebliche Siege ohne Kämpfe. Revolutionäre Phrasen ohne revolutionären Inhalt ...«

Allein die Kommunistische Partei fing an, neben der Kritik an der Schein-Räte-Republik vom ersten Tage reale Politik zu betreiben. Und deshalb ist es nicht wahr, wenn viele Unabhängige behaupteten, daß das lange Beiseitestehen der Kommunisten der Räterepublik geschadet hätte. Die Kommunisten standen nur abseits der Regierung, trafen aber sofort alle Maßnahmen, die sie auch treffen mußten, wenn sie in der Regierung säßen.

Die Arbeiter fühlten, daß sich über ihren Köpfen ein Gewitter zusammenzog. Die vorherige Sorglosigkeit, die es einem

Häuflein Abenteurer möglich machte, mit ihrem Geschick zu spielen, wich vollkommen. Es ist schwer zu sagen, wie sich dieser Umschwung so rasch vollziehen konnte. Aber kaum war die Räterepublik proklamiert, als die Arbeiterschaft sich ganz den Kommunisten zuwandte und bei ihnen Rettung suchte. Sie verstand noch immer nicht die Unerbittlichkeit der revolutionären Entwicklung, aber sie verstand, daß es die Kommunisten waren, die die Ereignisse so klar vorausgesehen hatten. »Die Kommunisten müssen mitmachen! Nur sie können uns retten!« In vielen Versammlungen wurde sogar der Beschluß gefaßt, den Kommunisten die »ganze Macht« zu übertragen und Max Levien zum Diktator zu proklamieren.

Die Kommunisten reizte es sehr wenig, »Diktatoren« ohne politische Macht zu sein. Aber sie schätzten die Situation folgendermaßen ein: Die Konterrevolution hat unsere schwache Seite erkannt. Das ist der fehlende organisatorische Aufbau. Sie weiß, daß die Verhältnisse für uns sind, daß die Stimmung der Arbeiterschaft sich immer mehr uns zuwendet. Läßt sie es zu, daß wir uns sammeln und wartet sie ab, bis wir es für richtig erachten, loszuschlagen, dann ist sie verloren. Daher hat sie mit Hilfe der Sozialdemokraten in einer ganzen Reihe von Städten ein frühzeitiges Losschlagen provoziert. Wir haben jetzt größere Erfahrungen und sind in München auf die Provokation nicht hereingefallen. Aber die Würfel sind gefallen. Mögen die Unabhängigen noch so vorsichtig lavieren. Mögen sie sich noch so eifrig mit der »Revolutionierung der Hochschule« und ähnlichen, im Augenblick für die Macht der Bourgeoisie ungefährlichen Dingen befassen: Der Kampf ist ausgebrochen! Durch die Proklamierung der proletarischen Diktatur sind in einem großen Teil des Proletariats Illusionen erweckt worden: er besitzt auch tatsächlich eine Macht. Die Arbeiter werden sich nicht ohne weiteres einem verschärften Terror, den die unabwendbare Niederwerfung auch dieser Schein-Räte-Republik durch Einmarsch von den weißen Truppen mit sich bringen muß, fügen. Wollte man auch die Massen zur kampflosen Übergabe der Stadt auffordern, was würde es nützen? Die Konterrevolution muß sich sichern, daß solche unerlaubten

Machtübergriffe nicht mehr vorkommen. Das kann sie nur durch Beseitigung der Führer »auf der Flucht« oder »in Notwehr«, durch die völlige Entwaffnung des Proletariats. Verhandeln? Man hatte auch damit seine Erfahrungen. Sie »verhandeln« so lange, bis es ihnen gelungen ist, ihre ganzen Kräfte zu konzentrieren und den Kampfwillen der Arbeiterschaft durch die Illusionen von Verhandlungen zu lähmen. Dann fallen sie mit der ganzen Schärfe über das Proletariat her: »Waffen und Führer!« Und Führer ist jeder klassenbewußte Arbeiter, der die Fackel des revolutionären Kampfes weiter zünden kann. Wenn wir die Ereignisse auch parteiegoistisch lösen wollten, d. h. beiseitestehen, da »wir es nicht gewollt«, um unsere Kräfte zu schonen, was würde es nützen? Die Konterrevolution weiß, wer ihre schlimmsten Feinde sind – uns wird doch die schwerste Rache treffen. Es gibt nur eins – die Verteidigung des Proletariats durchzuführen, seine Bewaffnung und seinen Willen zum Kampf zu organisieren. Wenn das Proletariat uns jetzt auffordert, in die Regierung Toller einzutreten, so haben wir dort nichts zu suchen. Aber wir müssen einen eigenen Machtapparat durch die Betriebsräte schaffen, um im gegebenen Augenblick mit seiner Hilfe all die Maßnahmen durchzuführen, um aus der Situation alles für die Arbeiterschaft herauszuholen, was sich retten läßt. Durch unsere Kritik zwingen wir die Schein-Regierung, jetzt schon einzugestehen, daß die von uns vorgeschlagenen Maßnahmen richtig sind und wirken dadurch propagandistisch in unserem Sinne auf die Massen. Andererseits treffen wir die Vorbereitungen zur Übernahme der Macht durch Schaffung von Räten.

Toller gab in seiner Erklärung der USPD bekannt: »Wir traten, da unsere kommunistischen Forderungen angenommen wurden, in die Regierung ein. Unser Eintritt aber ist kein Freibrief. Wenn die Bedingungen nicht erfüllt werden, treten wir aus und wenden uns an die revolutionären Massen.«

Erst wenn die Bedingungen nicht erfüllt werden – von wem sollten sie erfüllt werden? – wendet sich Toller an die Massen. Die Kommunisten machten es umgekehrt.

Leviné sagte in den Versammlungen: »Ihr ließet es zu, daß

eine Handvoll verworrener Führer über Euer Geschick entscheiden durfte. Ich fürchte, wir sind verloren, so oder so. Es gilt nur, in Ehren unterzugehen. Das bedeutet für uns, aus der jetzigen Situation eine machtvolle Kundgebung des Willens des Proletariats zu gestalten. Wir wollen aus der Schein-Räte-Republik eine richtige Räte-Republik gestalten. Wir wollen den Massen Anschauungsunterricht geben, ihnen zeigen, wie eine Räte-Republik aufgebaut wird, und was sie von ihr zu erwarten haben. Den blutigen Preis müssen wir doch zahlen. Viele von uns werden die Sonne nicht mehr lachen sehen, viele von uns durch unseren Tod die künftige Freiheit einleiten. Wir wollen wissen, wofür wir sterben. Ich weiß es aus den Beispielen in Rußland. In den Städten, wo eine richtig durchgeführte Räte-Republik durch die Übermacht des Gegners zugrunde ging, war sie so tief in den Köpfen der Arbeiter eingewurzelt, daß sie immer fast automatisch wieder entstand, sobald diese Übermacht beseitigt war. Anders war es, wo dem Proletariat bei einer Scheinposition der Kampf aufgezwungen wurde, und wo es sich fragen mußte: wofür haben wir gekämpft?
Wir stehen auf vorgerücktem Posten. Wir dürfen es der Konterrevolution nicht so leicht machen, unser Blut zu vergießen. Wenn sie uns zu Abwehr bereit findet, wird sie einsehen, daß das Spielen mit Räte-Republiken ein doppelschneidiges Schwert werden kann, an dem sie sich selber die Finger verwundet.«

Am 9. April riefen die Kommunisten eine Versammlung der revolutionären Betriebs-Räte und revolutionären Soldaten-Vertreter ein zur gemeinsamen Beratung der Lage. Nach einem Referat von Leviné, in dem er ihnen noch einmal die oben erwähnten Ausführungen auseinandersetzte, beschloß die Versammlung, den provisorischen Zentralrat zur Abdankung zu zwingen, um den Kommunisten die gesamte exekutive Gewalt zu übertragen. Der dabei anwesende Toller erklärte sich mit den Ausführungen Levinés einverstanden und verbürgte sich für die Abdankung seiner Regierung, was die Kommunisten zur Vermeidung von Kämpfen innerhalb des Proletariats als Bedingung der Übernahme der Macht stellten. Toller verließ die Versammlung um dem Zentralrat den Beschluß mitzuteilen. Indessen wurde eine zwanziggliedrige Kommission gebildet, die zu den Tagesfragen Stellung nehmen sollte. Nach kurzer Zeit kehrte Toller zurück. Er berichtete, daß er den provisorischen Zentralrat nicht mehr angetroffen habe und bat um das Wort zu einer persönlichen Erklärung. Scheinbar hatte er sich die Sache inzwischen überlegt. »Sein weiches Herz ließe es nicht zu, daß die grausamen Kommunisten durch ihre schroffen Maßnahmen die Bauern zu einem Lieferungsboykott reizen könnten und Kinder und Kranke ohne Milch bleiben würden.« Ungefähr auf diesem Niveau bewegte sich seine Erklärung. Er vergaß, daß er eine Stunde vorher dieselben Kommunisten anflehte, die Regierung zu übernehmen und bezeichnete die Versammlung als eine »Masse Wahnsinniger«, die sich der kommunistischen Führung überlassen wollen. Er versprach aber unbedingt, alle kommunistischen Forderungen durchzuführen, denn von ihrer Notwendigkeit waren die Massen schon zu sehr überzeugt. Er wand sich wie ein Aal, machte Zugeständnisse, widerrief sie, beteuerte seine Liebe zum Proletariat, während die Kommunisten »nur das Dogma lieben«. Versprach alles vorsichtig in aller Stille durchzuführen, nicht wie die polternden Kommunisten, die unbedingt den Kampf wollen.

Und das war es: er forderte keine Kampfbereitschaft. Die Versammlung schwankte. Durch die stark vertretenen Kommunisten wurde sie wieder zur Besinnung gebracht und bestätigte die früheren Beschlüsse. Aber dieser Vorfall kennzeichnete die ganze Unreife, die auch später so verhängnisvoll wurde.

Am anderen Tage erließ die Partei eine Erklärung, in der sie bat, den Zwanziger-Rat von seinem Auftrag zu entbinden, da sonst ein Kampf unter der Arbeiterschaft drohte, und den Anspruch auf die Ergreifung der politischen Macht aufzugeben. Sie beschloß, der Tollerschen Regierung mit Rat beizustehen, ohne in die Regierung selbst einzutreten. Die Regierung nahm alle Anträge der Kommunisten mit Begeisterung an, setzte aber nichts in die Tat um. Die Arbeiterschaft sah tatenlos zu und der Fall mit dem Zwanziger-Rat schien

ein Beweis dafür zu sein, daß die Arbeiterschaft nicht gewillt war, nennenswerte Kämpfe zu führen. Es fing sich allmählich an die Meinung durchzusetzen, die Regierung Hoffmann würde nicht wagen, angesichts der Vorgeschichte der Räte-Republik, des Beiseitestehens der Kommunisten, gegen die Toller-Regierung, die sich wie ein Indianerspiel von Kindern ausnahm, einen ernsthaften Kampf zu provozieren. Klingelhöfer wiederholte noch immer nach dem Bericht der unabhängigen »Neuen Zeitung« »den Gedankengang seiner vor einer Woche im selben Saale gehaltenen Rede«, nämlich, daß die Räte-Republik keine Diktatur, sondern reinste Demokratie sei, und daß man in Deutschland keine Gewalt zur Durchführung des Sozialismus brauche, um zum Schluß aus Anlaß einer Wahl von 10 Delegierten zum Zentralrat das »eben vollbrachte große Werk der Einigkeit« zu verkünden! Die Kommunisten rechneten aber mit dem Einmarsch der weißen Garden, mit einer Illegalitäts-Periode, und die Partei begann, sich darauf vorzubereiten. Am Sonnabend, dem 12. April schickte mich Leviné früh nach Hause: »Alles wird sich in Wohlgefallen auflösen.« Er versprach auch bald nachzukommen und kündete mir »ruhigere Zeiten« an, da »in wenigen Tagen das Abenteuer ziemlich friedlich liquidiert sein dürfte. Die Mehrheitler sind zu sehr durch unsere Entlarvung kompromittiert und werden sich wohl doch scheuen, Kämpfe zu provozieren.«
Ich wartete vergebens bis tief in die Nacht. Am anderen Morgen ließ er mir telephonisch ausrichten, ich sollte bis auf weiteres die Wohnung nicht verlassen. Es liefen Gerüchte von einem Rechtsputsch um, von der Verhaftung des Zentralrates, der kommunistischen Führer. In der Stadt wurden Bekanntmachungen angeschlagen, wonach der Zentralrat für abgesetzt erklärt und im Auftrag der gesetzmäßigen Regierung Hoffmann Kriegszustand verhängt wurde. Niemand wußte etwas Bestimmtes, aber man war überzeugt, daß die Räte-Republik nun erledigt sei; man dachte vielleicht überhaupt nicht mehr an ihre Existenz. Spaziergänger zeigten sich auf den Straßen, Frauen und Kinder. Der Tag verging. Gegen Abend setzte plötzlich eine planmäßige Schießerei ein.

Also doch ein Kampf. An dem Ausgang zweifelte ich nicht. Im besten Falle mehrere Tote »auf der Flucht«, ein paar hundert Gefangene. Dann die widerlichen Lügen und Verleumdungen über die kommunistischen Hetzer, eine noch offenere Pogromstimmung. Immer wieder sah ich die Demonstration nach der Ermordung von Karl Liebknecht und Rosa Luxemburg: Halb-Proletarier, Krankenschwestern mit ihren früh gealterten, abgearbeiteten Gesichtern, Kriegsinvaliden, Arbeiter, Arbeiterinnen, um deren Elend willen jene gefallen sind, zogen mit schwarz-weiß-roten Fahnen, mit Geschrei und Gejohle durch die Straßen. Nun sind die Hetzer tot, tot! Es schien, als ob das gesamte Bürgertum einen irrsinnigen Tanz um die Leichen ihrer ermordeten Feinde ausführte. Um wen werden sie jetzt jubeln?

Es war noch nicht zu Ende. Am anderen Morgen kam am hellichten Tage Leviné. Was ist geschehen?

Von Leviné erfuhr ich folgendes:

»Schon am Samstag trafen beunruhigende Meldungen ein über die Unsicherheit der republikanischen Schutztruppen. Wir ordneten verschärfte Alarmbereitschaft an und waren auf der Hut.

Sonntag Morgen erschienen in der Stadt Plakate, unterzeichnet: ›Die Garnison München‹, worin der Zentralrat für abgesetzt erklärt und zur Unterstützung der sozialistischen Regierung Hoffmann aufgefordert wurde. Außerdem wurde von derselben ›Garnison München‹ der Belagerungszustand verhängt. Schon in der Nacht wurde eine ganze Reihe von Mitgliedern des Zentralrates verhaftet und verschleppt. Unter der Führung des Sozialdemokraten Aschenbrenner besetzten die Putschisten den Hauptbahnhof, um sich die Verbindung mit der Regierung Hoffmann und den bereits gesammelten konterrevolutionären Truppen zu sichern. Die sozialdemokratischen Führer Münchens waren natürlich mit den Putschisten. Der Gesamtausschuß der Münchener SPD erließ einen Aufruf ganz im Geiste der Münchener Garnison, in dem zur ›kraftvollen Unterstützung‹ der sozialistischen Regierung aufgefordert wurde. Der Aufruf versprach mit Rücksicht auf die Stimmung den ›gesunden Gedanken des Räte-Systems durchzuführen‹, warnte aber vor den unzuver-

lässigen ›verbrecherischen Elementen‹ und versuchte, in jeder Weise gegen die Räte-Republik Stimmung zu machen.
Als die Nachricht über den Putsch sich verbreitete, bemächtigte sich der Arbeiterschaft eine ungeheure Erregung. Die Erbitterung über die Regierung Hoffmann, deren einzelne Mitglieder ihre eigenen Parteigenossen zur Proklamierung der Räte-Republik aufgeputscht hatten und sie nun gewaltsam niederwerfen wollten, war allgemein. Die Sozialdemokratie wagte nicht, offene Parteiversammlungen einzuberufen, so groß war die Angst, daß ihre eigenen Anhänger ihnen die Schädel einschlagen würden. Der Zentralrat rief zu Protestdemonstrationen auf, was nur Spott und Hohn hervorrief. Die Einigkeit des Proletariats, über die man so viel in den letzten Tagen feilschte, erwuchs in einem einzigen Moment aus dem Willen: siegen oder sterben. Es waren keine Waffen da. Toller mußte nach der Proklamierung der Räte-Republik erklären, daß er nicht wisse, über wieviel Waffen er verfüge. Später stellte sich heraus, daß man ungefähr 600 Gewehre besaß, wobei der größte Teil schußunfähig war, und fast keine Munition. In wenigen Stunden war das Proletariat gestern bewaffnet... Wie das geschieht? Wenn das Proletariat bis zum äußersten gebracht wird, wenn es die Geduld wirklich verliert, sprengt es alle Ketten, steht ihm nichts mehr im Wege. Wir riefen den Arbeitern vor wenigen Tagen zu: ›Setzt den Zentralrat und den Jüngling Toller ab. Es ist nicht die Zeit für Phrasenpolitik. Es stehen Kämpfe bevor.‹ Gestern wurde über den Zentralrat einfach zur Tagesordnung geschritten. Es wurde auch fast gar nicht geschossen. In solchen Augenblicken fühlt der Gegner, daß er ausgespielt hat und setzt sich kaum zur Wehr. Es sind insgesamt sieben Opfer gefallen. Dem Bahnhofskommandanten Aschenbrenner, der drei unserer Parlamentarier erschießen ließ, gelang es, auf einer Lokomotive zu entkommen.
Auf diese Weise wurde die Voraussetzung für die Proklamierung einer Räte-Republik geschaffen: der offene, wenn auch aufgezwungene, Kampf der Arbeiterschaft. Die Betriebs- und Soldatenräte Münchens setzten den provisorischen Zentralrat auch formell ab und übertrugen die ganze Macht einem fünfzehngliedrigen Aktionsausschuß, der zum großen Teil

aus Kommunisten besteht. Der Enthusiasmus ist ungeheuer. Es ist bereits die Verteilung der Waffen an die Arbeiter in den Betrieben eingeleitet und der Generalstreik proklamiert. Der Generalstreik ist notwendig zur rascheren Durchführung aller Maßnahmen zum Schutze der Räte-Republik und außerdem, um gegen das Bürgertum zu demonstrieren.«
»Und was macht Toller?« »Er stellte sich uns zur Verfügung. Er will mit ›seinem Blute seine Liebe zum Proletariat bekunden‹, trägt bereits die Uniform... Ich fürchte, er wird uns noch viel zu schaffen machen, aber er hat Instinkt. Hat tatsächlich in diesem Augenblick das Richtigste getroffen. – Man kann doch nicht einen Mann abschütteln, der ›für das Proletariat sterben will‹.
Wir kamen vor einige Plakate. ›Stadtkommandant ist nunmehr der Unterzeichnete... Wer in 24 Stunden die Waffen nicht abliefert, wird erschossen. Egelhofer‹. Ich erschrak gewohnheitsmäßig vor dieser Sprache... ›Sie brauchen doch keine Waffen, wenn sie sie nicht gegen uns richten wollen. Die ersten Schüsse nach der deutschen Revolution fielen seitens der Offiziere. In Rußland begann man den roten Terror anzuwenden, nachdem die Bourgeoisie in schauerlichster Weise gegen das Proletariat vorging. Das weißt Du und erschrickst trotzdem, wenn wir versuchen wollen, der Konterrevolution die Möglichkeit zu nehmen, Blutbäder unter uns anzurichten. Es ist höchste Zeit zu lernen, nicht zu erschrekken, wenn das Proletariat zu befehlen beginnt. Wenn das Proletariat nur bald zu befehlen lernen würde!‹
Wir näherten uns dem Kriegsministerium. Das Gebäude war förmlich umlagert und in breiten Scharen strömten immer neue Massen hinzu. Das waren die Bürger, die gekommen sind, die Waffen abzuliefern. Die Gesichter waren undurchdringlich, ernst, verschlossen. Manche versuchten spöttisch zu lächeln. Das waren vielleicht jene, denen es gelang, ihre Hauptwaffenlager bei Proletariern, die von Waffendurchsuchungen ausgenommen waren, zu verstecken, um sie im gegebenen Augenblick gegen sie zu richten... Sie drängten sich, beeilten sich, die unter den Mänteln versteckten Gewehre so schnell wie möglich los zu werden«. »Das ist das Vertrauensvotum des Bürgertums für die neue Regierung«, sagte Levi-

né. »Als die Schein-Räte-Regierung die Ablieferung der Waffen forderte, dachten sie nicht im geringsten, Folge zu leisten.«

Trotz einem ganzen Wust von Anforderungen, naiven Erwartungen, überspannten Hoffnungen, die an die Regierung gestellt worden sind, gelang es ihr mit Hilfe der bestehenden Parteikadres schon in den allerersten Tagen, aus der ganzen Masse sich Herandrängender, Ehrlicher, Phantasten, Schwärmer, einen Stab zu bilden und planmäßig die nächsten wichtigsten Aufgaben durchzuführen: Bewaffnung des Proletariats, regelmäßige Aufklärung der Arbeiterschaft, des Bauerntums, sowie des Mittelstandes über das Wesen und Ziel einer Räte-Republik, die Lebensmittelversorgung, durch zweckmäßige Rationierung des vorhandenen Vorrates und Beschlagnahme der Hamsterlager, die Lohnauszahlung an die Arbeiter, Beamten und Roten Soldaten.
Indessen rief die Angst vor der Blockade, deren Wirkung sich allmählich bemerkbar machte, vor der Übermacht der zusammengezogenen Truppen und dem herannahenden Entscheidungskampfe große Unruhe und Verwirrung hervor. Alles, was halb war unter dem Proletariat, begann nach Mitteln zu suchen, der Entscheidung auszuweichen. Sie wandten sich automatisch denjenigen zu, die, ebenso wie sie, nicht imstande waren, der Gefahr ins Auge zu sehen, und ihre ganze Handlungsweise auf Liquidation und lakaienhaftes Handlangertum für die künftigen Herrscher einstellten.
Die entscheidende Betriebsräteversammlung vom 27. April stand ganz im Zeichen einer ohnmächtigen Wut über die geschaffene Lage und eines verzweifelten Versuchs, so günstig als möglich sich aus der Affäre zu ziehen. Zunächst kam Männer: »Die Forderung des Aktionsausschusses, die Schlüssel der Safes dem politischen Kommissar auszuliefern, sei ein politischer (!) Diebstahl, zu dem er sich nicht hergeben könne. Er würde noch verstehen, wenn man Geld beschlagnahmen wollte, aber Wertgegenstände, Brillanten seien ganz überflüssig. Die könne das Proletariat nicht essen. Er sei selbstverständlich für die Räte-Republik, allein er müsse so handeln, daß er der Regierung Hoffmann mit freier Stirn entgegen-

treten könne.« Dieser Vertreter der Räte-Republik wußte nichts von dem »Hüben und Drüben« eines Liebknecht: »Eure Ehre ist nicht meine Ehre!« Allen die Stirn frei bieten hat aber auch eine sehr praktische Nutzanwendung; wenn man sich nicht gegen »alle«, d. h. in diesem Falle gegen die heiligen Gesetze der Bourgeoisie, versündigt, darf man auch hoffen, von diesen Gesetzen freigesprochen zu werden, jedenfalls aber eine milde Strafe zu bekommen.
Dann kam die Rücktrittserklärung Tollers, die laut verlesen wurde:
»Die jetzige Regierung betrachte ich als ein Unheil für das werktätige Volk Bayerns. Die führenden Männer bedeuten für mich eine Gefahr für den Rätegedanken. Unfähig, auch nur das geringste aufzubauen, zerstören sie in sinnloser Weise. Sie unterstützen, hieße für mich die Revolution und die Räterepublik gefährden. Das furchtbarste ist, daß das werktätige Volk über die wahren Vorgänge völlig in Unkenntnis gelassen wird.«
In seiner Rede sprach er weiter von landfremden Elementen, von der Zerstörungswut der neuen Machthaber und ähnlichem. Um es nicht mit den anwesenden kommunistischen Betriebsräten zu verderben, erklärte er, er richte seine Angriffe nicht gegen die KPD, sondern gegen einige Männer, die zufällig in der KPD seien.
Ungefähr dasselbe erklärte Klingelhöfer.
Nachdem der Boden so vorbereitet wurde, folgten die »sachlichen« Mitteilungen über den »materiellen« Stand der Dinge von den Vertretern des Proviantamtes, Kohlenrates usw. Sie waren alle zugespitzt, unwahr, hielten keiner näheren Untersuchung stand und nur von der Absicht diktiert, eine Panik zu verbreiten. Dann kamen persönliche Verdächtigungen. Die Räte-Regierung wurde beschuldigt, 50 Auslandspässe zurechtgelegt zu haben, um flüchten zu können und ähnliches mehr. Dann kam die Losung: wir wollen verhandeln. Die Kommunisten zogen aus diesem Verhalten die Konsequenzen. Es war klar, daß man in dieser Versammlung, die bereits von Spitzeln durchsetzt war (man mußte einige Personen aus dem Saal entfernen, die sich ohne Mandat eingeschlichen hatten) und die in ihren Reihen Vertreter der

Schutzmannschaft, bürgerliche Redakteuere und ähnliche »Räte« vereinigte, keine Maßnahme zur Organisierung des Kampfes durchsetzen würde. Man mußte sich auch formell von den Regierungsämtern lösen und die Mandate zur Verfügung stellen. Die Partei beabsichtigte, nicht gebunden durch die Regierungsämter, die in diesem Stadium nur Scheinpositionen bedeuteten, im Sinne der Verteidigung des Proletariats weiter zu arbeiten. Aber die Versammlung wollte die Kommunisten nicht fortlassen. Wenn die Kommunisten aus der Regierung ausscheiden, kann man sie ja für die weitere Entwicklung nicht mehr verantwortlich machen und vor allen Dingen: man muß diese Verantwortung selber tragen. Das mußte mit allen Mitteln vermieden werden. Es entstand eine groteske Situation. Die beschimpften, bemißtrauten kommunistischen Führer, das Verderben des bayerischen Volkes, sollten gezwungen werden, nicht zu gehen, sondern ... dazubleiben. »Ihr müßt weiter auf Euren Posten bleiben!« »Gut, aber dann verlangen wir, daß Ihr unsere Maßnahmen nicht sabotiert. Wir können nicht die Verantwortung dafür tragen, daß im Augenblick, da die ganze Kraft auf die Verteidigung Münchens zugespitzt sein muß, nichts geschieht, daß in unverantwortlicher Weise der Arbeiterschaft Verhandlungen gepredigt werden. Wir erklären dasselbe, was wir während der Schein-Räte-Republik sagten: Wir werden Euch in den Kämpfen in den vordersten Reihen zur Seite stehen, aber wir lassen uns nicht zu Strohpuppen einer Sabotage-Politik mißbrauchen.« Es nützte nichts. Leviné griff zu den primitivsten Vergleichen: »Wenn Ihr eine radikale Politik betreiben wollt, werdet Ihr doch nicht zu Eurem Vertreter Ludendorff wählen. Ebensowenig könnt Ihr Euch durch die Kommunisten vertreten lassen, wenn Ihr eine Politik des Ausweichens und der Verhandlungen betreiben wollt. Ihr müßt dazu diejenigen nehmen, die diese Politik propagieren«. Es half nichts ...

Erst als Leviné ankündigte, sofort die bürgerlichen Zeitungen zu verbieten, die Betriebsräte von bürgerlichen Elementen zu säubern, eine ganze Reihe von berüchtigten Konterrevolutionären noch in derselben Nacht zu verhaften, erschrak die Versammlung und verständigte sich zu einer Abstimmung, die ein Mißtrauensvotum ergab. So sah in Wirklichkeit das »Mißtrauen« zu den Kommunisten und ihre Ablehnung aus.

Darauf bildete sich ein neuer Aktionsausschuß, der »nur aus Betriebsräten« bestand. Die eigentlichen Drahtzieher, Toller, Klingelhöfer und Männer, verkrochen sich hinter dem »Willen des Proletariats«, indem sie in den Aktionsausschuß nur Arbeiter vorschoben und selber draußen blieben.

Der neue Aktionsausschuß beeilte sich noch in der letzten Stunde, der Regierung Hoffmann einen Verhandlungsantrag zu stellen. Er wurde glattweg abgewiesen.

Die Kommunistische Partei gab, nachdem sie aus der Regierung ausgeschieden war, keineswegs ihre Position als leitender Faktor auf. Sie versuchte mit allen Mitteln, gestützt auf die Rote Armee, die von ihr erkannte Notwendigkeit, nicht kampflos der Reaktion die Bahn zu räumen, durchzuführen. Sie nahm in den Betrieben Neuwahlen vor, wobei die Großbetriebe mit ihrem revolutionierenden Einfluß voll zur Geltung kommen sollten, um mit Hilfe der neuen Betriebsräte auf die Arbeiterschaft einzuwirken.

Nachdem die Kommunisten aus der Regierung ausgeschieden waren, tagten sie nicht mehr öffentlich und hielten auch keine öffentlichen Versammlungen ab. Die Situation hatte sich jäh geändert. Die neuen Machthaber waren ganz auf die weise Politik bedacht, der Bourgeoisie wohlgefällig zu sein. Bereits in den letzten Tagen der kommunistischen Regierung verfolgten sie diese Tendenz in der Form von Sabotage der kommunistischen Maßnahmen und erzwangen auch eine Reihe entsprechender Verfügungen: Freigabe der bürgerlichen Presse, Freigabe der Automobile, Freisprechung für antikommunistische Propaganda, Befreiung konterrevolutionärer Gefangener und ähnliches. Nun gesellte sich dazu die offene Abgrenzung von den Kommunisten durch Beschimpfung und Anschuldigung der Grausamkeit und des Urhebertums alles Übels. »Leviné und Max Levien sind mit der Kasse der Kriegsbeschädigten durchgegangen.« »Leviné und Levien sind aus München geflüchtet.« Toller erklärte, in jeder Partei gäbe es halt unehrenhafte Elemente. »Man müßte Leviné vom Rednerpult herunterreißen, als er erklärte, er sei immer von der Partei dorthin geschickt worden, wo es notwendig sei... Wenn das Proletariat sich solche Führer wie Leviné gefallen lasse, verdiene es nicht, eine Räte-Republik zu haben.«

Die Bourgeoisie hörte es und zog ihre Konsequenzen. Das Bild der Straße änderte sich. Wieder erschienen elegante Herren und Damen, Autos fuhren herum, die Geschäfte füllten sich und die Verkäufer und Verkäuferinnen machten wieder ihre Buckel vor den »Herrschaften« und seufzten dienstbeflissen über die Mißwirtschaft, die nun bald ein Ende nehmen würde. Es war die völlige Kapitulation, das Kriechen vor dem Sieger, der nur zu kommen brauchte. Und er kam.

Noch einige Tage vorher, als die Situation sich zuspitzte, versuchte ich, eine Unterkunft für Leviné zu finden. Ich sagte einem bekannten Studenten, der mir oft von den Sympathien der bürgerlichen Intellektuellen mit der Bewegung und speziell mit Leviné erzählte, sie möchten doch auch einmal eine Tat wagen und Leviné schützen. Ein früherer Bekannter von Leviné, Professor Salz, bot sich an, sowohl für Leviné wie auch sogar für mich eine Unterkunft zu schaffen. Leviné meinte, es wäre weniger gefährlich, wenn wir einzeln untergebracht würden.

Am 29. April sah ich Leviné zum letzten Mal in der Freiheit.

Er machte keine Schwierigkeiten, sich zu verbergen, wie ich fürchtete, weil er damit einem Beschluß der Partei folgte. »Die militärische Leitung begibt sich auf ihren Posten. Du hast im Augenblick keine Funktionen mehr und hast bis auf weiteres zu verschwinden.«

Diese Tatsache des »feigen« Verschwindens griff der Staatsanwalt als eine seiner wichtigsten Argumentationen für Levinés ehrlose Gesinnung auf. Aber auch innerhalb uns näher stehender Kreise und sogar unter Kommunisten ist dieses Verschwinden ein etwas heikles Thema, das manchmal gefühlsmäßig mit einem gewissen Vorwurf verbunden ist. Toller, der trotz seiner militärischen Funktionen sich für »berechtigt fühlte«, in der »Annahme« (!), daß nicht gekämpft würde«, zu verschwinden, versucht diese Gefühlsmomente noch zu berücksichtigen, indem er, um sich in ein

helles Licht zu setzen, vor Gericht erzählt: »Es war ein niederschmetternder Eindruck, als ich sah, daß die Führer verschwunden waren.«
Ich halte es daher für notwendig, auf dieses Verschwinden näher einzugehen. In der Versammlung am 27. April fiel plötzlich ein Schuß. Die Atmosphäre war damals schon so geladen, daß alles glaubte, die weißen Garden wären eingedrungen und stürzte zur Tür. Ich saß dicht hinter Leviné; er tat instinktiv ein paar Schritte in meiner Richtung. Meine Bewegung, mich an ihm festzuhalten, um ihn nicht zu verlieren, mißverstand er und riß sich los, um wieder in den Saal zu eilen. Bald stellte sich heraus, daß der Schuß eine rein persönliche Ursache hatte. Leviné war ganz niedergeschmettert, weil er für einen kurzen Augenblick einer persönlichen Regung, mich zu schützen, nachgegeben und seinen Posten bei den Kameraden verlassen habe. In einer Aussprache, die er daraufhin mit engeren Freunden hatte, machten sie ihm Vorwürfe über seinen Rückfall in die alte »sozialrevolutionäre Heldentum-Ideologie«. Es sei revolutionäre Pflicht eines Führers, in einer solchen Situation der Konterrevolution nicht den Gefallen zu tun, auf leichte Art der Arbeiterschaft ihre Führung zu nehmen. Es sei keine Frage des persönlichen Behagens, sondern der revolutionären Zweckmäßigkeit. Schon die gerechte Verteilung der Gefahr verlange es, daß der Führer, der tausendfach mehr gefährdet ist, eine größere Deckung erhält. Die Frage der Erhaltung der Führer ist auch eine Frage der Abkürzung der weiteren Kämpfe und der Verringerung der Zahl ihrer Opfer. Leviné lächelte etwas schuldbewußt, weil diese Argumente noch nicht imstande waren, das Bedürfnis, mit den Genossen die Gefahren auch unmittelbar zu teilen, zu unterdrücken. Er sagte zum Schluß: »Zu meinem persönlichen Trost will ich mir noch vor Augen halten, daß Karl und Rosa sich nicht an Straßenkämpfen zu beteiligen brauchten, um das Los der mit Waffen kämpfenden Arbeiter zu teilen.«

Ich las noch die letzten Proklamationen. Ich erinnere mich an einige Sätze:
»Noch haben die weißen Garden nicht gesiegt und häufen

schon Greuel auf Greuel. Gefangene Rotgardisten werden mißhandelt und erschossen, Verwundete niedergemacht. Macht ihnen ihre Henkersarbeit nicht leicht. Verkauft teuer Euer Leben. Nur auf diese Weise könnt Ihr dem Feind etwas abringen. Nur dadurch dem weißen Terror Einhalt tun.«
Ich fragte zum letzten Mal: »Ist es richtig so? Kannst Du Dich nicht irren? Ist der Kampf notwendig?« Und eindringlich, ernst sagte mir Leviné: »Wie leicht begreifen alle, daß man nur mit der Waffe in der Hand einen günstigen Frieden schließen kann. Was für Vorwürfe wurden der Arbeiterschaft in Deutschland wegen des angeblichen ›Dolchstoßes von hinten‹ gemacht, weil sie dadurch schlechtere Friedensbedingungen heraufbeschworen hätte. Aber dem im tausendfach schonungsloseren Kampf, im Klassenkampf, stehenden Proletariat predigt man ein Verhandeln mit gekreuzten Armen als das beste Mittel, einen guten Frieden zu erlangen. Nur wenn die weißen Garden eine kampfbereite Armee vor sich haben und merken, daß der Kampf auch in ihren Reihen viele Opfer fordern wird, werden sie gezwungen sein, einige Konzessionen zu machen. Freilich werden sie auch dann vertragsbrüchig werden können, aber dadurch werden sie der Arbeiterschaft wenigstens Aufklärungsarbeit leisten. Wir haben nichts zu verlieren und nur zu gewinnen. Ist Arbeiterblut so billig, daß man es zur Genugtuung von neugebackenen Pazifisten und alten Tanten wehrlos vergießen lassen darf? Ist es nicht auffällig, daß es gerade jene Elemente verlangen, die Unabhängigen, die während der ganzen Kriegsdauer die Notwendigkeit des Verteidigungskrieges propagierten? Gibt es einen ausgesprocheneren Verteidigungskrieg, als den, den wir jetzt führen? Wir sind es doch nicht, die mit Maschinengewehren und aufgehetzten Soldaten gekommen sind, andere mit Waffengewalt niederzuschlagen. Niemand würde froher sein als wir, wenn es den mitleidigen Pazifisten gelingen würde, die weißen Garden zu bewegen, vom Kampf abzusehen. Sie sollen es doch bei denen versuchen, die den Kampf wollen; wir brauchen den Kampf nicht. Bist Du überzeugt? Es werden schwere Tage kommen. Man muß wenigstens das Gefühl haben, daß sie unvermeidlich waren.«
Wir nahmen voneinander Abschied.

Ich ging in meine Wohnung durch die leer gewordenen Straßen. Sirenenrufe gellten, ferne Schüsse. Hie und da tauchten Patrouillen auf, von denen man nicht mehr wußte, ob es Freunde oder Feinde sind. Die Luft schien von Gewitterwolken getränkt. Die Außenwelt wurde plötzlich jäh von mir abgeschnitten.
Der erste Tag verlief ruhig. Erst gegen Abend wurde es bewegt. Die Wirtschafterin lief jeden Augenblick herein und berichtete freudestrahlend: »Eben hat man einen Kommunistenführer abgeführt.« »Eben wurde Levien blutig geschlagen und abgeführt.« Mit verhaltenem Atem, wie im Traum, fragte ich mit ruhiger Stimme nach den Merkmalen dieser Führer und überzeugte mich: Nein, noch sind sie es nicht. Sie berichtete auch: »Leviné-Nissen ist in einem Keller verkleidet gefunden!« Nein, auch das ist nicht wahr. Sie bringt Gewehre herauf; viele, ein ganzes Waffenlager. Ich wohnte bei einem Untermieter hoher Herrschaften. »Wir waren nicht so dumm, wir haben die Waffen bei den Portierleuten untergebracht. Da konnten ›sie‹ bei uns ruhig Haussuchungen vornehmen.«

Am 17. Mai sah ich Leviné zum ersten Mal im Gefängnis. Seine ganze Kraft konzentrierte er auf die Erfüllung seiner letzten Aufgabe: noch in Fesseln dem Feinde im Prozeß eine letzte Schlacht zu liefern. Er hielt bewußt alles von sich fern, was ihn bei dieser Aufgabe zu schwächen drohte. So bricht er in dem kleinen Tagebuch, das er mir hinterließ, an der Stelle ab, wo er das Kind erwähnt. Ein andermal erklärt er die Ursache seines langen Schweigens:
»Ich hatte ein kleines, winziges Hoffnungsflämmchen. Und um den Kopf oben zu behalten, habe ich es künstlich entfacht. Lebte so, als ob nichts bevorsteht. Aß, trank, las. Aber in diese Blätter wollte ich nicht den Selbstbetrug hineinschreiben. Und die Wahrheit schreiben? Dann wäre ja mein mühsam aufgebautes Kartenhaus zusammengestürzt. So ließ ich denn das Schreiben.«
Er verschmähte alles, was ihn in den Augen seiner Richter und darüber hinweg des ganzen Bürgertums und weichherziger Intellektueller schuldloser erscheinen lassen könnte. Un-

zweideutig und entschieden riß er den Gegensatz zwischen sich und seinen Feinden – den Feinden des Proletariats auf. Seine Rechtsanwälte legten ihm nahe, er müsse, um das erregte Bürgertum zu beschwichtigen, unterstreichen, daß er mit dem Geiselmord nichts zu tun habe. Er antwortete ruhig lächelnd: »Gebt mir ein Forum, eine Zeitung, wo ich meine Empörung und Trauer über die Mißhandlungen und Morde der Regierungstruppen aussprechen kann, dann werde ich mich auch zu dem andern äußern. Es wäre eine billige Ausflucht, über das darniederliegende Proletariat gemeinsam mit den Siegern herzufallen.«

Dieses Bewußtsein, die Sache der Räte-Republik zu vertreten, verließ ihn auch nicht einen Augenblick.

Seine völlige Unbekümmertheit um sein Schicksal, seine gleichmäßige Güte, der Mangel an jeder Pose, seine Ruhe bezwangen allmählich alle, die mit ihm in Berührung kamen. Die aufgehetzten Gefängniswärter, die überwachenden Schutzleute fühlten bald, daß man sie betrogen hatte, und ihre frühere Wut verwandelte sich in Ehrfurcht und Liebe, was sich in vielen kleinen Aufmerksamkeiten äußerte, die sie ihm und auch mir erwiesen.

Ich habe Leviné nur wenige Male gesehen und auch dann nur 10 bis 15 Minuten in Gegenwart von Beamten. Am Tage der Urteilsfällung wurde die Zusammenkunft auf eine halbe Stunde verlängert. Das war das einzige Mal, wo Leviné glaubte, daß das Urteil nicht vollstreckt würde. Zu groß war der Eindruck seiner persönlichen Größe und Unantastbarkeit, zu groß die Erkenntnis, daß es sich hier um einen einfachen Mord handeln würde. Das Urteil selbst beweist am besten, mit welchem Zynismus die Klassenjustiz sich über jeglichen Mangel einer juristischen Grundlage für die Todesstrafe hinwegsetzte:

»Der Eugen Leviné wird wegen eines Verbrechens des Hochverrats zum Tode verurteilt.

Gründe: Vom 4. auf den 5. April trat der Revolutionäre Zentralrat zusammen, um die rechtmäßige Verfassung zu stürzen und die Räte-Republik auszurufen *gegen den Widerspruch des Leviné*. Das Ministerium Hoffmann verlegte seinen Sitz nach Bamberg unter ausdrücklicher Wahrung seiner Rechte. Der Landtag wurde nicht aufgelöst. Die Ausrufung der Räte-Republik war eine Auflehnung gegen die fortbestehende verfassungsmäßige Regierung. In der Nacht vom 13. auf 14. April suchte ein Teil der Münchener Garnison der rechtmäßigen Regierung wieder zum Siege zu verhelfen. In diesem Zeitpunkt begann die positive Tätigkeit Levinés. Er führte die Ausrufung der Räte-Republik herbei, auf seinen Antrag bildete sich ein Vollzugsrat und Aktionsausschuß, er veranlaßte den Generalstreik, das Proletariat wurde bewaffnet und die Rote Armee organisiert. Leviné forderte wiederholt zum stärksten Widerstand auf, eine Gerichtskommission wurde bestellt, deren Aufgabe es war, die Gegenrevolution zu bekämpfen. Dem gleichen Zwecke diente das Revolutionstribunal, zahlreiche Unternehmungen der Roten Armee fanden statt, um die kommunistische Herrschaft durch Waffengewalt auszudehnen. Alle diese Maßnahmen hatten den Endzweck der Überleitung der gesamten rechtlichen und wirtschaftlichen Verhältnisse in den kommunistischen Staat. Leviné hat dafür die volle Verantwortung ausdrücklich übernommen. Die Handlungsweise begründet ein Verbrechen des Hochverrates. Leviné war ein fremder Eindringling in Bayern, dessen staatsrechtliche Verhältnisse ihn nicht im geringsten bekümmerten. Sein Ziel verfolgte er ohne jede Rücksicht auf das Wohl der Gesamtbevölkerung, obwohl er wußte, daß dem Lande der innere Friede dringend notwendig war. Bei seinen hohen Geistesgaben überblickte er die Tragweite im vollsten Maße. Wer in solcher Weise mit dem Schicksale eines Volkes verfährt, bei dem steht fest, daß seine Handlung aus einer ehrlosen Gesinnung entsprungen ist. Aus diesem Grunde wurden dem Angeklagten mildernde Umstände versagt. Das Gericht erachtet vielmehr strengste Sühne als dringendstes Gebot der Gerechtigkeit. Gemäß Artikel 3 des Kriegszustandsgesetzes erkennt das Gericht aus diesen Gründen auf Todesstrafe.«

Das Urteil wurde Dienstag abend, am 3. Juni, verkündet und war nach dem Gesetz innerhalb 24 Stunden zu vollstrecken. Die Regierung wartete, welche Antwort die Arbeiterschaft auf dieses Urteil geben würde. In München war auf einen ernsten Widerstand des geschlagenen Proletariats nicht zu rechnen. Zur Sicherheit verhaftete die Regierung am Morgen nach der Urteilsverkündigung weitere 150 Arbeiter aus den Betrieben. Alles hing vom Reich ab. Am 4. Juni war das Urteil überall bekannt. Die sozialdemokratische Presse tat alles, um die Wachsamkeit der Arbeiterschaft einzuschläfern und schrieb höhnisch von den kommunistischen Märtyrern, die ja niemand gedenkt hinzurichten. Als am Donnerstag früh keine Meldungen über Streiks eintrafen, war Levinés Tod besiegelt. Um 12 Uhr wurde ihm das Urteil verkündet, um 3/4 2 rasch vollstreckt. Eine Stunde des Abschieds von 12 bis 1 Uhr wurde uns dadurch vergönnt, daß ich im selben Gefängnis saß ...

Nach kurzer Zeit überbrachte mir der Gefängniswächter, der ihn begleitete, seine letzten Grüße und seinen letzten Ruf: Es lebe die Weltrevolution!

Eugen Leviné

Rede vor Gericht

Es fällt mir ziemlich schwer, meine Ausführungen zu machen. Schon vor meiner ersten Vernehmung erklärte ich, daß eigentlich alles, was jetzt vorgeht, das ganze Gericht nur eine Konsequenz der politischen Lage und nicht der juristischen sei. Der Hochverrat ist daher da, weil die Räterepublik unterlegen ist. Dasselbe ist in dem Leitartikel der »Münchener Neuesten Nachrichten« gesagt worden, wo es heißt, daß nur der mißlungene Hochverrat Hochverrat, jeder gelungene kein Hochverrat sei. Hochverrat resultiert aus politischen Erwägungen, nicht aus juristischen.

Das Gericht sehe ich als die Vertreter jener Klasse an, die ich als meinen bisherigen politischen Gegner betrachte. Ich könnte mich vielleicht vor Kommunisten verantworten, aber wie könnte ich mich vor meinen Gegnern für Taten verteidigen, die sie als gegen ihre Existenz gerichtet ansehen müssen! Ich war in Rußland in ähnlicher Lage; dort habe ich die Aussage verweigert und wurde wegen Mangels an Beweisen freigesprochen. Wenn ich jetzt die Taktik nicht befolge, so werde ich auch offen die Gründe dafür sagen. Ich verteidige mich nicht, weil ich eine mildere Strafe von Ihnen erwarte; denn wenn ich das wollte, dann müßte ich eigentlich jetzt schweigen; meine Verteidiger, die Ihnen politisch und menschlich näher stehen als ich, würden die Verteidigung viel wirksamer ausüben können.

Ich nehme jetzt wieder das Wort, aus dem Grunde, aus dem ich mich während des ganzen Prozesses an der Verteidigung aufs Entschiedenste beteiligt habe. Es waren in der Presse und in der Öffentlichkeit die ungeheuerlichsten Gerüchte verbreitet über die Räterepublik, über mich persönlich, wie über die ganzen Vorgänge und ich möchte diese Gerüchte nicht unwidersprochen lassen; die Münchener Arbeiterschaft hat mich nur kurz kennen gelernt, und so müßten die Münchener Arbeiter nun vom Wurm des Zweifels angenagt werden, ob sie ihr Vertrauen auch wirklich jemandem geschenkt haben, der dessen würdig gewesen ist.

Ein zweiter Grund ist der, daß ich Mitglied der Kommunistischen Partei bin, der Partei, die in Deutschland am meisten gehaßt und verleumdet wird. Daher halte ich es für meine Pflicht, in der Öffentlichkeit einmal zu zeigen, aus welchen Beweggründen die Mitglieder der KPD arbeiten, arbeiten wollen und zu arbeiten versuchen. Das bin ich jenen Arbeitern im Aktionsausschuß, jenen Betriebsräten schuldig, mit denen ich in täglicher Zusammenarbeit doch zusammengewachsen bin, ich bin es ihnen schuldig, sie ebenfalls zu reinigen.

Ich verteidige mich also nicht, um von Ihnen mildere Strafe zu erwirken, sondern um mir die Möglichkeit nicht entgehen zu lassen, festzustellen, was ist.

Der größte Gegensatz zwischen mir und der Staatsanwaltschaft besteht darin, daß wir alle politischen und alle sozialen Vorgänge, sowohl in Deutschland, als auch in der übrigen Welt von vollkommen entgegengesetzten Punkten auffassen. Der Staatsanwalt überschätzt die Macht und die Fähigkeit der Führer. Ihm scheint, die Würfel der Weltgeschichte rollen anders, je nachdem sie von der Hand ehrlicher oder ehrloser Führer geworfen werden. Aber die Führer kommen selbst aus den Massen hervor, wenn auch vielleicht aus anderem Milieu. Sie werden zu Führern, nicht weil sie über die Massen hervorragen, sondern nur dadurch, daß sie befähigt sind, das auszusprechen, was die Massen selbst instinktiv ersehnen und was sie aus Mangel an formaler Bildung nicht zum Ausdruck bringen können. Deshalb werden Sie zwar in Ihren bürgerlichen Kreisen eine große Anzahl von Menschen finden, die mir an Wissen überlegen sind, aber in einer Versammlung von Arbeitern wäre ich Sieger über sie geblieben, weil ich das ausgesprochen hätte, was die Massen fühlten und wollten. Es ist die Tragödie der Münchener Masse, daß sie noch zu wenig politisch geschult war. Sie verstand wohl, daß das ganze Proletariat als Gesamtheit auftreten müsse, um zu siegen; ihnen schien jedoch, daß diese Gesamtheit verschiedene Programme haben konnte, und daß es vollkommen genügt, wenn die Mehrheitssozialisten, die Unabhängigen und Kommunisten einen äußerlichen Pakt schließen. An der falsch verstandenen Parole der Einigkeit ist die Münchener Räterepublik gescheitert. Wenn das Proletariat einig ist in seinem Ziel und seinem Wollen, dann ist es unbesiegbar, nicht aber, wenn diese Einigkeit durch ganz formale äußere Verknüpfungen organisatorischer Art hergestellt ist. Aus diesen Voraussetzungen heraus ist die Beurteilung aller Punkte, die ich später anführen werde, bei mir eine gänzlich andere, als beim Staatsanwalt. Ich möchte meine Strafbemessung nicht abschwächen und nicht juristisch will ich die Verantwortung etwa ablehnen auf den Vollzugsrat, sondern stehe für meine Handlungen vollkommen ein. Ich bin zum Teil auch der Initiator gewesen, manche Idee habe ich den Arbeitern erst formuliert, die sie instinktiv fühlten, aber ich kann sagen, daß ich niemals an einer Revolution teilgenommen hätte, welche von Führern geschoben worden wäre, wie der Herr Staatsanwalt es geschildert hat.

Als ich als junger Student nach Rußland ging, kam es mir schon zum Bewußtsein, daß die Tätigkeit eines politischen Agitators darin besteht, nur das zu formulieren, was der geschichtliche Wille der Massen ist, nicht aber ihnen *gegenüber* und gegen sie seinen Willen durchzuführen. Das alles sage ich nicht aus persönlichen Rücksichten, sondern weil das die Grundanschauung der Partei der Kommunisten ist. Diese gilt in der Öffentlichkeit immer als eine Gruppe von Leuten, die den Terror einer Minderheit ausüben wollen, die die Diktatur über das Proletariat ausüben wollen. Jede Zeile des Programmes der Partei ist voll davon, daß nur das Proletariat selbst imstande ist, etwas zu erreichen.

Auch die wirtschaftliche Umwälzung kann sich nur als ein von der proletarischen Massenaktion getragener Prozeß vollziehen. Die nackten Dekrete oberster Revolutionsbehörden über die Sozialisierung sind allein ein leeres Wort. Nur die Arbeiterschaft kann das Wort durch eigene Tat zum Fleische machen. In zähem Ringen mit dem Kapital, Brust an Brust in jedem Betriebe, durch unmittelbaren Druck der Massen, durch Streiks, durch Schaffung ihrer ständigen Vertretungsorgane können die Arbeiter die Kontrolle über die Produktion und schließlich die tatsächliche Leitung an sich bringen.

Die Proletariermassen müssen lernen, aus toten Maschinen, die

der Kapitalist in den Produktionsprozeß stellt, zu denkenden, freien, selbständigen Lenkern dieses Prozesses zu werden. Sie müssen das Verantwortlichkeitsgefühl wirkender Glieder der Allgemeinheit erwerben, die Alleinbesitzerin alles gesellschaftlichen Reichtums ist. Sie müssen Fleiß ohne Unternehmerpeitsche, höchste Leistung ohne kapitalistische Antreiber, Disziplin ohne Joch und Ordnung ohne Herrschaft entfalten. Höchster Idealismus im Interesse der Allgemeinheit, straffste Selbstdisziplin, wahrer Bürgersinn der Massen sind für die sozialistische Gesellschaft die moralische Grundlage, wie Stumpfsinn, Egoismus und Korruption die moralische Grundlage der kapitalistischen Gesellschaft sind.
Aus dieser Auffassung heraus, die gerade den Massen nicht nur den Schwerpunkt, sondern auch die Gesamtheit der Aufgaben zuweist, daraus entspringt auch unsere ganze Stellungnahme zu der viel umstrittenen Frage des Terrors und des gewaltsamen Kampfes. Ich hatte schon Gelegenheit, meine Stellung zur Diktatur des Proletariats darzulegen. Ich sagte Ihnen, daß die Diktatur des Proletariats nur eine Zwischenstufe ist, in der Zeit nach der Diktatur des Kapitals bis zu der Zeit, wo völlige Demokratie dadurch geschaffen wird, daß es nur eine Klasse der Arbeitenden gibt. Die Partei der Kommunisten ist überzeugt, daß dieses Programm sich sehr wohl ohne Gewalt durchsetzen ließe, wenn die verschwindende Minderheit der Besitzenden sich vor der geschichtlichen Notwendigkeit nicht verschließen würde. Der bewaffnete Kampf aber, der uns so sehr vorgeworfen wird, beginnt erst dann, wenn diese verschwindende Minderheit trotzdem für die Privilegien ihres Standes und ihrer Klasse sich mit bewaffneter Hand zur Wehr setzt.
»Die proletarische Revolution bedarf für ihre Ziele keines Terrors, sie haßt und verabscheut den Menschenmord. Sie bedarf dieser Kampfmittel nicht, weil sie nicht Individuen, sondern Institutionen bekämpft, weil sie nicht mit naiven Illusionen in die Arena tritt, deren Enttäuschungen sie blutig zu rächen hätte. Sie ist kein verzweifelter Versuch einer Minderheit, die Welt mit Gewalt nach ihrem Ideal zu modeln, sondern die Aktion der großen Millionenmasse des Volkes, die berufen ist, die geschichtliche Mission zu erfüllen.«

Wieso kommt es nun zu diesem Kampf? Wieso kommt es, daß wir, wenn wir an die Macht gelangen, eine rote Armee bilden? Das kommt aus der historischen Erkenntnis heraus, daß bisher jede privilegierte Klasse mit bewaffneter Hand sich gewehrt hat dagegen, daß ihre Privilegien genommen wurden.

Und weil wir das wissen, weil wir nicht im Wolkenkuckucksheim leben, weil wir nicht damit rechnen können, daß in Bayern andere Verhältnisse seien, daß sich hier die Bourgeoisie und die kapitalistische Klasse widerstandslos enteignen lassen wird, daher mußten wir die Arbeiter bewaffnen, um Angriffe dieser enteigneten Kapitalisten abwehren zu können. So ist es bisher überall gewesen, so werden wir natürlich, wo es uns einmal gelingt, zur Macht zu kommen, überall handeln.

Ich stehe auf dem Standpunkt, daß die Bewaffnung des Proletariats nötig war, um die Bourgeoisie von bewaffneten Gegenangriffen abzuhalten. Während ich vorher äußerst pessimistisch die Situation beurteilt hatte, kam ich später zu der Hoffnung, daß wir uns vielleicht so lange halten könnten, bis auch an anderen Orten die Räterepublik ausgerufen würde, und daß die Regierung Hoffmann davon absehen werde, anzugreifen. Wir alle empfinden die Vorgänge in den ersten Tagen des Mai nicht als einen Vorstoß des Proletariats, sondern als ein unmotiviertes Blutbad, das die weißen Garden unter der Münchener Arbeiterschaft hervorgerufen haben.

Während der ganzen Zeit meines Münchener Aufenthalts hatte ich die große Freude, mit meinen kommunistischen Freunden Hand in Hand arbeiten zu können. Es herrschte immer vollkommene Einstimmigkeit, und dadurch fühlte ich mich in meinem Auftreten hier nicht als Fremder, sondern ich fühlte mich zunächst mit diesen kommunistischen Arbeitern verbunden und durch sie mit der ganzen Münchener Arbeiterschaft.

Der Eckpfeiler der Räterepublik ist, daß sie aufgebaut ist auf den Betriebsräten. Die Arbeiter werden zusammengefaßt nicht nach ihren Wohnstätten, sondern nach ihren Arbeitsstätten. Da, wo man täglich zusammensteht, wo man sich täglich kennenlernt. Da gehen auch die Wahlen der Funktionäre nach ganz anderen Grundsätzen vor sich. Da weiß der

Arbeiter, ob der Gewählte nur ein Schwätzer ist, oder einer, der seinen Mann stehen kann. Daher ist dieser Aufbau für uns das Normale und das Gegebene gewesen, um so mehr, da ja dieses neue Staatswesen nur die Arbeitenden umfassen wird. Jeder Vertreter der Arbeiter bleibt nur so lange auf seinem Posten, wie seine Wähler es wollen. Es war daher keine Phrase, wenn ich mein Mandat wiederholt in die Hände der Betriebsräte zurücklegte. Daher kann ich sagen, ich und meine Freunde aus dem Aktionsausschuß, wir waren alle jederzeit bereit, zurückzutreten, keiner von uns hat an seinem Mandat geklebt, und ich kann versichern, daß das Leben, das wir führten, keinen besonders gereizt hat. Alle diese Leute waren auf ihrem Posten nur aus Pflichtgefühl, und empfanden ihr Amt als schwere Bürde, und ich weise es zurück, daß auch nur einer ein Machtgefühl oder einen Machtrausch empfunden hätte, keiner hat die Macht an sich gerissen, wir haben sie erhalten von der Münchener Arbeiterschaft. Sie hat uns im Verlauf von zwei Wochen dreimal gezwungen, das Mandat zu behalten.

Ich möchte auch persönlich den Vorwurf zurückweisen, der nicht von der Staatsanwaltschaft, aber von außen gegen uns erhoben wurde: wir seien Landfremde. Ich weiß ja wohl, ich bin meiner Abstammung nach Russe, ich bin Jude, nicht Bayer. Wie konnte ich mir anmaßen, einen Posten anzunehmen, der dem eines Ministerpräsidenten gleichkommt. Um das zu verstehen, müssen Sie sich in die Vorstellungen der Arbeiterschaft hineindenken. Unser Ideal ist die zukünftige deutsche Räterepublik, die später aufgeht in der internationalen Räterepublik. Aber so lange das nicht möglich ist, konnte und kann die Ausrufung einer Räterepublik zunächst nur stellenweise erfolgen. Wir waren selbstverständlich davon überzeugt, daß jeder mitarbeiten mußte, wenn er dem Posten sich gewachsen fühlte und wenn kein anderer für den Posten zur Verfügung stand.

Der Herr Staatsanwalt machte mir den Vorwurf, den zehntägigen Generalstreik veranlaßt zu haben.

Den Antrag auf Beschluß des Generalstreiks habe ich allerdings gestellt. Es war eine Selbstverständlichkeit, daß zur Sicherung einer proletarischen Diktatur die proletarischen

Massen zur Verfügung stehen mußten, und zwar bewaffnet; es war keine Polizei da, es galt Plünderungen usw. zu verhüten. Der Herr Staatsanwalt fragte, wie habe ich es fertig bringen können, die Menschen zehn Tage von der Arbeit fernzuhalten, jetzt, wo Arbeit so dringend notwendig ist.

Die deutsche Regierung hat Millionen von Proletariern nicht zehn, sondern hundert und aber hundert Tage von der Arbeit ferngehalten. Die deutsche Regierung wollte nach Bagdad und nach Longwy, wir wollten den Kommunismus. Aber das Mittel, das Sie bei den anderen nicht veruteilen, dürfen Sie auch bei uns nicht verurteilen, weil wir andere Zwecke verfolgen. Der Staatsanwalt behauptet, daß nur die Maschinengewehre die Arbeiterschaft zum Streik gezwungen haben. Der Antrag auf Eintritt in den Generalstreik wurde einstimmig angenommen von den Vertretern sämtlicher Betriebe, deren Angestellte eingeschlossen; die Beamtenorganisation, die Postbeamten, alle waren dabei. Wo ist da der Terror, wo eine Vergewaltigung der Minderheit? Warum übernimmt der Staatsanwalt die Legenden, die die Münchener Arbeiterschaft diskreditieren? Warum will er nicht zugeben, daß sie etwas getan haben, was sie aus ihrem eigenen Wollen heraus getan haben? Später wurde dann vorgeschlagen, am Dienstag nach Ostern den Generalstreik wegen seiner wirtschaftlichen Folgen abzubrechen. Ich machte einen Gegenvorschlag. Sonntag und Montag war Ostern, würde man aber am Dienstag zu arbeiten anfangen, dann hätte es so ausgesehen, als ob der Streik abgebröckelt sei; als würdigeren, dem Willen der Arbeiterschaft besser entsprechenden Abschluß habe ich vorgeschlagen, am Dienstag nochmals zu streiken, alle Theater geschlossen zu halten, die Elektrischen nicht fahren zu lassen, damit man deutlich sieht, daß es von dem freien Entschluß der Arbeiter selbst abhängt, ob sie arbeiten wollen oder nicht. Dieser Beschluß wurde wieder einstimmig gefaßt. Wie der Beschluß durchgeführt wurde, wird der Staatsanwalt wissen; die Arbeiterschaft und die Hunderte von Postbeamten und Beamtinnen in ihren hellblauen Uniformen an der Spitze marschierten zum Palais, um ihre Solidarität auszudrücken mit denen, die hier als Terroristen dargestellt werden, die das Münchener Proletariat geknechtet haben sollen.

In der ersten Zeit mußten wir die Agitation der bürgerlichen Presse verhindern; wir waren nicht imstande, eine bloße Zensur über sie auszuüben und mußten deshalb allerdings die Blätter unterdrücken. Man sagt, das ist Terror. Jawohl, das ist Terror, derselbe Terror, den die Regierung Hoffmann ausübt, wenn sie die »Rote Fahne« verbietet, derselbe Terror, der mir keine andere Möglichkeit gibt, mich vor meinen Parteigenossen zu rechtfertigen, als hier an den Herrn Vorsitzenden zu appellieren, mich aussprechen zu lassen.
Der Herr Staatsanwalt warf mir vor, ich hätte mich persönlich für eine scharfe Justiz eingesetzt und gleichzeitig erhebt er den Vorwurf, daß ich mitschuldig sei an den Plünderungen, die in der Räterepublik geschehen seien. Ich begreife das nicht recht. Entweder durfte ich nicht, wie die Zeugin Kämpfer es bekundet hat, das Tribunal scharf machen: dann darf man mir auch die Plünderungen nicht vorwerfen; oder aber ich mußte die Möglichkeit haben, das Tribunal von seinen Pflichten so zu instruieren, wie es mir im Interesse der Arbeiter und unserer Aufgaben notwendig erschien, und dann darf man mir nicht den Vorwurf machen, daß ich es getan habe.
Der Staatsanwalt sprach von dem inneren Frieden, den ich gefährdet habe. Ich habe ihn nicht gefährdet, weil es keinen inneren Frieden gibt. Solange das Wort Sozialismus nur auf den Briefbogen der verschiedenen Regierungen steht, gibt es keinen inneren Frieden. Und so lange es Menschen gibt, Aktionäre, die in fünf Kriegsjahren ihr Vermögen ohne jede Arbeit verdoppeln konnten, so lange werden die Arbeiter versuchen, von dem vermehrten Reichtum ihren Anteil zu beanspruchen, und die Aktionäre werden es nicht zulassen. Und je mehr sich die wirtschaftlichen Verhältnisse zuspitzen unter dem Einflusse des Krieges, wenn die Kriegsgefangenen zurückkehren, wenn keine Arbeit da sein wird, keine Wohnung, keine Kleidung, und das bißchen, was da ist, nicht gerecht verteilt werden kann, weil wir keine kommunistische Republik haben, dann wird es einen inneren Kampf geben, der vielleicht Formen annimmt, die ich und meine Freunde nicht billigen, der aber eine Naturnotwendigkeit ist, gegen die es keinen Einspruch gibt.

Sehen Sie sich um, hier im Gerichtsgebäude sind Beamte, die 150–180 Mark haben bei den jetzigen Lebensverhältnissen. Sehen Sie sich die Wohnungen in den jetzigen »Spartakistennestern« an, dann werden Sie verstehen, daß nicht wir den inneren Frieden gefährdet haben, sondern wir haben nur aufgedeckt, daß es keinen gibt. Solange es aber diesen inneren Frieden nicht gibt, solange wird auch der Kampf weitergehen. Und wenn er bewaffnete Formen annimmt, und alles ungeheure Elend und Unglück mit sich bringt, das tatsächlich herrschte während der ersten Tage des Mai, dann sind nicht wir daran schuld, sondern jene, die der Arbeiterschaft das Recht absprechen, über sich selbst zu bestimmen.
Der Staatsanwalt sagte auch, ich trage die moralische Schuld an der Erschießung der Geiseln. Ich weise diesen Vorwurf entschieden zurück. Schuldig daran sind diejenigen, die August 1914 zuerst Geiseln aufgebracht haben, ohne daß die deutsche Staatsanwaltschaft deswegen Anklage erhoben und die Todesstrafe gegen sie beantragt hätte. Wenn noch jemand schuld daran ist, dann sind es diejenigen, die sich nach Bamberg verkrochen haben und von dort mißgeleitete Proletarier zusammen mit Offizierskompagnien und zusammen mit Negern nach München geschickt haben. *(Große Bewegung und Entrüstung unter den Richtern; der Vorsitzende unterbricht und will Leviné verbieten, in ähnlicher Weise fortzufahren).* Ich weiß sehr wohl, was ich damit auf mich laden kann. Aber ich muß sagen, ich bin vom Staatsanwalt gereizt worden in einer Weise, wie es mir in meiner ganzen politischen Laufbahn nicht vorgekommen ist. Der Staatsanwalt hat, um das Todesurteil zu begründen, auf ehrlose Gesinnung plädiert und hat diese ehrlose Gesinnung vor allen Dingen begründet mit dem Vorwurf der Feigheit, einem der schwersten Vorwürfe, die man einem Menschen machen kann, der 16 Jahre im revolutionären Kampfe steht.
Wenn der Staatsanwalt mir vorwirft, daß ich, nachdem ich aus der Regierung ausgetreten war und tatsächlich nichts mehr zu tun hatte, mich nicht in die Reihen der Roten Armee gestellt habe, so verweise ich auf das, was meine Verteidiger schon gesagt haben, ich muß mich in meinen Handlungen richten nach den Ehrbegriffen, die in den Kreisen meiner

Freunde bestehen; am letzten Abend habe ich eine Sitzung gehabt mit meinen Freunden, wobei Arbeiter, Mitglieder der Roten Armee und andere anwesend waren und es wurde von den Anwesenden einstimmig der Beschluß gefaßt: die Mitglieder der Roten Armee begeben sich auf ihre Posten, die, die Mitglieder der Regierung waren, haben zu verschwinden. Meine Herren Richter, Sie waren sehr unwillig über eine Äußerung, die ich getan habe. Ich möchte feststellen, daß das, was ich gesagt habe, den Tatsachen entspricht. Ich habe es selbst in der Zeitung gelesen, daß sich unter den Truppen, die in München einmarschierten, Neger befunden haben. Ist doch die Regierung Hoffmann in Bamberg auch vor ganz anderen Maßnahmen nicht zurückgeschreckt. Muß nicht jeder zugeben, daß die Blockade Münchens durch die Bahn und durch die Sperrung der Lebensmittelzufuhr, wie sie im »Freien Staat« ausgeübt wurde, nichts anderes ist, als die Wiederholung der englischen Blockade, die doch für moralisch sehr verwerflich gehalten wurde?
Was den Vorwurf der Feigheit anbetrifft, so kann ich den Herrn Staatsanwalt nicht hindern, solche Vorwürfe zu erheben, aber vielleicht darf ich ihn, der den Urteilsspruch beantragt hat, bitten, dabei zu sein, wenn er vollzogen wird, dann wird er vielleicht eingestehen, es ist eine irrtümliche Auffassung, daß nur derjenige, der in den Reihen der Roten Armee in der Front kämpft, seine Haut zu Markte trägt. Sie kennen jenes Kampfgedicht des »Vorwärts« nach den Januartagen in Berlin: »Hundert Proletarierleichen in einer Reih; Karl, Rosa und Kumpanei, es ist keiner dabei.« Drei Tage darauf wurden Karl Liebknecht und Rosa Luxemburg erschlagen und die Kumpanei, meine Freunde, Werner Möller und Waldemar Fernbach, wurden auch erschlagen und keiner von ihnen ist Mitglied des roten Soldatenbundes. Und Liebknecht hatte am Tage vorher einen Artikel geschrieben, der voll von Todesahnung war. Meine Herren Richter! Ich bin zweimal von Vertretern der bayrischen Regierung der Feigheit geziehen worden. Das erste Mal von Schneppenhorst, weil ich die Gründung der Räterepublik nicht billigte, das zweitemal vom Staatsanwalt, weil ich nicht mit der Waffe in der Hand, sondern nach meiner Weise und nach

meinem Ermessen kämpfte und im Einverständnis mit der Kommunistischen Partei vom Kampfplatz abtrat.
Ich will schließen. Seit sechs Monaten gab es keine Möglichkeit mehr für mich, mit meiner Familie zusammen zu sein. Meine Frau konnte mich zum Teil nicht einmal besuchen, meinen kleinen Jungen, der drei Jahre alt ist, konnte ich nicht sehen, weil vor meinem Hause der Häscher stand. So ist das Leben, das ich führe, und es läßt sich weder mit Machtgefühl noch mit Feigheit vereinbaren. Ich habe dann, als mir wieder Feigheit vorgeworfen wurde – und zwar von Toller – als er mich zur Ausrufung der ersten Räterepublik überreden wollte, ihm entgegnet: »Was willst Du, die Mehrheitssozialisten fangen an, laufen und verraten uns, die Unabhängigen gehen auf den Leim, machen mit, fallen später um, und uns Kommunisten stellt man an die Wand.«
Wir Kommunisten sind alle Tote auf Urlaub, dessen bin ich mir bewußt. Ich weiß nicht, ob Sie mir meinen Urlaubschein noch verlängern werden, oder ob ich einrücken muß zu Karl Liebknecht und Rosa Luxemburg. Ich sehe auf jeden Fall Ihrem Spruch mit Gefaßtheit und mit einer inneren Heiterkeit entgegen.
Die Ereignisse sind nicht aufzuhalten. Die Staatsanwaltschaft glaubt, die Führer hätten die Massen aufgepeitscht. Wie die Führer die Fehler der Massen nicht hintertreiben konnten unter der Scheinräterepublik, so wird auch das Verschwinden des einen oder anderen Führers unter keinen Umständen die Bewegung hindern.
Und über kurz oder lang werden in diesem Raume andere Richter tagen, und dann wird der wegen Hochverrat bestraft werden, der sich gegen die Diktatur des Proletariats vergangen hat. Fällen Sie das Urteil, wenn Sie es für richtig halten. Ich habe mich nur dagegen gewehrt, daß meine politische Agitation, der Name der Räterepublik, mit der ich mich verknüpft fühle, daß der gute Name der Münchener Arbeiter beschmutzt wird. Diese und ich mit ihnen zusammen, wir haben alles versucht, nach bestem Wissen und Gewissen unsere Pflicht zu tun gegen die Internationale, gegen die Kommunistische Weltrevolution!

Kommentar und Anhang

Helmut Neubauer
München 1918/19

Die in dem vorliegenden Bande abgedruckten Texte stammen von Beteiligten und Betroffenen. Sie besitzen nicht nur Quellenwert, spiegeln nicht nur Stimmungen wider, sondern sind ebenso menschliche Zeugnisse. Bejahung und Ablehnung treffen hart aufeinander. Daß Stimmen der »Linken« die der »Rechten« überwiegen, nimmt nicht wunder. Einmal waren die Anhänger der Revolution wortgewandter als ihre Gegner, zum andern zeigt sich bei ihnen eine breitere Skala von Plänen, Vorstellungen und Eindrücken. Um ihnen ihren angemessenen Ort zuzuweisen, ist es allerdings erforderlich, sich den Ablauf der Ereignisse wenigstens in großen Zügen vorzuhalten.

Die Geschehnisse in Bayern vom November 1918 bis zum Mai 1919 warten noch auf ihren Geschichtsschreiber. Angesichts der Fülle von Büchern, Broschüren und Aufsätzen, die über diesen kurzen, inhaltsreichen Zeitraum veröffentlicht worden sind, könnte dieser Umstand überraschen: warum hielten und halten sich die Historiker so zurück? Bei den Publikationen handelt es sich überwiegend um Erinnerungen, Agitations- und Rechtfertigungsschriften, die besonders schwierige Fragen der Kritik und Interpretation aufwerfen. Soweit Darstellungen und Untersuchungen mit wissenschaftlichem Anspruch überhaupt vorliegen, setzen sie sich entweder ein begrenztes Ziel oder versuchen, zu raschen Verallgemeinerungen vorzudringen. Die Erschließung von Archivbeständen befindet sich noch in ihren Anfängen; sie stieß mitunter auf politisch bedingte Hemmnisse.

Schon der Versuch, die Ereignisse in München als für ganz Bayern kennzeichnend darzustellen, stimmt mißtrauisch: nicht einmal in den Großstädten Bayerns zeigte sich die gleiche Entwicklung der Dinge. Ferner: die Organisationen, die man – nach dem Beispiel der Sowjets – als »Räte« bezeichnete, waren ihrer Zusammensetzung, ihrer Arbeitsweise, ihrem Selbstverständnis und ihrer Zielsetzung nach sehr unterschiedliche Gebilde. Auch die Tatsache, daß sie während ihres sechsmonatigen Bestehens im Mittelpunkt der Aufmerksamkeit der Zeitgenossen standen und sich an ihrer Tätigkeit die Geister schieden, läßt noch nicht den Schluß zu, diese Periode in der Geschichte Bayerns zusammenfassend als die der Räterepublik zu bezeichnen.

Daß die Vertreter des monarchischen Regimes keine gemeinsame Sprache mit den Revolutionären fanden, versteht sich von selbst. Viel auffälliger ist der Gegensatz der Redenden und Handelnden, die sich zu Führern der neuen Zeit berufen fühlten. Hier stellt sich gleichsam von selbst die Frage, welche Anschauungen sie eigentlich untereinander verbanden. Krieg, Militarismus und Monarchie waren sicher die Phänomene, die sie gemeinsam ablehnten; die daraus resultierende Aufgabe konnte aber einheitlich nur negativ formuliert werden. War das Alte, Verbrauchte, Überlebte überwunden, so stellte sich sofort die Frage nach dem Neuen, dessen Konturen jedoch unscharf waren. Programme gab es, aber ob sie der Wirklichkeit standhalten würden, mußte erst die Zukunft erweisen.

Die Einsicht, daß der Krieg nicht mehr zu gewinnen war, und die sich verschlechternde Lage in Deutschland führten im Winter 1916/17 zur Verdrossenheit in breiten Schichten der Bevölkerung gegenüber der unfähigen Regierung. In der politischen Opposition sah man in ihr zunehmend die Verkörperung einer gesellschaftlichen Ordnung, die ihre Existenzberechtigung selbst verspielt hatte. Das Königreich Bayern bildete keine Ausnahme, obwohl hier die meist konservative Landbevölkerung (1907: 51 Prozent) größer war als im Reichsdurchschnitt (34 Prozent). Die Spannung machte sich Ende Januar 1918 in München in einem Streik der Metallarbeiter Luft. Dabei zeigte sich, daß die Sozialdemokratische Partei viel Sympathie unter der Arbeiterschaft eingebüßt hatte. Die Stimmung neigte offenbar mehr der im April 1917 gegründeten Unabhängigen Sozialdemokratischen Partei zu, die radikalere Losungen verkündete.

Ihr bester Kopf in München, wenn auch nicht ihr unbestrittener Führer, war der seit 1910 in der Hauptstadt Bayerns lebende Schriftsteller und Journalist Kurt Eisner, Biograph Wilhelm Liebknechts, geistreicher Theaterkritiker. Der anerkannte Führer der SPD, Georg von Vollmar, legte im August 1918 sein Amt aus Krankheitsgründen nieder. Um die Nachfolge Vollmars, der als »Revisionist« die SPD aus einer Arbeiter- in eine Volkspartei umzuformen bestrebt war, kämpften Eisner, seit Februar als Hauptverantwortlicher für den Streik in Haft, und Erhard Auer, der von revolutionären Aktionen und kämpferischem Pazifismus nicht viel hielt: dem leidenschaftlichen Tribunen stand ein bedächtiger Pragmatiker gegenüber.

Die bayerische Regierung versuchte im Herbst, die Unruhe durch Zugeständnisse aufzufangen. Eisner wurde entlassen, und am 2. November verkündete König Ludwig III., künftig seien die Minister dem Landtag verantwortlich. Doch dieser Ansatz zur »Demokratisierung« des politischen Lebens kam zu spät. Vor Demonstrationen, an denen sich SPD und USPD gleichermaßen beteiligten, räumten Monarchie, Landtag und Regierung kampflos das Feld. Am 8. November 1918 war Bayern Republik. Als neue Repräsentanz wirkte der Arbeiter-, Soldaten- und Bauernrat unter dem Vorsitz Eisners, der bald auch Ministerpräsident einer neu gebildeten Regierung wurde, in der vier SPD-, zwei USPD-Mitglieder und ein Parteiloser vertreten waren. Beamte und Angestellte der bayerischen Verwaltung stellten sich der neuen Regierung auf deren ausdrückliches Ersuchen zur Verfügung.
Welches Verhältnis der sensible Kurt Eisner zu der politischen Macht, die ihm nun zugefallen war, hatte, ist schwer auszumachen. Seine eigene Partei war im Vergleich zur sozialdemokratischen, an ihrer Mitgliederzahl gemessen, schwach. Die inneren Probleme der SPD kannte er aus eigener Erfahrung; er hatte sich von dieser Partei schon vor Ausbruch des Weltkrieges bewußt getrennt. Auf die neu entstehenden bürgerlichen Parteien (Bayerische Volkspartei, Deutsche Volkspartei/Deutsche Demokratische Partei, Bayerische Mittelpartei) konnte er ohnedies nicht rechnen. Wie weit die radikalen Gruppen des Bayerischen Bauernbundes unter Führung der Brüder Gandorfer mit ihm arbeiten würden, war ungewiß. Sie bestanden aus dem Teil der Bauernschaft, der durch das kriegsbedingte System der

Zwangsablieferung verärgert und gegen den Großgrundbesitz aufgebracht war.
Eines der starken Talente Eisners war ohne Zweifel sein Gespür für die Stimmung der Masse, und diese Masse, ausgelaugt durch vier Jahre Krieg und enttäuscht von ihrer Führung, wollte vor allem einen erträglichen Frieden.
Aus dieser Sicht wird man zu verstehen haben, daß Eisner einen raschen außenpolitischen Erfolg suchte. In der Hoffnung, die harten Waffenstillstandsbedingungen der Alliierten mildern zu können, wandte er sich direkt an deren Regierungen; seine Meinung war, mit einem demokratischen Bayern als Keimzelle eines besseren Deutschland könne man nicht ebenso verfahren wie mit dem Kaiserreich. Ende November ließ er einige bayerische Aktenstücke veröffentlichen, die ihm die Alleinschuld der Reichsregierung am Weltkriege hinreichend zu beweisen schienen. Der Pazifismus des bayerischen Ministerpräsidenten war ehrlich, aber sein Appell stieß auf taube Ohren – das Unternehmen verpuffte, war allenfalls für die Friedensmacher ein brauchbares Schuldbekenntnis und Wasser auf die Mühle bayerischer Partikularisten, die Berlin ohnehin für die Quelle allen Übels hielten.
Konnte man diesen Versuch als einen Alleingang Eisners auffassen, so schieden sich die Geister an der Frage nach der künftigen Verfassung Bayerns. Hier mußte Eisner bekennen, was er unter dem »Sozialismus« verstand. Seine früheren Meinungsäußerungen waren mehr theoretischer Natur; ihm ging es weniger um die Durchsetzung einer bestimmten Doktrin als um die Befreiung des Menschen von den hergebrachten Fesseln, die die Entfaltung der Persönlichkeit bisher verhindert hatten. Die Revolution war für Eisner, der durch die philosophische Schule des Neukantianismus gegangen war, in Kant und Fichte die Ahnherren Marx' erblickte, mehr eine moralische als eine politische Forderung. Seinen »Sozialismus« setzte er mit der Selbsttätigkeit mündiger Individuen gleich. Daraus erklärt sich seine Abneigung gegen die organisationsbeflissene SPD wie gegen die kleinen radikalen Gruppen, die schon Ende 1918 empfehlend auf das sowjetrussische Modell hinwiesen. Dies macht auch verständlich, daß er den traditionellen Parlamentarismus ebenso ablehnte wie das

schematische Klassendenken des Marxismus. Die Forderung nach einer »Sozialisierung der Produktionsmittel« hielt er für ebenso zweitrangig wie die Stimmungsmache der Presse, die alsbald offen gegen ihn einsetzte. Als am 6./7. Dezember eine radikale Gruppe versuchte, Münchener Zeitungen gewaltsam zu »sozialisieren«, griff er energisch dagegen ein.

Die tatsächliche Entwicklung konfrontierte Eisner indes gerade mit den Problemen, deren Lösung er optimistisch der Zukunft überlassen zu können glaubte. Hatten die Zeitgenossen endlich begriffen, daß sie nunmehr freie Individuen waren, dann änderte sich nach Eisners Vorstellung ihr geistiger Horizont, und sie fanden zwangsläufig neue Wertmaßstäbe. Politische Führung war demnach eine riesige pädagogische Arbeit. In seinen Reden betonte er gern, die einzige Realpolitik für ihn sei die »Realpolitik des Idealismus«. Den meisten Zeitgenossen erschien dies als Phantasterei; von rechts betrachtet, war Eisner ein wirklichkeitsfremder Schwärmer, vielleicht sogar ein Bolschewist, von ganz links dagegen ein Werkzeug der Bourgeoisie (deren Klassencharakter zu erkennen er sich weigerte), allenfalls ein bürgerlicher Revolutionär, dem das bürgerliche Eigentum als unantastbar galt; seine eigenen Ministerkollegen von der SPD betrachteten ihn als einen Hitzkopf. Ob sich Kurt Eisner als Ministerpräsident selbst am richtigen Platze fühlte, ist nicht erwiesen; seine Fähigkeiten kamen nicht so sehr während der Kabinettssitzungen wie auf der Rednertribüne zu Tage, sei es auf großen Versammlungen, sei es bei den Sitzungen der Räte oder der provisorischen Nationalversammlung.

Entscheidend wurde schließlich für ihn die Verfassungsfrage. Welche Stellung sollten die Räte künftig im politischen Leben einnehmen? Mit der von Eisner vorgetragenen Zielsetzung, sie sollten Verkörperung des Massenwillens und eine Schule der tätigen Demokratie sein, war es nicht mehr getan. Mochte dies seine ehrliche Überzeugung sein, so waren diese Grundsätze doch sehr verschieden ausdeutbar. Manchem klang schon die Bezeichnung »Räte« verdächtig, weil sie an die Zustände in Sowjetrußland erinnerte. Im übrigen spitzte sich die Diskussion nicht nur in Bayern auf die Frage »Räte oder Parlament?« zu, sondern im ganzen Reich. Die geplante

Nationalversammlung wurde von den politischen Kräften, die links von den Sozialdemokraten standen, mit der Konterrevolution gleichgesetzt. Der Reichskongreß der Arbeiter- und Soldatenräte in Berlin entschied sich Mitte Dezember für eine verfassungsgebende Nationalversammlung; die Unabhängigen traten aus dem Berliner Rat der Volksbeauftragten am 29. Dezember aus; der Spartakusbund warf der SPD vor, sie verrate die Revolution. In Bayern war es nicht anders, obwohl Kurt Eisner die Frage »Räte oder Parlament?« dadurch zu entschärfen versuchte, daß er eine neue Formel prägte: »Räte *und* Parlament!«. Er war offenbar davon überzeugt, allen Seiten entgegenzukommen, in der Praxis aber enttäuschte er alle, zumal er jedem Versuch, ihn festzulegen, auswich: bisweilen sprach er von den Räten als einem Kontrollorgan, dann wieder bezeichnete er sie als Nebenparlament oder auch als beratendes Gremium. Er mußte sich klar darüber sein, daß es für ihn in einem parlamentarisch regierten Bayern keinen führenden Platz geben werde. Das Rätesystem durchzusetzen, fehlten ihm die Kräfte. In einem »gemischten« System hätte er zwar auf sein Amt verzichten müssen, aber die Möglichkeit behalten, als Vertreter der Räte politischen Einfluß auszuüben.
Diese mehrdeutige Haltung vor den verschiedenen Körperschaften, zu denen Anfang Dezember noch der Provisorische Nationalrat – je 50 Delegierte des Arbeiter-, Soldaten- und Bauern-Rates, 30 Mitglieder der SPD-Fraktion, 5 des Bayerischen Bauernbundes und drei Liberale aus dem bayerischen Landtag, später noch einige andere – gekommen war, kostete ihn viel Sympathien. Die Wahlen zum bayerischen Landtag am 12. Januar 1919 zeigten deutlich, daß sich der Ministerpräsident zwischen alle Fronten manövriert hatte oder hatte manövrieren lassen. Die USPD, seine Partei, erhielt nur drei von 180 Mandaten, die SPD 61, die Bayerische Volkspartei 66. Die Kommunisten hatten zum Boykott der Wahl aufgerufen. Von fast allen Parteien wurde Eisners Rücktritt gefordert. Sozialdemokraten und Bürgerliche verlangten, er solle sich der unmißverständlichen Entscheidung der Wähler fügen und seinen zu Anfang der Revolution verkündeten Grundsätzen folgen.

Selbst wenn man annehmen kann, daß Eisner im Februar zum Rücktritt entschlossen war, so machte er damals doch einige Andeutungen, die als Drohung mit einer zweiten Revolution gedeutet werden konnten. Wie ernst Hinweise in dieser Richtung zu nehmen waren, hatte sich im Januar bei Straßenkämpfen in der Reichshauptstadt gezeigt. Von dem Reichsminister Gustav Noske geförderte Freikorps aus den Resten der kaiserlichen Armee unterdrückten bewaffnete Aufstandsversuche in einer Reihe deutscher Großstädte. In München kam es noch am 16. Februar zu einer großen Demonstration, während der die Errichtung des Räteregimes gefordert wurde.

Diese zweite Revolution kam, wenn auch erst nach Eisners Ermordung am 21. Februar 1919. Am selben Tage wurde der Nationalversammlung in Weimar der revidierte Verfassungsentwurf vorgelegt. Den Revolverschüssen des jungen Grafen Arco auf den noch amtierenden Ministerpräsidenten folgten zwei Stunden später weitere im Landtag; ein Abgeordneter und ein Offizier wurden getötet, Erhard Auer wurde schwer verwundet. Der Schütze war ein Mitglied des radikalen Revolutionären Arbeiterrates (RAR), der sich in München gebildet hatte. Die allgemeine Erregung drohte ein allgemeines Chaos auszulösen. Vertreter der Räte und des Revolutionären Arbeiterrates bildeten mit je einem Angehörigen der SPD und der Gewerkschaften einen Revolutionären Zentralrat und proklamierten die energische Bekämpfung der Konterrevolution. Über den RAR zog erstmals ein prominentes Mitglied der Kommunistischen Partei Münchens (eine Spartakusgruppe bestand bereits seit dem 6. Dezember 1918) in ein oberstes Rätegremium ein: Max Levien, der sofort die Errichtung einer Räterepublik forderte. Der 1885 geborene Sohn eines Moskauer Kaufmanns hatte nach der Revolution von 1905 Rußland verlassen und die deutsche Staatsbürgerschaft angenommen. – Eine Delegation unter Führung des Matrosen Rudolf Egelhofer forderte vom Bayerischen Rätekongreß die gleiche Entscheidung; in beiden Fällen wurde das Argument »Rußland« zum Katalysator der Meinungen. Vielleicht war es aber gerade dieses Argument, das den Rätekongreß von einer Grundsatzentscheidung zurückhielt. Er konstituierte sich als – zweiter – provisorischer Nationalrat und bestellte ein Ministerium unter Martin Segitz mit je drei Mitgliedern aus der SPD und USPD sowie einem Vertreter des Bayerischen Bauernbundes und einem Parteilosen. Während einer Tagungspause einigten sich SPD und USPD im sogenannten Nürnberger Kompromiß am 3. März 1919 auf ein gemeinsames Vorgehen: der Rätekongreß sollte seine Befugnisse auf den Landtag übertragen, der Landtag sollte erneut zusammentreten. Dies geschah am 17. März; zum neuen Ministerpräsidenten einer Koalitionsregierung wurde Johannes Hoffmann (SPD), ein Lehrer, der im Kabinett Eisner Kultusminister gewesen war, gewählt. Damit schien das Schlimmste überwunden und die Entwicklung wieder in die Bahnen der Legalität zurückgeleitet.

Dennoch war die Zeit der Regierung Eisner mehr als nur eine revolutionäre Episode gewesen. Sie hatte alle, auch die bis dahin nur latent vorhandenen, politischen Kräfte freigesetzt, und auch solche Gruppen, die früher ein ziemlich abgezirkeltes Leben geführt hatten, zum Handeln im größeren Stil ermutigt. Während das Bürgertum auf eine Konsolidierung der Verhältnisse hoffte, die Sozialdemokraten auf eine Konsolidierung hinarbeiteten, sahen diese Gruppen jetzt ihre Stunde gekommen. Rückblickend erschien ihnen Eisner nicht nur nicht revolutionär genug, sondern nicht einmal als Revolutionär, höchstens als ein Bürgerschreck. Seine Politik war für sie die Aneinanderreihung von Halbheiten und Unzulänglichkeiten, die politische Schwärmerei eines Spießbürgers. Dennoch war es Eisners Verdienst gewesen, den ersten Schritt getan zu haben. Nach seinem Tod wandelte sich indessen bei vielen Sozialisten die Betrachtungsweise: der Landtag und die von ihm gewählte Regierung galten nun als Werkzeuge der Konterrevolution – und Kurt Eisner als deren erstes Opfer.

Gegen die provisorische Regierung arbeitete am hartnäckigsten der Revolutionäre Zentralrat, der sich selbst als Verkörperung der proletarischen Einheitsfront, in manchen Fällen sogar schon als Organ der Diktatur des Proletariats verstand. Die Kommunisten waren in diesem Rat vertreten,

doch sie bestimmten dessen Entscheidungen nicht, sondern warteten ab. Die KPD war im gegebenen Augenblick gegen die Ausrufung der Räterepublik; ihrer Führung erschien das Konglomerat der Stimmen, die sie forderten, zu bunt. Mochten sie noch so sehr auf das russische Vorbild hinweisen, den Kommunisten kam es nicht auf ein Rätesystem als verfassungsrechtliches Prinzip an, sondern darauf, daß die Räte kommunistisch waren. Daß sie überhaupt im Zentralrat blieben, wurde ihnen später von der parteioffiziellen Kritik als Fehler angekreidet. Im übrigen wird man ihre Münchener Mitglieder nicht als eine dogmatisch einer Ideologie verpflichtete Gruppe ansehen können. Ihre Beziehungen zu der Parteiführung in Berlin scheinen nur locker gewesen zu sein; aus der Reichshauptstadt erhielten sie auch keine merkliche Unterstützung. An der Spitze stand Max Levien; an Tatkraft wurde er von Eugen Leviné übertroffen, den die Parteileitung Anfang März 1919 als Redakteur der *Roten Fahne* nach München entsandt hatte; der gebürtige Petersburger, ehemals Heidelberger Student, 1905 Teilnehmer an der ersten russischen Revolution, linker Sozialrevolutionär, im Ersten Weltkrieg deutscher Soldat, zählte zu den Gründern der KPD.
Im Laufe des März kamen Nachrichten über die Gründung der Kommunistischen Internationale in Moskau und die Errichtung der Räterepublik Ungarn unter Bela Kun nach München. Die Münchener Radikalen mußten sich dadurch bestätigt sehen. Als in den ersten Apriltagen der Landtag in München wieder zusammentreten sollte, war er bereits überspielt: die Räte verhinderten die anberaumte Sitzung. Außer in München hatten sie in einer Reihe weiterer bayerischer Städte wenigstens vorübergehend das Heft in der Hand – in Rosenheim, Kempten, Lindau, Regensburg, Fürth, Würzburg, Schweinfurt, Aschaffenburg, Hof. Unter der Mitgliederschaft der SPD schien sich ein bemerkenswerter Stimmungsumschwung abzuzeichnen, hervorgerufen durch die Lauheit ihrer eigenen Parteiführung, die nach dem im ersten Anlauf gemeinsam mit den Unabhängigen errungenen Erfolg erlahmt war; von Maßnahmen zur Umgestaltung der Gesellschaft war keine Rede mehr, dafür um so mehr von

ruhiger und geordneter Arbeit; sogar auf das parlamentarische System hatte man zurückgegriffen und damit den bürgerlichen Parteien wieder die Möglichkeit zur Bestimmung der praktischen Politik gegeben.
Die Ergebnisse der Landtagswahl ließen keine Hoffnung auf ein sozialistisch regiertes Bayern zu; SPD und USPD saßen auch künftig vermutlich in der Opposition, wenn sich die SPD nicht zur Koalition mit einer bürgerlichen Partei bereitfand. Der Widerspruch zwischen dem revolutionären Programm und dem Zögern vor der revolutionären Aktion war evident. Nicht verwunderlich, daß unter den Parteimitgliedern die Losung für die Räterepublik Widerhall fand. Sie allein schien im Stande, den Kapitalismus durch die Sozialisierung der Wirtschaft zu überwinden.
Organisierter Widerstand gegen alles, was von links kam, wurde offenbar nur von der rechts-extremistischen Thule-Gesellschaft versucht, die in Bayern vielleicht 1500 Mitglieder zählte, in München etwa 250, unter ihnen Angehörige der späteren national-sozialistischen Prominenz wie Karl Fiehler, Hans Frank, Rudolf Heß und Alfred Rosenberg. Über die Tätigkeit dieser Gesellschaft, die auch einen »Kampfbund« bildete, ist immer noch verhältnismäßig wenig bekannt. Sie hat sich jedenfalls nicht auf Propaganda beschränkt, sondern auch getarnte Aktionen unternommen, die den Sturz der Räteherrschaft zum Ziel hatten.

In der Nacht vom 6. zum 7. April 1919 wurde die Räterepublik durch den Revolutionären Zentralrat ausgerufen. Vertreter der SPD hatten sich in letzter Minute entschlossen, dieser Lösung zuzustimmen; immerhin war zu befürchten, daß sich die Partei andernfalls isoliert und an die Peripherie des Geschehens gerückt hätte, ja vielleicht sogar in ihrem Bestand bedroht gewesen wäre. Die neuen Männer wollten jetzt endlich Ernst machen mit der Diktatur des Proletariats. Sie dekretierten die Auflösung des Landtages und der Bürokratie, die Sozialisierung von Wirtschaft und Presse, die revolutionäre Umgestaltung des Gerichts- und Bildungswesens, sie verkündeten eine allgemeine Arbeitspflicht und die Aufstellung einer Roten Armee; als Grundlage ihrer

Außenpolitik betrachteten sie ein Bündnis mit den Räterepubliken in Rußland und Ungarn. An verbaler Radikalität war dieses Programm kaum mehr zu überbieten. Die provisorische Regierung sah rasch die Aussichtslosigkeit ihrer Lage ein und floh nach Bamberg. In dem neuen Rat der Volksbeauftragten in München saßen Angehörige der USPD neben Anarchisten und radikalen Bauernbündlern, aber keine Kommunisten.

Die Regierungshandlungen dieser Männer überschritten bisweilen die Grenze zum Grotesken. Der für die Außenpolitik verantwortliche Franz Lipp erwies sich nach einigen Tagen Amtszeit als Psychopath, Silvio Gsell, Volksbeauftragter für Finanzen, wollte seine Freigeld-Theorie zur Grundlage einer neuen Währungspolitik machen; es hagelte Aufrufe und Verordnungen, um die man sich allerdings nicht überall kümmerte, zumal sie ohnedies meist nicht ausgeführt wurden. Wenn man schon bei Kurt Eisner nur ein unbestimmtes Verhältnis zur Macht erkennen konnte, so war dieses Verhältnis bei den neuen Männern noch unbestimmter. Nach außen in Erscheinung traten vor allem drei Schriftsteller:
Gustav Landauer, Volksbeauftragter für Volksaufklärung, verkündete die Kooperativgenossenschaft als die Gesellschaftsform der Zukunft, als »ideales Gemeinschaftsleben ohne Obrigkeitszwang und Kapitalistenherrschaft«, Anarchie und Föderation waren seiner Meinung nach die Grundlagen des Sozialismus, wie er ihn auffaßte. Sein Weltbild war von der deutschen Klassik und Romantik bestimmt; dem Geiste Goethes fühlte sich Landauer tief verpflichtet. Er hatte offensichtlich viel von dem Gedankengut Kropotkins aufgenommen, dessen Schriften er zum Teil herausgegeben hatte; 1908 hatte er seinen eigenwilligen, von Bakunins Theorien beeinflußten »Aufruf zum Sozialismus« vorgetragen. Terror und Gewalt lehnte er ebenso ab wie alles, was die Anhänger des integralen Marxismus forderten; sie galten ihm als philiströse, auf den kleinbürgerlichen Geist im Proletariat spekulierende Irrende, deren Irrtum darin begründet war, daß sie Marx und nicht Proudhon folgten. – Ähnlich ist die geistige Physiognomie Erich Mühsams, der sich selbst als »Anarcho-

Kommunisten« bezeichnete, ja bisweilen von sich als »Spartakist« oder »Bolschewist« sprach.

Ernst Toller, 1914 Kriegsfreiwilliger, seit 1917 Mitglied des Kreises um Eisner, durch seine expressionistischen Dichtungen bekanntgeworden, löste Ernst Niekisch als Vorsitzenden des Zentralrates ab und war als Sechsundzwanzigjähriger damit oberster Repräsentant der Räterepublik.

So sehr diese Männer von ihrer politischen wie humanistischen Mission durchdrungen waren, so wenig besaßen sie ein Instrumentarium zu deren Verwirklichung. Ja, sie meinten, daß ein solches Instrumentarium gar nicht erforderlich sei, daß es vielmehr genüge, die allgemeine Freiheit zu verkünden, damit sich alles weitere von selbst fände. Die eigentliche Aufgabe bestand dann im wesentlichen darin, der Mitwelt durch Wort und Schrift deutlich zu machen, daß eine neue Zeit angebrochen war, in der jedermann sich entfalten könnte. An die Stelle der früheren Bevormundung durch die Obrigkeit sollte endlich die selbstverantwortliche Tätigkeit der Gesellschaft treten. Solche Gedanken verbanden sie mit Eisner. Hatte dieser allein gestanden, so agierte nunmehr ein Triumvirat von sprachgewandten Schriftstellern. Ohne Zweifel übten sie zunächst eine gewisse Wirkung aus, aber ihre Ideale eigneten sich kaum für die Bewältigung praktischer Probleme. Dem Bürgertum erschienen die führenden Männer der Räterepublik überspannt, als typische Schwabinger Bohémiens, die Politik nur spielten. Auch wurde ihnen von den Bürgern angekreidet, daß sie – wie Eisner – nicht aus Bayern stammten, und dazu noch Juden waren. Solange sich ihr Leben in Literatencafés abspielte, konnte man über sie lächeln, jetzt aber fragte man sich, ob sie nicht zu »Totengräbern Bayerns« werden würden. Waren doch sogar die Sozialdemokraten offen ihre Gegner.

Daß sich die Köpfe der Räterepublik als Gesinnungs- und Kampfgenossen der Bolschewiki fühlten, ist ein fast rührendes Mißverständnis. Freilich erhielten sie aus Moskau und anderen Orten Zustimmung, aber das war aus dem Überschwang der Revolutionäre zu erklären. Lenin selbst hatte für sie nur kühl formulierte Fragen nach den tatsächlichen Machtverhältnissen funken lassen; auch dies erschien ihnen befriedigend. Sie konnten darauf hinweisen, daß sie in dem Mutterland der Revolution ernst genommen wurden. Die Münchener Kommunisten hingegen agitierten heftig gegen die »Scheinräterepublik«; aus ihrer abwartenden Haltung war offene Opposition geworden. Ihnen – und vielleicht nicht nur ihnen – kam es widersinnig vor, ja spießbürgerlich, daß die SPD noch am 11. April ihre Münchener Mitglieder zur Abstimmung über die Frage »Räterepublik oder nicht?« aufrief. Von 20 000 beteiligten sich immerhin 7 000; die Ja- und Nein-Stimmen hielten sich etwa die Waage. Was sollte, fragte sich die KPD, dieser Stimmzettelfetischismus in einer Lage, die den Kampf um die Macht erforderte? Sie setzte auf die revolutionären Obleute und revolutionären Soldatenvertreter, die auf ihr Betreiben in Betrieben und Truppenteilen gewählt wurden und sich zu einem neuen Rat zusammenschlossen. Da dieser sich unter kommunistischer Kontrolle befand, hatte die KPD endlich das ihr zusagende Räteorgan gefunden.

Einmal kam es ihr nun darauf an, der »Scheinräterepublik« den Rückhalt in der Öffentlichkeit zu entziehen, zum andern darauf, vorbereitet zu sein, aus den Trümmern dieser »Scheinräterepublik« die Basis einer echten Räterepublik zu formen. Impotenz, Feigheit und Dilettantismus waren nur einige der Vorwürfe, die immer lauter gegen sie erhoben wurden, obwohl sich die Kommunisten ihr beratend zur Verfügung stellten. Aus dem Norden kamen die Nachrichten über die Bemühungen der provisorischen Regierung, Freiwillige für den Kampf gegen die Räte zu mobilisieren. In der Hauptstadt machte weder die Aufstellung einer Roten Armee noch die Entwaffnung des Bürgertums besondere Fortschritte, das groß angekündigte Revolutionstribunal fällte nur wenige und dazu noch sehr milde Urteile; die Sozialisierungskommission tagte ohne Ergebnisse; Versammlungen jagten einander, desgleichen Aufrufe und Erklärungen, mehr aber noch die Gerüchte. Man sprach von Bestechungen, ausländischen Geldern, von Verrat und moralischen Verfehlungen ... Wie das flache Land auf die »Regierungshandlungen« reagierte, darüber machte man sich offenbar wenig Sorgen. Die Autorität der Volksbeauftragten erstreckte sich höchstens auf das

Gebiet zwischen München, Augsburg und Rosenheim. Verwirrung und Unsicherheit waren vermutlich so groß und verbreitet, daß man von dem Rat der Volksbeauftragten überhaupt nichts Seriöses mehr erwartete.
Mag sein, daß man im Bürgertum hoffte, die Entwicklung in Bayern werde ebenso verlaufen wie im gesamten Reichsgebiet. Die revolutionäre Unruhe in Berlin hatte nach dem blutig niedergeschlagenen Spartakusaufstand im Januar ihren Höhepunkt bereits überschritten, und der Reichswehrminister Noske hatte der provisorischen Regierung bereits Truppen zur Unterdrückung der Räteherrschaft angeboten. Außerdem hatten sich Freiwilligenverbände an mehreren Orten zu sammeln begonnen, die sich der Regierung zur Verfügung stellten, aber keineswegs deren auch nur gemäßigt sozialistische Einstellung teilten. Mag sein, daß Nachrichten über diese Vorgänge das Losschlagen der »republikanischen Schutztruppe« in München am 13. April 1919 auslösten; obwohl es sich um eine nur kleine, dazu noch ziemlich suspekte »Truppe« handelte, hatte der Rat der Volksbeauftragten dem Unternehmen so gut wie nichts entgegenzusetzen.
Erst jetzt traten die Kommunisten offen zur revolutionären Aktion an; von ihnen wurde nun zum zweiten Mal die Räterepublik ausgerufen, die ihrem Verständnis nach echte. Die erste verschwand lautlos, sie gab sich selbst auf. Als neue oberste Macht fühlte sich der Rat der revolutionären Obleute. In Anbetracht dessen, daß die »anarchistische« Räterepublik beim ersten Angriff auf sie keine Widerstandskraft zeigte, schien die Lage wieder völlig offen. Es ist denkbar, daß die Bamberger Regierung damit rechnete, die Gewalt in der Hauptstadt wieder leicht in die Hand zu bekommen; in diesem Falle hätte man die Woche vor dem 13. April als ein anarchistisches Abenteuer abtun können. Die Tätigkeit des Rates der Volksbeauftragten hatte nichts gemein gehabt mit Terrorismus; man hatte diese »Schwabinger« im Hinblick auf ihre politische Zerfahrenheit sogar der Lächerlichkeit der Zeitgenossen preiszugeben versucht.
Die kommunistische Räterepublik steuerte dagegen bewußt die Radikalisierung der Lage an. Wie sicher sie sich ihres Erfolges war, ist schwer zu beurteilen. Die Vernunftgründe

sprachen eher gegen die Wiederaufnahme der Revolution. Weder von Sowjetrußland noch von Ungarn war mehr als ideelle oder propagandistische Hilfe zu erwarten. Eine kleine Hoffnung richtete sich auf Wien, wo es gärte. Erst wenn sich die ungarische Revolution in Österreich wiederholte, hätte sich die Möglichkeit ergeben, eine Art revolutionären Korridors durch Mitteleuropa zu legen. Derartige Gedanken haben indessen nur für den Vorsitzenden des Exekutivkomitees der Komintern, Georgij Sinovjev, nachweisbar eine Rolle gespielt. Die Berliner Regierung hatte im Reichsgebiet das Heft bereits wieder einigermaßen in der Hand und war durchaus in der Lage, Bayern von seinen Verbindungen abzuschneiden; im Interesse der Alliierten hätte eine Revolutionierung Deutschlands 1919 ebenfalls nicht mehr gelegen; ihre Besorgnisse über die Ausbreitung des Bolschewismus waren ohnedies beträchtlich.

Vermutlich hoffte man in München dennoch, den zur Revolution geneigten Kräften in anderen Teilen Deutschlands ein Beispiel zu geben, der abebbenden revolutionären Welle einen neuen Antrieb zu verleihen. Als isoliertes politisches Gebilde war eine Räterepublik Bayern nicht lange zu halten. Allenfalls konnte man eine heroische Tat vollbringen, die eine weiterwirkende Tradition begründete, und gewissermaßen die Ehre der deutschen Revolution retten. In diesem Falle war auch ein Kampf, der zur Aussichtslosigkeit verurteilt war, gerechtfertigt. Der neu gebildete Aktionsausschuß mit einem vierköpfigen Vollzugsausschuß an der Spitze – Levien, Leviné, Toller sowie der aus Rußland stammende und zeitweilig für die Sowjetregierung tätige Tobia (?) Axelrod – entfaltete eine fieberhafte Tätigkeit, die sich von der der zurückgetretenen Räteregierung ganz erheblich unterschied. In dem Ausschuß saßen außer Kommunisten auch Unabhängige und Sozialdemokraten, die das kommunistische Programm bejahten. Jetzt machte man mit der Aufstellung einer Roten Armee ebenso Ernst wie mit Sozialisierungsmaßnahmen, man beschlagnahmte Lebensmittel und Waffen, zensierte die Presse, sozialisierte die Wohnungen und verhaftete Geiseln. Die Diktatur des Proletariats sollte Wirklichkeit werden.

Auch die neuen Männer bemühten sich darum, mit Moskau Kontakt zu bekommen; sie erhielten – wenn auch erst spät – u. a. ein Antworttelegramm, das Lenin selbst verfaßt hatte. Aus den dreizehn Fragen, die seinen Inhalt ausmachten, war unschwer ein handfestes Aktionsprogramm abzulesen. Nicht ohne Recht erklärte die neue Rätemacht das sowjetrussische Modell für verbindlich. So ehrlich dieser Schritt gemeint war, so gefährlich konnte er sich auswirken. Hatte man schon zu Zeiten Eisners und der ersten Räterepublik kräftig mit Hinweisen Stimmung gemacht, die neuen Männer seien Juden, so sprach man jetzt von den entscheidenen Männern, Levien und Leviné vor allem, als »Russen« oder sogar von russischen Juden. Zunächst wurden solche Ansichten wohl nicht in der Öffentlichkeit geäußert, weil man von dem massiven Auftreten der neuen Macht erschreckt war und sie tatsächlich fürchtete. Immerhin wuchsen im gleichen Maße, in dem sich die Macht der Räte in München verstärkte, auch die Kräfte, die sich deren Unterdrückung zum Ziel gesetzt hatten: im Norden Bayerns und im Oberland sammelten sich Freikorps, Reichswehreinheiten aus Württemberg und Thüringen waren seit dem 20. April im Anmarsch. Die Bevölkerung wurde unmutig, als es nicht gelang, in ausreichendem Maße Lebensmittel heranzuschaffen: die Requirierungskommandos der Roten Armee stießen in vielen Dörfern auf hartnäckigen Widerstand der Bauern – drohte doch offensichtlich auch den Bauern die Sozialisierung, von der selbst die Bauernräte nichts wissen wollten. Propaganda und Gegenpropaganda arbeiteten mit Nachrichten und Gerüchten, die die Stimmung aufs äußerste erhitzten.

Auch innerhalb des Aktionsausschusses wurde die Atmosphäre zusehends gespannter, vor allem, als man sah, daß die Kommunisten zum äußersten entschlossen waren, es also auf den Bürgerkrieg ankommen lassen wollten. Schon am 16. April kam es zu einem Gefecht vor Dachau; einige Tage später besetzten Einheiten der Roten Armee Freising, Rosenheim, Kochel, Schongau und Kaufbeuren. In einer turbulenten Sitzung der Betriebsräte warf Ernst Toller, der sich auch der zweiten Räterepublik zur Verfügung gestellt hatte, Leviné vor, er betreibe russische und nicht bayerische Politik.

Die Kommunisten traten am 27. April 1919 aus dem Aktionsausschuß aus; an seiner Spitze stand jetzt Toller; was übrigblieb, war die von ihnen ins Leben gerufene Rote Armee, die unter ihrem Oberkommandierenden Egelhofer in den letzten Apriltagen München beherrschte. Über ihre zahlenmäßige Stärke gehen die Angaben auseinander; man wird mit 20 – 30 000 Mann zu rechnen haben. An Kampfkraft war sie ihrem Gegner freilich nicht gewachsen; dem Oberkommando fehlte es an Übersicht. Ernst Toller hatte an der Front vor Dachau sogar einen kurzen Waffenstillstand geschlossen und war durch den Vollzugsausschuß daraufhin vorübergehend inhaftiert worden. Das Kommando der Roten Armee hielt es für einen Sieg, als sich der Gegner zeitweilig zurückzog. Als Freikorps und Regierungstruppen von allen Seiten in die Stadt eindrangen, blieb der Straßenkampf letztes Mittel der Verteidigung. Er begann am 1. Mai. Tags zuvor waren von der Roten Armee zehn Geiseln erschossen worden, sechs davon Angehörige der Thule-Gesellschaft.
Die Erbitterung auf beiden Seiten ließ die Zahl der Opfer erst jetzt in die Hunderte steigen. Drei Viertel davon waren »Rote«, im Kampf Gefallene, in Standgerichtsverfahren Verurteilte und Erschossene.

Allein die Zahl von 600 Toten in München verbietet es, von der Räterepublik als von einem Abenteuer zu sprechen. Ein Teil der Männer, die vom November 1918 bis Ende April 1919 im politischen Mittelpunkt der Geschehnisse gestanden hatten, sah einem harten Schicksal entgegen: Landauer wurde in den ersten Maitagen von Angehörigen der Regierungstruppen erschlagen; Mühsam verbüßte fünf Jahre Festungshaft, wurde 1933 in ein Konzentrationslager gebracht und ein Jahr später ermordet; Niekisch wurde 1937 lebenslänglich zu Zuchthaus verurteilt und erst 1945 befreit; Toller beging nach Festungshaft und Emigration 1939 Selbstmord; Levien floh nach Österreich und ging in der großen Säuberung der dreißiger Jahre in der Sowjetunion zugrunde; Leviné wurde 1919 zum Tode verurteilt und hingerichtet. Über 4 000 Strafverfahren wurden als juristisches Nachspiel gezählt; noch im September 1919 ergingen Todesurteile.

Man hat vielfach die Frage gestellt, ob die Bayerische Räterepublik eine Analogie zu der russischen gewesen sei. Dabei sind selbst ernsthafte Autoren, offensichtlich befangen von allzu frischen Eindrücken, recht weit gegangen, indem sie alles, was sich seit dem 7. November 1918 ereignete, als »bolschewistisch« klassifizierten, als das Werk irgendwelcher Landfremder, die das russische Modell nachahmen wollten. Nun ist keineswegs zu bestreiten, daß die Oktoberrevolution in Rußland die Vorstellungen aller Zeitgenossen nachdrücklich beeinflußte, gleichgültig, ob pro oder contra. Aber daß sich Eisner, Landauer und seine Freunde von den Gewaltmaßnahmen in Sowjetrußland distanzierten, besagt ebensowenig wie der Umstand, daß sie von der sowjetischen Forschung mit bisweilen hämischen Worten abgetan wurden. Eisner war kein Lenin, höchstens ein Kerenskij, mit dem ihn manche Eigenschaften verbinden; und wenn sich die Anarchisten auf Sowjetrußland und Lenin beriefen, so war dies ein offenbares Mißverständnis.

Daß die Sozialdemokraten von sowjetischer Seite nach Kräften abgewertet wurden, versteht sich von selbst; doch auch die Unabhängigen, denen die Sozialdemokraten zu verbürgerlicht schienen, waren in russischen Augen keine Revolutionäre, sondern höchstens »Parasiten der Revolution«, wie es Karl Radek ausdrückte. Das Scheitern der Räterepublik wird aus dieser Sicht damit erklärt, daß die Arbeiterschaft noch nicht die für eine Revolution erforderliche Reife gehabt habe. Dadurch sei es der SPD und USPD möglich gewesen, den nur spontan zum Ausdruck gekommenen Willen des Proletariats zu verfälschen; allein die KPD habe ihn zu artikulieren vermocht – aber zu spät.

Ein ideologisch weniger befangener Blick auf die Vergangenheit wird eine größere Vielfalt von Gründen dafür erkennen, daß die Räterepublik unterging, ohne jedoch einen bestimmten für den entscheidenden zu halten. Überdies wird immer die Frage zu stellen sein, wie sich die Ereignisse von 1918 und 1919 auf die kommenden Jahre auswirkten – über den 9. November 1923 bis zum 30. Januar 1933.

S. 7, 7. Z. v. o.: Professor Jaffé – Edgar Jaffé (1866–1921). Professor an der Universität München, 1918/19 Finanzminister (USPD).

S. 10, 6. Z. v. o.: russischer Mir – kollektiv verfaßte Dorfgemeinde, wie sie bis Anfang des 20. Jahrhunderts bestand.

S. 12, 11. Z. v. o.: Zug der Tausend – 1860 führte Garibaldi 1000 Freiwillige von Genua nach Sizilien, um den Aufstand gegen das Königreich Neapel zu unterstützen.

S. 16, 22. Z. v. o.: Tschinownik – russischer Beamter; das Wort hat abwertende Bedeutung.

S. 23, 3. Z. v. o.: 31. Januar 1918 – Beginn des großen Metallarbeiterstreiks in München.

S. 35, 38. Z. v. o.: Revolutionen anzustiften – gegen Lenin wurde der Vorwurf erhoben, ein von der deutschen Regierung besoldeter Agenten zu sein.

S. 7, 7. Z. v. o.: sozialistischer Finanzminister – Edgar Jaffé, s. o. zu S. 7.

S. 45, 3. Z. v. o.: Internationalisten – »Vereinigung Revolutionärer Internationalisten«, Ende 1918 von Erich Mühsam in München gegründet.

S. 50, 21. Z. v. o.: Sozialverräter – bolschewistische Bezeichnung für Sozialdemokraten.

S. 60, 36. Z. v. o.: mehrheitssozialdemokratische Post – die Zeitung »Münchener Post«.

S. 73, 34. Z. v. o.: Wandlung – Titel eines Dramas, das Ernst Toller im Winter 1917/18 schrieb.

S. 79, 35. Z. v. o.: Hartschiere – Hof- und Leibgarde der bayerischen Könige.

S. 89, 35. Z. v. o.: Depesche an den Papst – das Telegramm war für die sowjetrussische Regierung bestimmt.

S. 98, 1. Z. v. o.: Karlsfelder Gasthaus – K.: Dorf zwischen München und Dachau.

S. 109, 32. Z. v. o.: Grüße und Wünsche – in seiner Rede zum 1. Mai 1919 grüßte Lenin nochmals »Sowjetbayern«.

S. 111, 15. Z. v. o.: Unglücksstelle – der Platz, an dem Kurt Eisner am 21. Februar ermordet worden war.

S. 116, 19. Z. v. o.: Michelet – Jules Michelet, *Histoire de la révolution française.* 7 Bände. Paris 1847–1853.

S. 116, 24. Z. v. o.: der olle Ludwig – vermutlich König Ludwig III. von Bayern (1845–1921).

S. 117, 31. Z. v. o.: hochadelige Bande – die Thule-Gesellschaft.

S. 119, 27. Z. v. o.: Es-ist-erreicht-Willem – Kaiser Wilhelm II. (1859–1941).

S. 122, 25. Z. v. o.: meinen Kjellen – Rudolf Kjellén, *Die Großmächte der Gegenwart.* Leipzig, Berlin 1914.

S. 123, 23. Z. v. o.: Professor Förster – Friedrich Wilhelm Foerster (1869–1966), Professor in Zürich, Wien und München, bedeutender Pädagoge und führender Vertreter des ethischen Pazifismus, 1918/19 bayerischer Gesandter in Bern.

S. 125, 6. Z. v. o.: Augsburger Volksschullehrer – Ernst Niekisch.

S. 128, 28. Z. v. o.: Spartakuswoche – Höhepunkt der Kämpfe in Berlin (6.–13. Januar 1919).

S. 131, 24. Z. v. o.: Brest-Litowsker Frieden – Friedensverträge der Mittelmächte mit der Ukraine (9. Februar 1819) und Sowjetrußland (3. März 1918).

S. 131, 35. Z. v. o.: Rosta – Abk. für Rossijskoe Telegrafnoe Agenstwo (Russische Telegraphen-Agentur), das offiziöse Nachrichtenbüro.

S. 132, 2. Z. v. o.: Marstall – Quartier der Marinedivision im Berliner Schloß, das am 24. Dezember 1918 von Regierungstruppen gestürmt wurde.

S. 151, 19. Z. v. o.: Heldentum-Ideologie – von bolschewistischer Seite wurde den Sozialrevolutionären vorgeworfen, sie gefährdeten durch ihre Terrorakte die kommende Revolution und die Einheit der revolutionären Klasse, ihre Opferbereitschaft sei verfehlt.

S. 157, 16. Z. v. o.: in Rußland – Eugen Leviné hatte als Angehöriger der Sozialrevolutionäre an der Russischen Revolution 1905/06 teilgenommen und war 1907 verurteilt worden.

Neuere Literatur zum Gegenstand dieses Buches

Hans Beyer, Von der Novemberrevolution zur Räterepublik in München. Berlin: Rütten & Loening (1957). XVI, 184 S. (Schriftenreihe des Instituts für deutsche Geschichte an der Karl-Marx-Universität Leipzig, Band 2).

Allan Mitchell, Revolution in Bavaria 1918–1919. The Eisner Regime and the Soviet Republic. Princeton University Press 1965. X, 374 S.

Helmut Neubauer, München und Moskau 1918/1919. Zur Geschichte der Rätebewegung in Bayern. München: Isar Verlag (1958) 100 S. (Jahrbücher für Geschichte Osteuropas, Beiheft 4).

Franz Schade, Kurt Eisner und die bayerische Sozialdemokratie. Hannover: Verlag für Literatur und Zeitgeschehen (1961). 199 S. (Schriftenreihe der Forschungsstelle der Friedrich Ebert-Stiftung).

Bibliographische Notiz

Für die freundliche Erlaubnis, Texte nachzudrucken, haben Herausgeber und Verlag folgenden Personen, Verlagen und Institutionen zu danken: Frau Hildegard Till, Erlangen (Josef Hofmiller); Verlag Kurt Desch, München/Wien/Basel (Oskar Maria Graf, *Wir sind Gefangene);* Insel Verlag, Frankfurt am Main (Rainer Maria Rilke, *Brief an Clara Rilke);* Verlag Kiepenheuer & Witsch, Köln (Ernst Niekisch, *Gewagtes Leben);* Rowohlt Verlag, Reinbek bei Hamburg (Ernst Toller, *Eine Jugend in Deutschland*); Bayer. Hauptstaatsarchiv, München (Lenin); Stadtbibliothek München (Jakob Wimmer, *Erinnerungen eines Schloßverwalters aus der Residenz*).

Quellennachweis

1. Brief Rilkes an Clara Rilke, 7. November 1918. In: Gesammelte Briefe Bd. II, Leipzig 1936–1939.

2. Gustav Landauer, Aufruf zum Sozialismus, Verlag Paul Cassirer, Berlin 1919.

3. Kurt Eisner, Wahlrede vor den Unabhängigen. In: »Die neue Zeit«, 2. Folge, Georg Müller Verlag, München 1919.

4. Erich Mühsam: »Von Eisner bis Leviné«. Persönlicher Rechenschaftsbericht über die Revolutionsereignisse in München. Fanal Verlag Erich Mühsam, Berlin-Britz 1929.

5. Oskar Maria Graf: »Wir sind Gefangene«, Drei Masken Verlag, München 1927.

6. Ernst Niekisch: »Gewagtes Leben«, Verlag Kiepenheuer & Witsch, Köln 1958.

7. Jakob Wimmer, Meine Erlebnisse während der Räteregierung, Handschrift in der Stadtbibliothek München, Monacensia-Abteilung.

8. Ernst Toller: »Eine Jugend in Deutschland«. In: »Prosa, Briefe, Dramen, Gedichte«, Rowohlt Verlag, Hamburg 1961.

9. Telegramm Lenins. Bayer. Hauptstaatsarchiv München, Abt. 1, »Arbeiter- und Soldatenrat«, Nr. 23, Folio 322 f.

10. Josef Hofmiller: »Revolutionstagebuch 1918/19«, Karl Rauch Verlag, Leipzig 1939.

11. Rosa Leviné: »Aus der Münchner Rätezeit«, Verlag Internationaler Verlagsanstalten, Berlin 1925.

12. Eugen Leviné: Rede vor Gericht. Aus: »Eugen Leviné: Skizzen, Rede vor Gericht und Anderes«, Verlag der Jugendinternationale, Berlin-Schöneberg 1925.

557 Ludwig Hohl, Varia
559 Raymond Roussel, Locus Solus
560 Jean Gebser, Rilke und Spanien
561 Stanisław Lem, Die Maske · Herr F.
562 Raymond Chandler, Straßenbekanntschaft Noon Street
563 Konstantin Paustowskij, Erzählungen vom Leben
564 Rudolf Kassner, Zahl und Gesicht
565 Hugo von Hofmannsthal, Das Salzburger große Welttheater
567 Siegfried Kracauer, Georg
568 Valery Larbaud, Glückliche Liebende ...
570 Graciliano Ramos, Angst
571 Karl Kraus, Über die Sprache
572 Rudolf Alexander Schröder, Ausgewählte Gedichte
573 Hans Carossa, Rumänisches Tagebuch
574 Marcel Proust, Combray
575 Theodor W. Adorno, Berg
576 Vladislav Vančura, Der Bäcker Jan Marhoul
577 Mircea Eliade, Die drei Grazien
578 Georg Kaiser, Villa Aurea
579 Gertrude Stein, Zärtliche Knöpfe
580 Elias Canetti, Aufzeichnungen
581 Max Frisch, Montauk
582 Samuel Beckett, Um abermals zu enden
583 Mao Tse-tung, 39 Gedichte
584 Ernst Kreuder, Die Gesellschaft vom Dachboden
585 Peter Weiss, Der Schatten des Körpers des Kutschers
586 Herman Bang, Das weiße Haus
587 Herman Bang, Das graue Haus
588 Hermann Broch, Menschenrecht und Demokratie
589 D. H. Lawrence, Auferstehungsgeschichte
590 O'Brien, Zwei Vögel beim Schwimmen
591 André Gide, Die Rückkehr des verlorenen Sohnes
592 Jean Gebser, Lorca oder das Reich der Mütter
593 Robert Walser, Der Spaziergang
594 Natalia Ginzburg, Caro Michele
595 Rachel de Queiroz, Das Jahr 15
596 Hans Carossa, Ausgewählte Gedichte
597 Mircea Eliade, Der Hundertjährige
599 Hans Mayer, Doktor Faust und Don Juan
600 Thomas Bernhard, Ja
601 Marcel Proust, Der Gleichgültige

602 Hans Magnus Enzensberger, Mausoleum
603 Stanisław Lem, Golem XIV
604 Max Frisch, Der Traum des Apothekers von Locarno
605 Ludwig Hohl, Vom Arbeiten · Bild
606 Herman Bang, Exzentrische Existenzen
607 Guillaume Apollinaire, Bestiarium
608 Hermann Hesse, Klingsors letzter Sommer
609 René Schickele, Die Witwe Bosca
610 Machado de Assis, Der Irrenarzt
611 Wladimir Trendrjakow, Die Nacht nach der Entlassung
612 Peter Handke, Die Angst des Tormanns beim Elfmeter
613 André Gide, Die Aufzeichnungen und Gedichte des André Walter
614 Bernhard Guttmann, Das alte Ohr
616 Ludwig Wittgenstein, Bemerkungen über die Farbe
617 Paul Nizon, Stolz
618 Alexander Lernet-Holenia, Die Auferstehung des Maltravers
619 Jean Tardieu, Mein imaginäres Museum
620 Arno Holz / Johannes Schlaf, Papa Hamlet
621 Hans Erich Nossack, Vier Etüden
622 Reinhold Schneider, Las Casas vor Karl V.
624 Ludwig Hohl, Bergfahrt
627 Vladimir Nabokov, Lushins Verteidigung
628 Donald Barthelme, Komm wieder, Dr. Caligari
629 Louis Aragon, Libertinage, die Ausschweifung
630 Ödön von Horváth, Sechsunddreißig Stunden
631 Bernhard Shaw, Sozialismus für Millionäre
633 Lloyd deMause, Über die Geschichte der Kindheit
634 Rainer Maria Rilke, Die Sonette an Orpheus
635 Aldous Huxley, Das Lächeln der Gioconda
637 Wolf von Niebelschütz, Über Dichtung
638 Henry de Montherlant, Die kleine Infantin
639 Yasushi Inoue, Eroberungszüge
640 August Strindberg, Das rote Zimmer
641 Ernst Simon, Entscheidung zum Judentum
642 Albert Ehrenstein, Briefe an Gott
645 Marie Luise Kaschnitz, Beschreibung eines Dorfes
646 Thomas Bernhard, Der Weltverbesserer
647 Wolfgang Hildesheimer, Exerzitien mit Papst Johannes
648 Volker Braun, Unvollendete Geschiche
649 Hans Carossa, Ein Tag im Spätsommer 1947
651 Regina Ullmann, Ausgewählte Erzählungen
652 Stéphane Mallarmé, Eines Faunen Nachmittag
653 Flann O'Brien, Das harte Leben
654 Valery Larbaud, Fermina Márquez
671 Yehudi Menuhin, Kunst und Wissenschaft als verwandte Begriffe

429 Plötzlich brach der Schulrat in Tränen aus
666 Gilles Deleuze / Claire Parnet, Dialoge
809 G. Heinsohn / B. M. C. Knieper, Spielpädagogik
810 Mario Cogoy, Wertstruktur und Preisstruktur
811 Ror Wolf, Auf der Suche nach Doktor Q.
812 Oskar Negt, Keine Demokratie ohne Sozialismus
813 Bachrach/Baratz, Macht und Armut
814 Bloch/Braudel/L. Febvre u. a., Schrift und Materie der Geschichte
815 Giselher Rüpke, Schwangerschaftsabbruch und Grundgesetz
816 Rainer Zoll, Der Doppelcharakter der Gewerkschaften
817 Bertolt Brecht, Drei Lehrstücke: Badener Lehrstück, Rundköpfe, Ausnahme und Regel
818 Gustav Landauer, Erkenntnis und Befreiung
819 Alexander Kluge, Neue Geschichten. Hefte 1-18
820 Wolfgang Abendroth, Ein Leben in der Arbeiterbewegung
821 Otto Kirchheimer, Von der Weimarer Demokratie zum Faschismus
822 Verfassung, Verfassungsgerichtsbarkeit, Politik. Herausgegeben von Mehdi Tohidipur
823 Rossana Rossanda / Lucio Magri u. a., Der lange Marsch durch die Krise
824 Altvater/Basso/Mattick/Offe u. a., Rahmenbedingungen und Schranken staatlichen Handelns
825 Diskussion der ›Theorie der Avantgarde‹. Herausgegeben von W. Martin Lüdke
826 Fischer-Seidel, James Joyces »Ulysses«
827 Gesellschaft, Beiträge zur Marxschen Theorie 7
828 Rolf Knieper, Weltmarkt, Wirtschaftsrecht und Nationalstaat
829 Michael Müller, Die Verdrängung des Ornaments
830 Manuela du Bois-Reymond, Verkehrsformen zwischen Elternhaus und Schule
831 Henri Lefebvre, Einführung in die Modernität
832 Herbert Claas, Die politische Ästhetik Bertolt Brechts vom Baal zum Caesar
833 Peter Weiss, Dramen I
834 Friedensanalysen 2
835-838 Bertolt Brecht, Gedichte in 4 Bänden
839 Géza Róheim, Psychoanalyse und Anthropologie
840 Aus der Zeit der Verzweiflung. Beiträge von Becker/Bovenschen/Brackert u. a.
841 Fernando H. Cardoso/Enzo Faletto, Abhängigkeit und Entwicklung in Lateinamerika
842 Alexander Herzen, Die gescheiterte Revolution
844 Otthein Rammstedt, Soziale Bewegung
845 Ror Wolf, Die Gefährlichkeit der großen Ebene
847 Friedensanalysen 3

848 Dieter Wellershoff, Die Auflösung des Kunstbegriffs
849 Samuel Beckett, Glückliche Tage
850 Basil Bernstein, Beiträge zu einer Theorie
851 Hobsbawm/Napolitano, Auf dem Weg zum ›historischen Kompromiß‹
852 Über Max Frisch II
853 Brecht-Jahrbuch 1976
854 Julius Fučík, Reportage unter dem Strang geschrieben
856 Dieter Senghaas, Weltwirtschaftsordnung und Entwicklung
857 Peter V. Zima, Kritik der Literatursoziologie
858 Silvio Blatter, Genormte Tage, verschüttete Zeit
859 Russell Jacoby, Soziale Amnesie
860 Gombrich/Hochberg/Black, Kunst, Wahrnehmung, Wirklichkeit
861 Blanke/Offe/Ronge u.a., Bürgerlicher Staat und politische Legitimation. Herausgegeben von Rolf Ebbighausen
863 Gesellschaft, Beiträge zur Marxschen Theorie 8/9
864 Über Wolfgang Koeppen. Herausgegeben von Ulrich Greiner
865 Gesellschaft 12
866 Fichant/Pêcheux, Überlegungen zur Wissenschaftsgeschichte
867 Ernst Kris, Die ästhetische Illusion
868 Brede/Dietrich/Kohaupt, Politische Ökonomie des Bodens
870 Umwälzung einer Gesellschaft. Herausgegeben von Richard Lorenz
871 Friedensanalysen 4
872 Piven/Cloward, Regulierung der Armut
873 Produktion, Arbeit, Sozialisation. Herausgegeben von Th. Leithäuser und W. R. Heinz
874 Max Frisch/Hartmut von Hentig, Zwei Reden zum Friedenspreis des Deutschen Buchhandels 1976
875 Eike Hennig, Bürgerliche Gesellschaft und Faschismus in Deutschland
876 Bolius, Erziehungsroman
877 Starnberger Studien 1
878 Leithäuser/Volmerg/Wutka, Entwurf zu einer Empirie
879 Peter Bürger, Aktualität und Geschichtlichkeit
880 Tilmann Moser, Verstehen, Urteilen, Verurteilen
881 Loch/Kernberg u. a., Psychoanalyse im Wandel
882 Michael T. Siegert, Strukturbedingungen von Familienkonflikten
883 Erwin Piscator, Theater der Auseinandersetzung
884 Politik der Subjektivität. Texte der italienischen Frauenbewegung, Herausgegeben von Michaela Wunderle
885 Hans Dieter Zimmermann, Vom Nutzen der Literatur
886 Gesellschaft, Beiträge zur Marxschen Theorie 10
887 Über Hans Mayer, Herausgegeben von Inge Jens
888 Nicos Poulantzas, Die Krise der Diktaturen
889 Alexander Weiß, Bericht aus der Klinik
890 Bergk/Ewald/Fichte u. a., Aufklärung und Gedankenfreiheit. Herausgegeben und eingeleitet von Zwi Batscha

891 Friedensanalysen 5
892 Franz L. Neumann, Wirtschaft, Staat, Demokratie
893 Georges Politzer, Kritik der Grundlagen der Psychologie
895 Umberto Eco, Zeichen. Einführung in einen Begriff und seine Geschichte
897 Ralph-Rainer Wuthenow, Muse, Maske, Meduse
898 Cohen/Taylor, Ausbruchversuche. Identität und Widerstand
901 Der bürgerliche Rechtsstaat. Herausgegeben von Mehdi Tohidipur
902 Ernest Borneman, Psychoanalyse des Geldes
903 Steven Marcus, Umkehrung der Moral
904 Alfred Sohn-Rethel, Warenform und Denkform
905 Beiträge zur Soziologie der Gewerkschaften. Hrsg. von Joachim Bergmann
906 Brecht-Jahrbuch 1977
907 Horst Kern, Michael Schumann, Industriearbeit und Arbeiterbewußtsein
908 Julian Przybós, Werkzeug aus Licht
910 Peter Weiss, Stücke II
913 Martin Walser, Das Sauspiel mit Materialien. Herausgegeben von Werner Brändle
916 Dürkop/Hardtmann (Hrsg.), Frauen im Gefängnis
917 Bowles S./Gintis H., Pädagogik und die Widersprüche der Ökonomie
918 Klaus-Martin Groth, Die Krise der Staatsfinanzen
920 Tagträume vom aufrechten Gang. Sechs Interviews mit Ernst Bloch, Herausgegeben von Arno Münster
921 Silvia Bovenschen, Die imaginierte Weiblichkeit
922 Anderson, Von der Antike zum Feudalismus
923 Sozialdemokratische Arbeiterbewegung, Band 1, Herausgegeben von Wolfgang Luthardt
925 Friedensanalysen 6
927 Ausgewählte Gedichte Brechts, Herausgegeben von Walter Hinck
928 Betty Nance Weber, Brechts ›Kreidekreis‹
929 Auf Anregung Bertolt Brechts: Lehrstücke. Herausgegeben von Reiner Steinweg
930 Walter Benjamin, Briefe 1 und 2. Herausgegeben von Gershom Scholem und Theodor W. Adorno
932 Jugendarbeitslosigkeit. Herausgegeben von Gero Lenhardt
933 Ute Gerhard, Verhältnisse und Verhinderungen
934 Sozialdemokratische Arbeiterbewegung, Band 2, Herausgegeben von Wolfgang Luthardt
935 Literatur ist Utopie. Herausgegeben von Gert Ueding
936 Berger/Heßler/Kavemann, Brot für heute, Hunger für morgen
937 Labrousse, Lefebvre, Soboul u. a. Geburt der bürgerlichen Gesellschaft 1789. Herausgegeben von I. A. Hartig
938 Habermas, Bovenschen u. a., Gespräche mit Marcuse
939 Thomas Brasch, Rotter Und weiter
940 Simone Weil, Fabriktagebuch
941 Ute Volmerg, Identität und Arbeitserfahrung

942 Klaus Eßer, Lateinamerika
943 Gewerkschaften und Strafvollzug, Hrsg. v. Lüderssen u. a.
944 Alexander von Brünneck, Politische Justiz
945 Jacques Derrida, Die Stimme und das Phänomen
948 Thompson/Caspard/Puls; Alltagspraxis, Wahrnehmungsformen, Protestverhalten
949 Julia Kristeva, Die Revolution der poetischen Sprache
950 Perry Anderson, Die Entstehung des absolutistischen Staates
951 Grundrechte als Fundament der Demokratie, hrsg. von Joachim Perels
954 Elias/Lepenies, Zwei Reden. Theodor W. Adorno-Preis 1977
955 Friedensanalysen 7
956 Brecht-Jahrbuch 1978. Hrsg. Fuegi/Grimm/Hermand
957 Gesellschaft, Beiträge zur Marxschen Theorie 11
958 Friedensanalysen 8
959 Martin Walser, Wer ist ein Schriftsteller?
960 Albert Soboul, Französische Revolution und Volksbewegung
962 Bettelheim/Mészarós/Rossanda u. a., Zurückforderung der Zukunft
963 Starnberger Studien 2
964 Nach dem Protest. Literatur im Umbruch. Herausgegeben von W. Martin Lüdke
966 Kern, Kampf um Arbeitsbedingungen
967 Michail M. Bachtin, Die Ästhetik des Wortes, hrsg. von Rainer Grübel
968 Frauen, die pfeifen. Herausgegeben von R. Geiger, H. Holinka, C. Rosenkranz, S. Weigel
969 Ernst Bloch, Die Lehren von der Materie
970 Giuliano Scabia, Das große Theater des Marco Cavallo
971 Siegfried Kracauer, Jacques Offenbach
974 Jirí Kosta, Abriß der sozialökonomischen Entwicklung der Tschechoslowakei 1945-1977
975 Nathan, Ideologie, Sexualität und Neurose
976 Bernd Jürgen Warneken, Literarische Produktion
978 Klaus Mäding, Strafrecht und Massenerziehung in der VR China
979 Bertolt Brecht, Tagebücher 1920-1922
981 Jeanne Favret-Saada, Die Wörter, der Zauber, der Tod
983 Bassam Tibi, Internationale Politik und Entwicklungsländer-Forschung
984 Dieter Kühn, Löwenmusik
985 Agnes Schoch, Vorarbeiten zu einer pädagogischen Kommunikationstheorie
987 Augusto Boal, Theater der Unterdrückten
989 Brecht-Jahrbuch 1979
991 Ruggiero Romano u. a., Die Gleichzeitigkeit des Ungleichzeitigen
992 Naturalismus/Ästhetizismus. Herausgegeben von Bürger/Schutte-Sasse
993 Ginette Raimbault, Kinder sprechen vom Tod
996 Starnberger Studien 3
1000 Stichworte zur ›Geistigen Situation der Zeit‹ 1. Band, Nation und Republik; 2. Band, Politik und Kultur. Herausgegeben von Jürgen Habermas.

Alphabetisches Verzeichnis der edition suhrkamp